Psicodrama Freudiano
Clínica y Práctica

Enrique Cortés y Colaboradores

Diseño Cover (Portada y Contraportada): J. Luis Blanco
Artista de la Pintura: Oscar Valbuena

Maquetación y ajustes graficos: Sebastian Carvajal Ramirez. (Colavorador Dpto. Informática Grupo Alboran)

1ª Edición: Julio 2016
1ª Revision y ajustes graficos internos: Septiembre 2016
ISBN-13: 978-1535272704
Deposito Legal:

ALBORAN EDITORES C/ Pedro Antonio de Alarcón, 41 3º G 18004 Granada (España)

PSICODRAMA FREUDIANO
CLÍNICA Y PRÁCTICA

ENRIQUE CORTÉS Y COLABORADORES

AGRADECIMIENTOS

Sin dudarlo a mis colegas de camino que han hecho posible esta aventura y han posibilitado que sea este un libro de muchos.

Sé que estoy en deuda con todos aquellos a quienes debo mi origen y como psicodramatista, a todos aquellos a quienes, hicieron posible que en mí surgiera el deseo y el reencuentro con el juego.

También sé que cada acto, nos define y nos recrea al tiempo que nosotros mismos creamos en cada uno de nuestros actos. ¿Sólo así es posible sobre-vivir? ¿Ir dejando marcas que constituyan una referencia para otros?

Espacio entre/vistas, Claudia Helena, Felipe Acosta (con su información sobre el psicodrama en Colombia), a todos aquellos que dijisteis si, a José por ponerlo tan fácil y por su fantástica portada y como no a Oscar Valbuena por dejarnos una de sus obras.

I.   PROLOGO Y MARCO HISTORICO

Enrique Cortés

El adulto deja de jugar pero no renuncia al placer que extraía del juego, solo permuta una cosa por otra. En vez de jugar, el adulto fantasea, construye castillos en el aire. Andrea V. M.

Aunque en otros lares hemos leído Análisis Freudiano de Grupo, a nosotros nos gusta llamarle Psicodrama Freudiano. ¿Por qué?.

En primer lugar porque es psicodrama y en segundo porque es freudiano. Y porque Gennie y Paul Lemoine eran psicoanalistas lacanianos.

Y si bien son varios los psicoanalistas que se adentran en esta técnica, el psicodrama de orientación lacaniana, fue impulsado principalmente por los esposos y psicoanalistas franceses Gennie y Paul Lemoine, quienes bajo la enseñanza de Jacques Lacan, plantean un psicodrama psicoanalítico fundamentado en los conceptos elaborados por Lacan, obra que constituye un retorno a Freud y un más allá de Freud.

El psicodrama, como sabemos, en su mayoría es una técnica grupal. Pero en qué medida "lo grupal" formó parte de la literatura freudiana.

Roberto Losso, en su artículo "Psicoanálisis y psicodrama" hace un breve recorrido a lo largo de la obra de Freud; ya en 1905 en su texto "personajes psicopáticos en el teatro"; Freud se refiere al "drama psicológico", comentando a "Hamlet", dice: "La puja del impulso reprimido por tornarse consciente, aunque identificable en sí misma, aparece tan soslayada que el proceso de concienciación se lleva a cabo en el espectador mientras su atención se halla distraída, y mientras está tan preso de sus emociones que no es capaz de un juicio racional.

De este modo, queda apreciablemente reducida su resistencia, a semejanza de lo que ocurre en un tratamiento psicoanalítico".

En este pasaje, Freud caracteriza acertadamente el clima que se crea cuando se dramatiza (él se refiere a la representación teatral), y ese clima es el que permite que en el espectador (dice Freud) y en los actores y espectadores (en el psicodrama) se produzca un proceso de concienciación (es decir, de conocimiento) a través de la disminución de las resistencias.

Disminución de las resistencias que es uno de los principales efectos de la dramatización, a partir de la creación de un clima emocional particular. Aunque Freud se refiere al clima creado en el espectador, en el psicodrama este clima tiene importancia, no sólo para el espectador, sino también, y muy principalmente, para el "actor" o "actores".

En el teatro, el espectador se identifica con los personajes a través de un mecanismo de identificación proyectiva.

También en el psicodrama. Pero a diferencia del teatro, en éste el actor "protagoniza su drama", lo re-crea, pero también, lo crea.

Es en el texto *El poeta y los sueños diurnos* (1907) cuando Freud otorga valor al juego en los siguientes términos: «*Todo niño que juega se conduce como un poeta, creando su mundo propio o más bien situando los objetos del mundo en un orden grato para él*».

Freud apuntaba que en el juego el niño viste un personaje, lo hace imagen de un deseo y construye argumentos con los retazos del Otro; es de esta manera, al igual que el trauma, como los argumentos se velan y se revelan. Esta construcción no sería posible sin el aporte de la memoria, siendo la pulsión una de sus formas.

Más tarde en su *Análisis de una fobia de un niño de cinco años*, Freud rescata el valor simbólico del juego infantil.

En este texto, como señala Anzieu, tal vez Freud habla por primera vez de la representación, el episodio en el que Hans ve caer un caballo que pataleaba y cree que había muerto, el padre interpreta que podrían estar hablando sus deseos: los deseos de que él (el padre) muriese. Entonces Hans toma el rol del caballo, salta, corre y muerde al padre. Freud comenta que Hans ha hecho un cambio de papeles (una inversión de rol). Él es el caballo y muerde al padre. Es decir, hace activamente lo que teme sufrir pasivamente: el ataque de su padre. Y al mismo tiempo también realiza un deseo: atacar vengativamente al padre.

El efecto de esta representación posiblemente lo podamos ver ahí donde el padre comenta que últimamente viene observando cómo Hans lo desafía, sin embargo, ahora con alegría..."*¿quizás porque ya no tiene miedo de mí/*el caballo?"

En 1920, en *más allá del principio del placer,* Freud nos hace ver como mediante el juego, el niño simbolizaba la perdida, y es así como puede hacer algo con lo que no hay, con la falta; en ese caso con la partida de su madre y luego su reaparición.

La reflexión freudiana se interesó sobre todo por el placer que obtenía el niño repitiendo lo que representaba la partida. Esto le condujo a considerar que es a través de la actividad lúdica como se logra simbolizar algo que, aunque en sí mismo es displacentero, en virtud del juego se convierte en placentero (desdramatizar lo dramático).

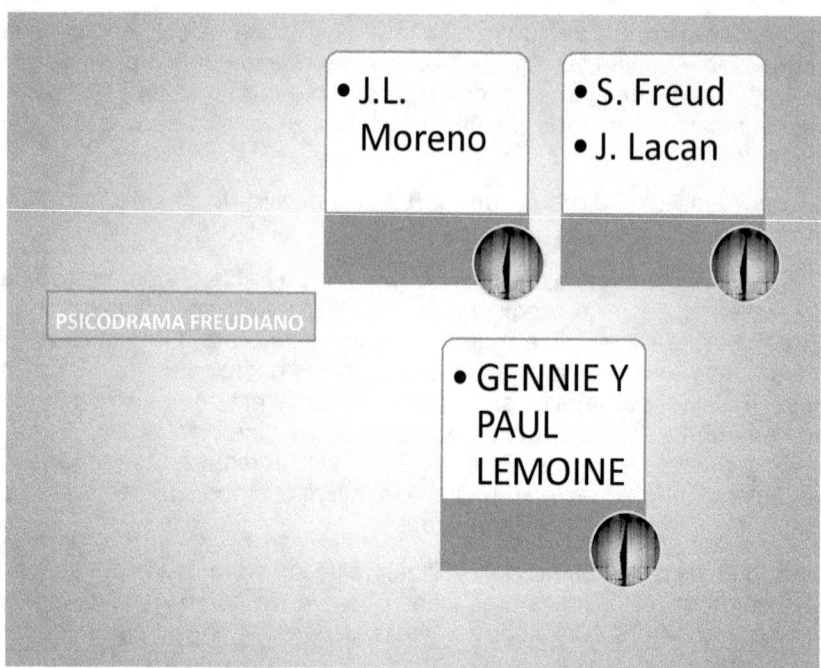

Ahora bien, hablar de psicodrama es hablar de Moreno. "Los inicios explícitos del psicodrama los cuenta MORENO así: "Siendo yo un joven médico fundé el "teatro de improvisación" (Stegreivheater) 1921 en la calle Maysedergasse, cerca de la Opera de Viena.

Allí vi de nuevo claramente las posibilidades terapéuticas que existen en la liberación de situaciones conflictivas anímicas al representarlas, el vivirlas activa y estructuradamente. Lo que motivó este reconocimiento fue lo siguiente: Teníamos una joven actriz (Bárbara) que representaba con gran éxito papeles de santas, heroínas y románticas. Uno de sus admiradores era el joven dramaturgo (Jorge) que no se perdía una sola de sus representaciones. Ella se enamoró igualmente de él y se casaron.

Ella siguió siendo nuestra primera actriz y él nuestro primer espectador, por decirlo así. Un día, él vino a mí muy deprimido y me confesó que su matrimonio era insoportable; su mujer, a la que todos tenían por un ángel era a solas con él, lo contrario, como si sufriera una transformación. Perdía todo freno, discutía, empleaba las expresiones más ordinarias y cuando él la rechazaba enfadado, le respondía incluso a golpes. Yo le invité a venir con ella aquella misma noche, como siempre, al teatro, porque tenía una idea de la forma en que se podría intentar ayudarlos.

Cuando apareció la actriz le dije que tenía la impresión de que debería ofrecer al público por una vez algo nuevo y que no debía reducirse demasiado unilateralmente a representar papeles de mujeres honorables.

Ella acogió entusiasmada la proposición e improvisó con un colega una escena en la que ella representaba una mujer de la calle. Desempeñó el papel con una ordinariez tan auténtica, que no había quien la reconociese.

El público estaba fascinado y el éxito fue grande. Se marchó muy feliz a casa con su marido.

Desde entonces representó preferentemente tales papeles. Su marido comprendió inmediatamente que esto era terapia, me visitaba todos los días para informarme. "Se ha producido una transformación", me dijo algunos días después, "es cierto que aún tiene accesos de cólera, pero han perdido intensidad. Son también de más corta duración y a veces comienza a reír súbitamente porque se acuerda de escenas del mismo tiempo que ella ha representado en el teatro y yo me río con ella por el mismo motivo. Es como si nos viéramos uno a otro en un espejo psicológico.

A veces empieza a reír incluso antes de caer en el acceso, porque sabe perfectamente cómo se va a desarrollar. En ocasiones se deja llevar por él, pero en una forma mucho más suave que antes". Era como una catarsis, surgida del humor y de la risa. Continué el "tratamiento" transfiriéndole papeles que se adaptaban cuidadosamente a su situación conflictiva personal.

Su marido me informó que a través de las escenas que le hice representar había llegado él a comprenderla mejor y se había vuelto más tolerante con ella. Una noche pregunté a los dos si no querrían salir a escena ambos y comenzó una especie de "terapia interhumana". A partir de entonces improvisaron escenas hogareñas, de sus familias de origen, sus sueños, planes de futuro, etc. Los espectadores se impresionaban vivamente con las evoluciones de esta pareja.

Este fue el inicio concreto del Psicodrama.

¿Cuál es la relación que hay entre Freud y Moreno?

Freud y Moreno trabajaron independientemente. Pero sin embargo hubo muchas cosas en común entre ellos. Ambos, vivieron durante un largo tiempo contemporáneamente en la Viena de fines del siglo XIX y principios del XX. Aunque por aquel entonces Freud era 36 años mayor que Moreno. Podría pues haber sido su padre...

Pero a pesar de compartir la ciudad donde trabajaban y el interés por el ser humano y sus sufrimientos psicológicos, parece que no tuvieron (casi) contacto. Tan solo hay una referencia de Moreno, a este respecto, el cual nos dice que en 1912, al salir de una conferencia de Freud, creo que acerca de un sueño telepático, se le acercó y le dijo: "Usted ve a sus pacientes en el marco artificial de su consultorio. Yo los encuentro por la calle, en el hogar, en su ambiente natural. Ud. analiza sus sueños. Yo estimulo a la gente a soñar".

Si bien este encuentro se produce en los comienzos de la carrera de Moreno, ¿podemos pensar que Freud siempre estuvo presente, aunque fuese para oponerse a él? No obstante Moreno fue quien pronunció la siguiente frase: "No puedo negar que el psicoanálisis ha tenido influencia sobre el psicodrama, pero esa influencia ha sido principalmente negativa". Fue en suma el psicoanálisis (o Freud) una compleja influencia sobre el psicodrama (o sea para Moreno), conflictiva, llena de admiración, rivalidad, envidia, todo menos indiferencia, como corresponde por otra parte a toda relación paterno-filial. El padre-Freud era, lógicamente, amado y odiado intensamente por el hijo-Moreno. ¿Un "encuentro edípico fallido"?

Incluso al final de la vida de Moreno, sigue Freud presente. Uno de sus discípulos, el californiano Lewis Yablonsky, refiere que visitó a Moreno en su lecho de enfermo poco antes de morir.

Moreno le mostró algunos de los borradores de una autobiografía que estaba escribiendo. Uno de los fragmentos de esta autobiografía consistía en una fantasía de Moreno donde decía que ya había muerto y que había ido, naturalmente, al cielo, y como parte de la bienaventuranza celeste, podía gozar del placer de participar en un "diálogo eterno" con los más brillantes espíritus de la historia. Ese día, la discusión reunía a Spinoza, Jesucristo, Hegel, Einstein, Freud, y otras luminarias.

El tema era "El psicodrama y el psicoanálisis". Luego de varias horas de brillante debate en que exponían defectos y virtudes de ambas disciplinas, uno de los participantes, notando que Freud permanecía extrañamente callado y no defendía su psicoanálisis, le preguntó su opinión. Todos esperaban entonces una encendida defensa por parte de Freud de su creación científica, pero sin embargo sólo respondió: "Si hubiera vivido más tiempo, yo también habría llegado a ser un psicodramatista como Moreno".

Confrontado con Freud al comienzo de su carrera en 1912, y nuevamente confrontado (imaginariamente) al final de su vida en 1974, Moreno, como vemos, estuvo siempre estrechamente ligado a él.

De modo que, si bien Freud no llegó a ser psicodramatista, muchos psicoanalistas, sin dejar de serlo, han comprendido la genialidad del descubrimiento moreniano, y las posibilidades de enriquecimiento que el mismo aporta a la teoría y a la práctica psicoanalíticas.

Principalmente Anzieu, Lebovici (con su "Psicoanálisis dramático de grupo"), G. y P. Lemoine (desde la escuela lacaniana), la "Escuela Argentina de Psicodrama Psicoanalítico", iniciada por Martínez, Moccio y Pavlovsky y luego extendida al "Grupo Experimental Psicodramático Latinoamericano".

El nacimiento del psicodrama analítico en Francia, parte de que muchos psicoanalistas que trabajan con psicóticos, niños y adolescentes, buscan soluciones en la práctica psicodramática.

Paul Lemoine, discípulo de J. Lacan, fue convocado por este para la Cause Freudienne, con la que colaboró desde su fundación. En 1965 fundó junto a Simone Blájan Marcus y Henriette Michele Lauriat la S.E.P.T. (Sociedad de Estudios Psicodramáticos Prácticos y Teóricos) de Paris.

Un año más tarde se les unió Gennie Luccioni Lemoine.

Paul Lemoine partiendo de dos líneas teóricamente antagónicas, la psicoanalítica y el psicodrama moreniano, construye, **el psicodrama freudiano.**

Por medio de una lúdica articulación teórica, la representación psicodramática empezaba a utilizarse para la puesta en escena del deseo.

Se trata, pues, de aquel método donde el terapeuta utiliza como sistema teórico la teoría freudiana a la hora de realizar sus interpretaciones y el análisis de la dinámica grupal.

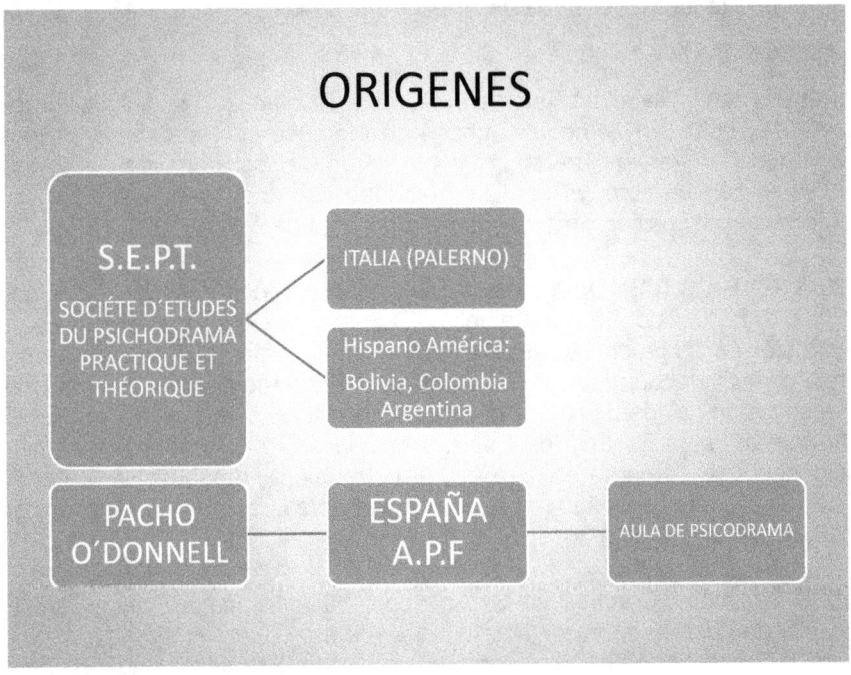

El doctor Mario (Pacho) O´Donnell, en su estadía europea, se interesó en los desarrollos de la S.P.E.T., se unió a ella y fundó dos filiales, una en Madrid y otra en Buenos Aires; en la actualidad hay escuelas psicodramáticas de corte freudiano en Palermo (Centro Paul Lemoine), Colombia (La Puerta), Bolivia (Entre/vistas), Argentina (psicodramatistas varios) y España (Aula de Psicodrama)

S.E.P.T. (Sociedad de Estudios Psicodramáticos Prácticos y Teóricos) de Paris.

La S.E.P.T. nace oficialmente en 1963, aunque ya estaba activa desde 1960, creada por tres analistas (Paul Lemoine, Simone Blájan y Henriette Michael) que seguían los cursos de Lacan en Santa Ana y almorzaban luego juntos. Su libro de trabajo desde el principio fue el libro de Freud "psicología de las masas y análisis del yo" y los trabajos de Lacan. En 1964 se les unió Gennie Luccioni Lemoine.

La SEPT es una asociación fundada en el estudio, la investigación y la aplicación del psicodrama freudiano. Reúne a profesionales con experiencia tanto en la práctica en instituciones como en la profesión liberal, también alberga profesionales en formación. Todos los años la sept organiza unas jornadas de concienciación y cada tres años un congreso internacional. La presidenta en estos momentos es Marie-Noëlle Gaudé. Su página web es www.asso-sept.org. Todos los años la sept se encarga de "sacar" su revista de psicodrama freudiano.

Se les puede localizar en rue de Brézin 9, 75014 París. Tlf. 01 45 40 47 02

La secretaria Didier Chaulet tl 06 85 39 34 45 didier.chaulet@wanadoo.fr

ARGENTINA. Alejandra Thaysen y Adriana Zambrini con su libro "el grupo ¿una desilusión?"; Mercedes Buades de Moresco con sus libros "grupos operativos", "intervención en grupos", "Grupo o psicoanálisis" y Pacho O`Donell con su libro "el análisis freudiano de grupo"; son los máximos exponentes del psicodrama freudiano en Argentina.

CENTRO PAUL LEMOINE (scuola di specializzazione in psicoterapia con indirizzo in psicodrama freudiano). El "Centro Pablo Lemoine" es la expresión de un grupo de psicólogos que con el tiempo se han propuesto a crear y activar cursos especializados en psicoterapia, para promover la investigación, el desarrollo y el desarrollo del psicodrama de la SEPT. Durante años, la Escuela de Especialización en Psicoterapia (orientación psicoanalítica, centrada en el psicodrama freudiana) oferta en el "Zentrum Paul Lemoine" enseñanza a los estudiantes sobre el psicodrama freudiano.4

En 1999, Antonio Caruselli, de Sicilia, aceptó la invitación de Paul y Gennie. Fascinado por esta herramienta, fundó un centro de desarrollo de la teoría, para poder aplicar el psicodrama en la clínica y en todos los campos posibles, así como la formación de psicodramatistas.

El Centro Paul Lemoine edita su revista de psicodrama freudiano Fort-da

En la actualidad el centro Paul Lemoine está en la vía la Farina 13/ C-90141 Palermo.

Tel. 333 84 68 764. Y su presidente es el Dr. R. Calabria.
presidente@centrolemoine.it

ESPACIO ENTRE/VISTAS. Santa Cruz, Bolivia. Digmar A. Aguilera (Cordinador).

El psicodrama llega a <u>Bolivia</u> por la experiencia que iniciaron los esposos Violeta y <u>RonalFirestone</u> en la Universidad Evangélica Boliviana, a mediados de los años <u>90's</u>, lamentablemente esa interesante iniciativa solo se sostuvo por un corto periodo.

En lo personal arribar al psicodrama freudiano fue un camino no exento de conflictos y dificultades tanto a nivel teórico como también subjetivo, que se inicio hace dos décadas y tuvo su punto de inflexión en mis años de formación en el:

<u>Hudson</u> Valley <u>PsychodramaInstitute en new York</u>, pero valió la pena, "penar, valió", ya que actualmente mi practica en el espacio entre/vista es un referente en la comunidad académica y hemos realizados trabajos en psiquiátricos, hospitales, centros de reclusión juvenil y universidades.

Realizar psicodrama freudiano en esta ciudad no es una apuesta sencilla ya que las áreas que tratan el malestar subjetivo no son cabalmente conocidas ni promocionadas, tampoco existe un amplia oferta de especialización en las áreas PSI por lo cual la comunidad aun no tiene una idea cabal de las limitaciones o alcances de estos dispositivos.

En este momento entre/vistas es un espacio de psicodrama freudiano que se ofrece para tratar el malestar subjetivo desde la intervención en grupo abierto a la comunidad, así como para aquellos que buscan formación en esta área y quieren verificar su deseo en lo referente a la clínica grupal.

Información: psicodramafreudiano.com

Para información   digmund@gmail.com   y el facebook (espacio entre/vistas)

LA PUERTA (Colombia). Al parecer, el psicodrama llegó a Colombia por medio de Argentina. Por los años 60 un grupo de psicoanalistas argentinos, entre ellos Eduardo Pavlovsky, viajaron a New York para formarse con Moreno, al tiempo que los esposos Lemoine ya habían iniciado algunas prácticas psicodramáticas y construcciones sobre estas a partir de la enseñanza de Jacques Lacan.

En su regreso a las tierras Argentinas, varios interesados se comenzaron a reunir para trabajar el psicodrama, creando un grupo experimental de psicodrama en el cual participaron esencialmente, Pavlovsky, Fidel Moccio, Carlos Martínez Bouquet y un psicoanalista que cobraría importancia para la historia Colombiana, **Leonardo Sadne.**

Movilizados por esta idea y trabajo que se venía gestando al interior de la universidad, Oscar Mesa, Libia Ramírez y Fabio Gómez, fueron contactando distintas autoridades en trabajo grupal en otros países, invitándolos a Medellín a realizar seminarios y formaciones en las diversas técnicas grupales. De este modo se conectaron con **Leonardo Sadne,** quien viajo a Colombia en los 80 siendo este el primer contacto directo con la técnica del psicodrama para estos sujetos deseantes de formación.

Su encuentro con el psicodrama tuvo distintos efectos en cada uno, por lo cual, cada uno tomó luego diferentes maneras de interpretar, abordar y formarse en el psicodrama. En nuestra historia destaca **Fabio Gómez,** quien movilizado por aquel encuentro con Leonardo viajó a Francia, entrando en contacto con los esposos Lemoine, de quienes seguramente extrajo importantes desarrollos para su estilo y aprendizaje de la técnica psicodramática.

Fabio creó un grupo de elaboración en psicodrama en Colombia. Tal vez el primero en términos de psicodrama psicoanalítico, es decir, orientado por la teoría de Freud y la enseñanza de Lacan.

En ese grupo estuvo como participante **Raúl Salamanca**, importante psicoanalista de orientación Lacaniana en la historia de la ciudad de Medellín. A su vez, Raúl acompañó a no pocas personas en su acercamiento al psicoanálisis en una época de auge en nuestro País, y llevado por su acercamiento al psicodrama también creó algunos grupos de Formación y elaboración en Psicodrama, logrando al menos el interés de uno para el trabajo del psicodrama de orientación psicoanalítica, fundamentalmente de corte lacaniano.

Esa persona es **Andres Herrera**, quien desde entonces ha mantenido un trabajo con el psicodrama, fundamentalmente en términos de elaboración subjetiva.

En el trascurso del 2009-2016 se han iniciado y concluido 5 grupos de psicodrama de elaboración subjetiva que han tenido una duración de 1 a 2 años aproximadamente, el que ha durado más tiempo es el que denominamos la Puerta, que se inició como grupo de elaboración y que duro casi tres años, el cual se ha trasformado, a partir de la experiencia en Alicante, con el Aula de Psicodrama, de una de sus componentes, Claudia Helena, como grupo de formación, adquiriendo un matiz diferente. En la actualidad y gracias al trabajo de Andrés Herrera se sigue en ello.

En la actualidad junto a Andrés Herrera, trabajan Claudia Helena y Felipe Acosta, entre otros, intentan avanzar en la construcción de grupos psicodramáticos con orientación psicoanalítica donde se busca dar un lugar al deseo de trabajo hacia el psicoanálisis en general, y donde el psicodrama tiene también su propio espacio de trabajo.

AULA DE PSICODRAMA (Alicante/Murcia).

El AULA DE PSICODRAMA fue creada en el año 2008, con el único propósito de crear terapeutas grupales con orientación psicodramática; personas capaces de reconocerse a sí mismas y al otro en el contacto que supone la relación terapéutica, aunque no fue hasta finales del año 2010 cuando se formalizó como tal.

En su formación, avalada por la Asociación Española de Psicodrama, el Aula de Psicodrama toma los desarrollos freudianos-lacanianos junto a los elementos del psicodrama y el carácter grupal, lo que le confiere a la formación una dimensión que le es propia.

El AULA DE PSICODRAMA viene impartiendo formación en psicodrama desde el año 2009 a médicos, psiquiatras, psicólogos, trabajadores sociales, pedagogos y otros profesionales de ayuda, e interesados en lo grupal.

Los cursos se desarrollan principalmente en Alicante y Murcia, si bien el Aula de Psicodrama, realiza también formación en otras ciudades. Además del programa general de formación en Psicodrama, el AULA DE PSICODRAMA desarrolla cursos específicos para instituciones como universidades, áreas de servicios sociales de ayuntamientos, centros de salud mental, etc., así como seminarios de introducción al Psicodrama y monográficos sobre técnicas y campos de intervención concretos, que pueden cursarse de forma independiente al programa general de formación; también viene realizando un seminario de psicoanálisis y actividades relacionadas con el cine.

El verdadero objetivo del Aula de Psicodrama es poder transmitir que el psicodrama freudiano es una herramienta que va más allá de la clínica, pudiéndose usar en otros ámbitos: educación, selección de personal, empresa, supervisión, centros ambulatorios; y en grupos homogéneos y heterogéneos; adolescencia e infancia, drogodependencia, problemas de alimentación, grupos de mujeres, parejas etc...

El Aula de Psicodrama edita una revista de psicodrama y grupos, SPECULUM, de tirada anual y que en la actualidad es on-line y gratuita y cuyo director es Carlos García.

Si bien en su inicio fue Enrique Cortés el encargado de presidir y organizar las actividades del Aula, influenciado por la enseñanza de Matilde Enríquez alumna directa de los Lemoine, en estos momentos la actual presidenta es Sibi Domínguez; estando Enrique encargado de la formación de los alumnos deseosos de aprender esta herramienta tal y como fue transmitida por los esposos Lemoine.

www.auladepsicodrama.com

auladepsicodrama@gmail.com

Encargado de formación.- aulapsicodrama@gmail.com

II.   PSICODRAMA Y FREUDIANO

Enrique Cortés

A. Bauleo, nos digo que un grupo va más allá de la individualidad y esto mismo lo imposibilita para algunos.

Freud en 1918, en su artículo "los caminos de la terapia analítica", reconoce lo restringido de la acción terapéutica del psicoanálisis, planteando la labor de adaptar nuestra técnica a las nuevas condiciones, ¿el grupo?

Si bien no todos los psicodramas con enfoque psicoanalítico, son "lacanianos"; podríamos destacar las siguientes características en todos ellos:

a) La temporalidad centrada en el presente, que para nosotros no excluiría, en absoluto, la referencia al pasado.

b) Desarrollo de la capacidad de simbolización

c) Privilegiar lo concreto frente a lo abstracto del material en el manejo terapéutico.

d) El uso de la representación como postura intermedia entre la realidad y la fantasía.

En el psicodrama se juega y creo que para la comprensión del juego como herramienta terapéutica o desdramatizadora, debemos recordar a Winnicott, que estudió los objetos y fenómenos transaccionales, siendo estos zonas intermedias de la experiencia. En el juego además de intervenir el cuerpo, el niño manipula objetos y fenómenos de la realidad exterior, usándolos al servicio de la realidad interna.

A nuestro psicodrama, lo llamamos freudiano, denominación a la que se le pueden poner objeciones, y al que también podríamos llamar, análisis freudiano de grupo e incluso grupo y psicodrama de base analítica, aunque igualmente tendría sus objeciones; se basa en el psicoanálisis y en las aportaciones a este hechas por Lacan.

Fundamentalmente lo que caracteriza al psicodrama freudiano, me vais a permitir que sea bastante esquemático, son las siguientes características:

El grupo, normalmente de entre 5 y 12 personas, se reúne preferentemente con una frecuencia semanal, también están los grupos intensivos de fin de semana, durante hora y media. El grupo es abierto, pudiendo incluir nuevos miembros así como tener altas, evitando hacer de él algo parecido a una familia endogámica. Normalmente hay dos terapeutas, un animador y un observador.

En la sesión alguien empieza a hablar y se le deja que exprese su discurso, discurso que se va anudando con los discursos de los otros participantes, avanzando de forma metonímica por deslizamiento de los significantes, esperando una intervención del animador.

Ante la emergencia del inconsciente, escondido bajo el sentido manifiesto de lo que se está diciendo, se invita a algún miembro a representar algo de lo relatado por él. Para esto el animador ha hecho una escucha, a partir del primero que habló y vio el eco que sus palabras produjeron en el grupo.

Nosotros pensamos que es el encuentro con el sinsentido de lo inconsciente lo que puede permitir elaborar algo a una persona. Y para que pueda emerger ese sinsentido de lo inconsciente es por lo que el animador invita a un miembro del grupo a representar algo de lo relatado.

La escena va a suponer:

1. La elección de los otros que representarán algo, el papel y los motivos de la elección
2. La representación en sí misma (a veces son meros lapsus, discordancias con lo relatado...)
3. El cambio de rol del protagonista con el otro de su identificación

Las escenas que nosotros representamos no son fabuladas, es decir que no son inventadas por el animador ni por los miembros del grupo ni están sacadas de ningún manual ni son intencionalmente modificadas. Se pueden hacer interrupciones a lo largo de la representación; al mismo tiempo que huimos de lo catártico o excesivamente emocional.

La escena nos va a permitir un nuevo encuentro y combinación de significantes; lo que posibilita que la relación que el sujeto tiene con su sufrimiento y con su discurso cambie.

Posteriormente a la representación se le pregunta a los yoes auxiliares por lo que han sentido; el resto de los miembros también pueden seguir expresándose y asociando; con ello se establece una cadena de significantes enlazando los discursos y las escenas, hasta que se finaliza la sesión.

Será ahora el momento del observador. Este realiza una breve observación de lo acontecido, señala la cadena asociativa y su forma de articularse. El observador intentará dar una visión de lo que ha podido no verse.
En el psicodrama freudiano, la representación, la mirada, el cuerpo, el discurso serán pilares fundamentales y diferenciales de otros psicodramas. El juego múltiple de la mirada está siempre presente.

Si atendemos las palabras de los Lemoine, entre los objetivos del grupo está el hacer una ruptura con el discurso previo, para poder instaurar uno nuevo que tenga que ver con su relación con el deseo.

En otro tipo de grupos se pretende directamente analizar las tensiones reales entre sus componentes donde todos pueden opinar sobre todos, cayendo fácilmente en agresiones por permanecer el discurso en el registro imaginario sin que se produzca el corte que permita la entrada en el registro simbólico. Nosotros no analizamos al grupo sino al sujeto en el grupo.

A diferencia de todos ellos y porque sólo lo que se habla puede ser actuado, es por lo que en psicodrama freudiano la escena no es en sí el fin de nuestra técnica y surge solo como medio para llegar al inconsciente, ahí donde la palabra se detuvo, con el propósito de que resurja.

Finalmente el sujeto se enfrenta al duelo permitiendo su elaboración; gracias a esto el sujeto escapa de la repetición y recupera el lugar en el discurso de las generaciones. (*)

(*) Lemoine G., Lemoine P. Jugar gozar. Gedisa

REAL, SIMBOLICO, IMAGINARIO

Ana Guardiola

Lacan describe las experiencias humanas, la posición subjetiva del individuo ante el Otro y ante el mundo, según tres registros: lo real, lo imaginario y lo simbólico. Registros, porque es según estos, que se procesan y se inscriben los acontecimientos, los sucesos de la vida en nuestro psiquismo.

Lo real es el concepto más difuso en su obra, e incluso para otros autores tiene distintas interpretaciones. Es definido como aquello que no se puede expresar y queda fuera de los otros dos registros: imaginario y simbólico. Es lo imposible de conocer, imposible de imaginar, porque en cuanto un objeto es representado se pierde parte de él, en cuanto es nombrado parte de su realidad es sustituida. Lo real es sin fisuras, "No hay ausencia en lo real" (seminario 2, pg.313). Es también imposible de obtener.
No es lo mismo que la realidad porque ésta podemos conocerla. Y en la medida que conocemos personas u objetos se pierden partes de ellos. No se pueden representar en su totalidad.

Lo real está fuera del lenguaje y es inasimilable a la simbolización.
Lo real del ser humano es, que es un ente biológico, que en principio percibe fragmentariamente y siente sensaciones en partes de su organismo, sin orden ni concierto hasta que no aparece un Otro que aliena su ser en una imagen en el estadío del espejo, antes de que el pequeño ser pueda siquiera concebirse a sí mismo, ni siquiera desplazarse para relacionarse con los objetos del mundo, proponiéndole una imagen a la que identificarse como un todo, una imagen que le representa.

Antes de eso, que es la instauración de lo imaginario, casi podríamos decir que el individuo es puro real, si es que esto fuera posible, porque ya desde antes de nacer estamos inmersos en el discurso y por tanto en el mundo imaginario y simbólico de nuestros padres, que nos dan un código, un orden y una inmersión en los otros, desde que salimos de la homeostasis del vientre materno y nos exponemos a los estímulos y a la relación de intercambio con el mundo.

Es ante lo real donde se produce el delirio en la psicosis, en un intento de imaginarizar y simbolizar la ausencia del concepto de falta, de mediación simbólica, de función paterna y por tanto de castración, que no existe en la psicosis.

Fue conocida la cantidad de enfermos psicóticos paranoides, que se brotaron cuando se estrenó la serie de televisión "V", cuyo argumento trataba sobre unos extraterrestres que tenían cuerpo de lagarto e iban disfrazados de humanos, ante la imposibilidad de soportar esa imagen de que los humanos no eran lo que parecían. Un miedo frecuente y difícil de explicar sin la metáfora.

Y es por eso, que son los psicóticos los que participan más de este registro, en su uso literal del lenguaje, alejados de la metáfora y de lo simbólico e incluso de lo imaginario a veces. Una paciente psicótica me dijo, refiriéndose a su embarazo: "Me ha salido un bulto".

El orden imaginario tiene como base en lo que ha sido explicado, como "el estadío del espejo", en un momento en que el bebé todavía no es dueño de su autonomía motriz, pero si está bastante avanzado su sistema visual. Esto le permite controlar el mundo que le rodea y orientarse hacia lo que hemos dado en denominar "espejo", que no es otra cosa que la mirada de la madre que lo atrapa, así como ella a su vez se ve seducida por la mirada de él.

En este intercambio, ya no tan del orden de la necesidad vital, pero intercambio al fin y al cabo, se cede predominancia a lo libidinal frente a lo instintivo, se pasa al campo de lo pulsional, al reino de los afectos. La visión de la forma más acabada de su propio cuerpo en lugar de un montón de sensaciones físicas fragmentadas, le ofrece un dominio imaginario de su cuerpo respecto al dominio real. Y al mismo tiempo esta imagen que refleja ese espejo condensa ciertas exigencias, demandas, expectativas que tienen que ver con el deseo materno, lo que tiene que ver con la importancia de ser madre. Al asumir esta imagen como propia, el sujeto se pierde en cierto sentido a sí mismo, se aliena.

Pero a cambio se crea esta relación dual donde el sujeto es intercambiable con el otro por identificación, empieza a captar imaginariamente atributos del Otro que lo diferencian de él, para asimilarlos y asimilarse así. Se pierde a sí mismo para tenerse como representación.

En el mismo sentido esa distancia permite aprehender la imagen de las cosas para poder representárselas en su ausencia. El niño succiona en ausencia del pecho materno. Se pierde el objeto para poder registrarlo internamente, así primero se imageneiriza para después poder nombrarlo. Se pierde la confusión con este todo que es la madre, se la reconoce como Otro que le reconoce a su vez.

Como esta identificación con la imagen especular es un atrapamiento fascinador, de mutua seducción, el narcisismo forma también parte del orden imaginario, y como va también acompañado de la agresividad que supone el intercambio con el otro, ésta también forma parte del imaginario. Pero hay un orden subyacente al imaginario que lo ordena. Lo imaginario está estructurado por el orden simbólico, que rige ya para el Otro que es la madre.

Lacan identifica el orden simbólico como un aporte de Levy-Strauss, en el sentido de que el mundo social está estructurado según leyes que regulan las relaciones de parentesco y el intercambio entre los individuos. La principal forma de intercambio es el lenguaje, por lo que, si además entendemos que tanto ley como estructura son dimensiones lingüísticas, lo simbólico también.

Hablábamos en lo imaginario de una representación de la cosa, una distancia, pero en lo simbólico hay una asunción y un reconocimiento de la pérdida. Al entrar lo simbólico en juego ya hay reglas que regulan el deseo del Otro. Si el imaginario nos acerca al reino natural, tanto en la predominancia de lo visual, como en la dualidad de las relaciones, en lo simbólico prima el reino de la cultura. Lo que caracteriza las relaciones en lo simbólico es el Gran Otro que media entre ellas. El Otro que limita al Otro. El tercero.

El inconsciente es el discurso del Otro y por tanto pertenece totalmente al orden simbólico.

Es en el complejo de Edipo donde la función del padre rompe la dualidad madre-niño y se pasa desde el orden imaginario al orden simbólico.

Lacan señala que los tres registros no son concebibles de modo independiente, que están en cierto modo anudados, como un nudo Borromeo, de tal modo que, si se rompe uno, caen los otros dos, se define cada uno, en relación a los otros.

Me daba por pensar en estos días, en que me llega gente que trata los problemas con los inicios de la enfermedad de Alzheimer en sus padres, e incluso algún paciente que llega a consulta en estos inicios, si la falla física no acaba produciendo un desanudamiento entre estos tres registros y tal vez eso explicaría algunas manifestaciones afectivas que acompañan dicha enfermedad.

Para hablar de la relación entre los tres registros Lacan utiliza la metáfora de la óptica del ramillete invertido.

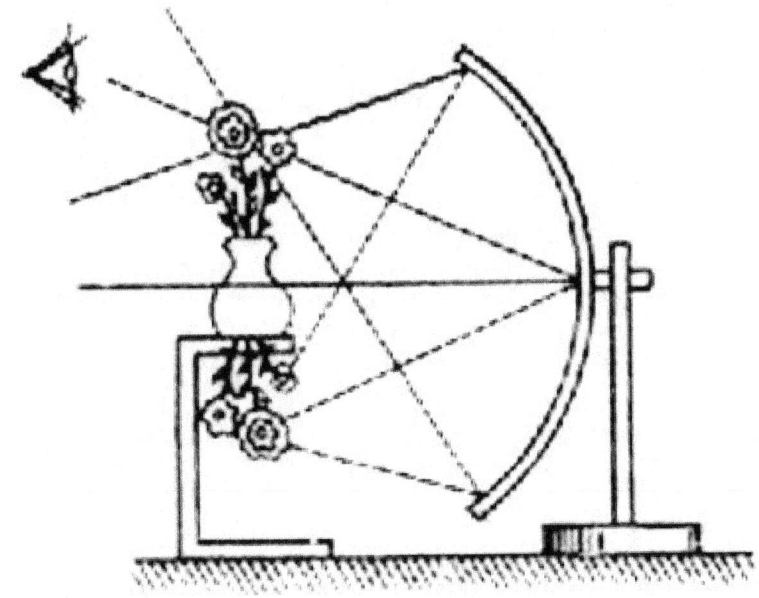

Frente a un espejo cóncavo se coloca una caja con un jarrón arriba. Las flores están dentro de la caja, hacia abajo, de tal modo que por una ilusión óptica, si el observador se coloca en el lugar adecuado, ve las flores dentro del jarrón. Hay un jarrón real, y un ramillete imaginario. Dos registros articulados entre sí. Ese único lugar privilegiado, esa posición subjetiva, desde donde el sujeto puede ver el efecto, es decir, articular lo real con lo imaginario, sería el lugar de lo simbólico.

No existe un registro sin el concurso de los otros dos. De otro modo, podríamos decirlo: la relación siempre fallida del sujeto con su imagen, está mediada por la función del Otro. Nos vale para cualquier ejemplo, si pensamos en el padre, en la madre, en la castración, en el Edipo...

Solo señalaré aquí que, desde antes de la intervención de la función paterna, ya hay un lugar de deseo en la madre fuera del niño (hablamos desde luego en la neurosis, no sería así en la psicosis), ya funciona en cierto modo el padre simbólico, y así ilustro lo que quería decir antes respecto a la actuación conjunta de los tres órdenes aunque en distinta medida de cuando ya se establece plenamente la función simbólica, que indica que se asume la falta de la madre, que el niño pasa de la frustración a la castración simbólica y que entra plenamente en el reino de la ley.

M. tiene una niña de dos años, van a operarla una mañana y están en una sala de espera de un hospital. La madre cuenta que ha conseguido evadirse de su responsabilidad, pensando que está en manos del personal del hospital, no es consciente de que pasan demasiadas horas, está funcionando plenamente lo imaginario, la madre ausente en manos de otros, y la niña juega y sonríe con los otros niños en la sala. Lo real es la operación, algo desconocido que los padres no pueden controlar y que conlleva un riesgo. Lo imposible. Al mismo tiempo que es ese lugar de la repetición al que uno se ve abocado sin poder evitarlo, esa ausencia y esa falta de intervención en los padres. Lo imaginario está en ese Otro que supuestamente se está haciendo cargo en el imaginario de la madre.

Después se enterarían de que la funcionaria a la que le entregaron los papeles, los dejo olvidados y quedaron fuera del orden de las operaciones, como si no hubieran llegado. Cuando llevaban tres horas esperando la pequeña se pone ella sola el abrigo y dice: "Ana se va"... hay una aceptación de la niña de que ha pasado mucho tiempo y los padres no se hacen cargo.

Se hace cargo durante un momento de sí misma, ya que los padres no lo hacen, allí donde no había límite en la espera, pone límite. Esto da cuenta de lo simbólico.

Pasamos de ser un organismo biológico, en lo real, y lo vamos ajustando a una imagen especular y posteriormente en un trasfondo cultural en el que nos vamos desarrollando. Y según nos vamos encontrando en distintos avatares de nuestro desarrollo y de las experiencias que nos acontecen, nos encontramos de principio a fin moviéndonos en estos tres registros, de modos diversos.

Solo trabajando en el orden simbólico puede el analista producir cambios en la posición subjetiva del analizante, nosotros lo hacemos utilizando una herramienta que nos permite operar de modo privilegiado estos cambios: El psicodrama.

Dicen los Lemoine, en su libro "Teoría del Psicodrama":

"*Lo imaginario consiste en representarse un objeto ausente, relación presencia-ausencia del objeto en relación conmigo. En relación con lo real, el psicodrama se sitúa por entero en el terreno imaginario, se trata de una dramatización.*"

Si tomamos como hacen ellos, "el juego del carretel" del nieto de Freud, como ejemplo, donde el niño representa la ausencia de la madre con un juego, arrojando un carretel de hilo y tirando de este último para atraerlo hacia él, señalando con sus palabras: ¡fuera! y ¡aquí! y la alegría de ser quien domina en ese momento, vemos claramente que en psicodrama representamos ese juego que jugamos continuamente en la realidad.

G. una paciente que se siente incómoda en el grupo: "mis problemas no son tan importantes", juega una escena del trabajo, donde repite una vez más, el sentimiento de inseguridad ,porque su informe no está suficientemente preparado, pese a que ha estado toda la noche sin dormir, y lleva varios días dándole vueltas. Lo presenta delante de los clientes y un compañero que solo ha tenido dos días para prepararse y no conoce el tema en profundidad.

Ella siente que él lo domina más y se avergüenza. En el cambio de roles con el compañero dice: como lo controla G., yo no he podido hacer más. Y siente tranquilidad. Luego relaciona este lugar de cuestionamiento permanente, con la relación con su padre; un hombre exigente, que solo vive para el trabajo y que casi no ha podido relacionarse con su familia. Quien le exigía una dedicación absoluta en sus estudios, y su propia gestión de éstos, si dejaba algún examen para prepararse otro, por ejemplo, o el tiempo dedicado, nunca le parecía bien.

Es en esta representación imaginaria de su inseguridad ante la demanda de Otro que no es real, donde vemos que está trayendo continuamente la presencia del padre, aunque sea bajo la forma de exigencia e incapacidad suya. Aun sabiendo del límite y de la castración que supone no poder llegar a todo, como se ve en el cambio de roles con el compañero. Es al enfrentarse a la castración que supone verse, tanto en su sentimiento como en las palabras del grupo, de vuelta a lo simbólico que supone aceptar su propio límite, donde se produce un cambio de posición subjetiva.

"Se inicia con una libre conversación y continúa con la representación. Todas las escenas acaban por reducirse a esquemas familiares [...] Se trata de una evocación imaginaria [...] El psicodrama, la dramatización, la representación, exigen la renuncia a la satisfacción. Se busca una satisfacción diferente, la de la representación por la representación. El acontecimiento narrado se convierte en el acontecimiento del grupo. Es vivido en un sistema donde asume un valor para el otro. Existe entonces algo que circula [...] El acontecimiento se convierte en símbolo.

[...] Lo que se pierde en el plano de la satisfacción inmediata y del deseo (castración), se gana a nivel simbólico del encuentro. Si me pongo en juego expresando mi deseo y la posibilidad de que se exprese el deseo de los otros, renuncio a poseer al otro como objeto, me encuentro con él. Ley de la castración [...]. El deseo de un sujeto logra pasar por el deseo del otro, ningún deseo propio puede hacerse justicia; debo pasar por el deseo del otro."

Vamos a ver las notas que toma un paciente, R., de un grupo de psicodrama después de tres grupos seguidos: Es un paciente que hace análisis individual y participa desde hace cinco años en un grupo de psicodrama mensual y tres grupos intensivos de todo un sábado al año.

El paciente está en un momento en que lleva un tiempo en paro y siente que recibe como respuesta del grupo y de uno de los terapeutas, que no está en la realidad, al dejar pasar algunas oportunidades por distintas causas.

"En la sesión de junio, fui el elegido para interpretar el papel de "seductor" en tres grupos consecutivos. Algo que volvió a ocurrir, en los grupos de la tarde, en la sesión de febrero. Donde acaparé, prácticamente, todo el centro de atención.

En el primero de los grupos de junio, jugué la escena en la que pasaba del consultor de RRHH, que me contactó (ante el miedo de ser rechazado, rechazo yo). Observé, como elijo, situarme en un lugar en el que no me veo. Elección de un punto ciego, al que también M. hizo alusión, cuando recogía su falta de intervención y como se había colocado frente a un espejo, que no la reflejaba.

Hay una resistencia, en verme como lo hacen los demás (seguro, seductor, agradable, etc.) porque implica reconocer el fallo del "Otro" (su veredicto – "fallo"- no es sostenible, con esta opinión). Si me veo, desaparece el "Otro"." La escena que trata R. es una entrevista de trabajo en la que el aspecto físico del entrevistador le lleva a sentir y proyectar rechazo hacia él. Resulta interesante ver las referencias a como uno "se ve" en el Otro, en el caso de R. lo real es este imposible que le lleva a situarse en un lugar donde no se ve.

Casi podríamos suponer una madre con una falla en lo que tiene que ver con su propio lugar de castración, una madre con una mirada ciega a veces, ante este hijo "seductor", pese a que se habla del registro simbólico, ya que aunque no se reconoce en esa mirada, hay un Otro para R., aunque su mirada sea un "fallo", un veredicto... Lo imaginario es este lugar de confusión, de identificación con el Otro que no le ve, como si al mirarse pudiera desaparecer ese Otro que a veces le hace desaparecer, pero una representación que le salva de la angustia de no ser visto.

"Las intervenciones de MT, fueron un reflejo de la brutalidad de su historia, con el abandono de sus progenitores. Y sus escenas, muestran el mecanismo con el que se intenta borrar al "Otro", para ocultar su falta. Esta contradicción, se resuelve por medio del castigo. Se construye un Juez, que sí está presente y que sanciona su comportamiento: el fallo está en nosotros, no en el "Otro". Hay un levantamiento artificial de una figura, que suple la falta, por medio del autocastigo. "

R. hace referencia a una escena de MT en donde, habiéndose ido fuera de su provincia sin permiso, se queda fuera del autobús en un lugar lejano a su domicilio, de noche y sin dinero, y representa la llamada a su padre que enfadado le dice que vuelva como pueda. Ella en el cambio de roles siente el enfado de su padre, y la ausencia de comprensión de su situación. Hay una negación del abandono del padre. Y un desapego emocional de MT.

En R. surge un enfado y un dolor devastador que le lleva a decir que antes ponerse en riesgo que pedirle ayuda a su padre. Y volvemos al no verse antes que enfrentarse al no ser visto por el Otro. El fallo, el veredicto, parte de él hacia sí mismo, así se niega ese lugar de falta en el Otro que queda intocado, y así se hace posible, el lugar imaginario en que el Otro da una respuesta diferente.

"Construimos una prisión, en la que quedamos encerrados, aislados y separados, en mi caso, por medio del enfado. Este enfado, salió cuando fui elegido por MR, para hacer de su padre, en su escena de junio. Representaba la falta de iniciativa de su madre y su incapacidad para consolarla en el momento de su separación. Era su padre, el que tenía que empujarla en esa dirección. La escena se repite, en febrero, esta vez cuando la anuncian que le tienen que dar el alta, tras dar a luz. El enfado provoca un desapego hacia uno mismo, para sostener al "Otro" artificialmente."

En esta escena que permite estas reflexiones de R. se ve claramente en el cambio de roles como el animador al cambiar a la paciente histérica, en los dos lugares de su triángulo edípico, se pasa de la vivencia imaginaria a la elaboración simbólica que no estaba y que produce un cambio subjetivo no solo en la paciente sino en R.

La segunda escena, que es a la que me refiero, donde se produce el cambio, es un momento donde a MR le informan de que su hija recién nacida tiene que quedarse en observación en el hospital y ella tiene que irse de alta.

Ha sido un parto difícil donde sus expectativas, la idea que tenía de un parto natural (ideal) se han roto, la niña y ella han sufrido y encima tiene que dejarla. Enfrente están su padre y su madre mientras el médico le da la noticia. Y ella los mira ausente, pero viendo. El padre le hace una seña a la madre para que vaya a consolarla. MT siempre narra esta madre fría, a la que no le sale cuidarla, ni darle cariño, no se preocupa por ella, solo por sus propias enfermedades. Su padre sin embargo hace cosas por ella, es más cariñoso.

En el cambio de roles con el padre siente su incapacidad para ser él quien se levante a consolarla, ve que sufre y le indica a su mujer que tiene que ir. No sabe ir a expresarle su cariño.

En el lugar de la madre siente mucho dolor y preocupación por ella. Solo que no sabe qué hacer, está paralizada en su indecisión, hasta que el padre no le indica no es capaz de levantarse hacia su hija y consolarla. Al volver a su lugar la paciente habla de cómo (sabiéndolo, pero sin dejarse saberlo), ha mantenido el enfado para no ver esa incapacidad de su madre y como ha revestido a su padre de cualidades que no tiene para mantener esa imagen ideal que la coloca en un lugar privilegiado.

Ha tenido que ocurrir su cambio de lugar de hija a madre en la realidad, y lo real de una situación que se salía completamente de lo que ella podía esperar y controlar, para poder verlos y verse en falta. De nuevo ese lugar simbólico, que se hace presente con la actuación del animador y luego será nuevamente recogido tanto por R., que se identifica en ese "desapego" para no verse en falta, y sosteniendo al Otro a través del enfado.

"Solo somos en función del "Otro", para lo cual hay que estar a la altura de lo que se espera de nosotros. J., saca dos escenas calcadas en las que, manifiesta su bloqueo por la presencia de ese "Otro". No se siente capaz, de mantener el nivel de exigencia y desaparece de las escenas. En un caso, con su primo y sus amigos y en el otro, en presencia de la compañera de trabajo que le gusta y el resto de compañeros. Yo, representé el papel nuevamente de seductor. Cuando en verdad, sólo me sentía significado con su papel.

Dentro de esta crisis de identidad, donde la pérdida del Otro, supone la pérdida de referencias y sentido, paso de puntillas por la escena en la que se juegan los sentimientos. La escena en la que G., me elige para hacer de su novio. Con el cual tengo en común, su incapacidad a la hora de gestionar o mostrar su afecto y su faceta de pianista. El observador, señala en la devolución: "tapar al pianista", lo cual resuena en mi inconsciente, estremeciéndome."

En resumen, estas son las conclusiones que extraigo de las dos sesiones:

- *Por un lado se crea una confusión entre el Otro/los otros, con el fin de evitar asumir su falta de existencia. Mantener la figura del Otro, sólo es posible desatendiendo la opinión de los otros y la propia. Me coloco en el ángulo muerto, que ciega esta visión completa de la realidad.*
- *Necesidad de castigo. Obviar el fallo del Otro, solo es posible fallando uno mismo. Por tanto, para significar su presencia es inevitable asumir una culpa y una necesidad de condena.*
- *Cegar los afectos. El Ser, queda condicionado a la voluntad de una figura que no existe. Por tanto, no hay Ser y no puede haber expresión de él. Para anularlo hay que cegar cualquier manifestación individual de su realidad: EL AFECTO."*

R. consigue salir de la angustia y la repetición, de ese no verse en el último grupo del sábado. Cambia su discurso, después de ese recorrido por el enfado, el desafecto y la negación de la falta, y le habla al grupo desde el sentimiento; cada intervención de los miembros del grupo , desde la identificación y no desde el juicio (el fallo), le devuelve a su lugar en el grupo, un lugar entre iguales que tiene que ver con los afectos. Es entre ellos que finalmente se ve.

Hay que perder a ese Otro perdiendo ese lugar de objeto de su goce para verse entre otros.

Dice M: "para escucharle a él nos hemos olvidado de nosotros mismos".

Dicen una vez más los Lemoine en "Teoria del Psicodrama":

"A través de la repetición misma de esa extraña e incluso contradictoria elección [...], a través del espejo que el grupo constituye y de la distancia que se toma en relación con el acontecimiento inevitablemente [...] la repetición, la reproducción, proyecta al otro hacia el exterior como imagen visible. A partir de ese momento se recuerdan secuencias enteras que se habían olvidado y que carecían de sentido: también se comienza a enlazarlas en conjunto. El pasado se integra y , cuando logra una cierta coherencia, el pasaje al plano simbólico se hace posible, el acontecimiento es visto desde afuera; asume un sentido para el sujeto y para el grupo. Se lo domina".

R. que está estudiando psicoanálisis, me dijo hace tiempo que él pensaba que en el grupo se rompía el muro imaginario que impide que un otro (así con minúsculas) se pueda dirigir a otro. Ese que Lacan recoge en el esquema L. Porque uno se muestra en falta ante el otro porque es capaz de reconocer la falta en el otro. Hablamos, por supuesto de pacientes neuróticos. Que pueden cambiar su posición subjetiva. Aunque sea durante el tiempo que dura un grupo de psicodrama. Pero de eso hablaré en otro momento.

III.   PSICODRAMA Y CUERPO

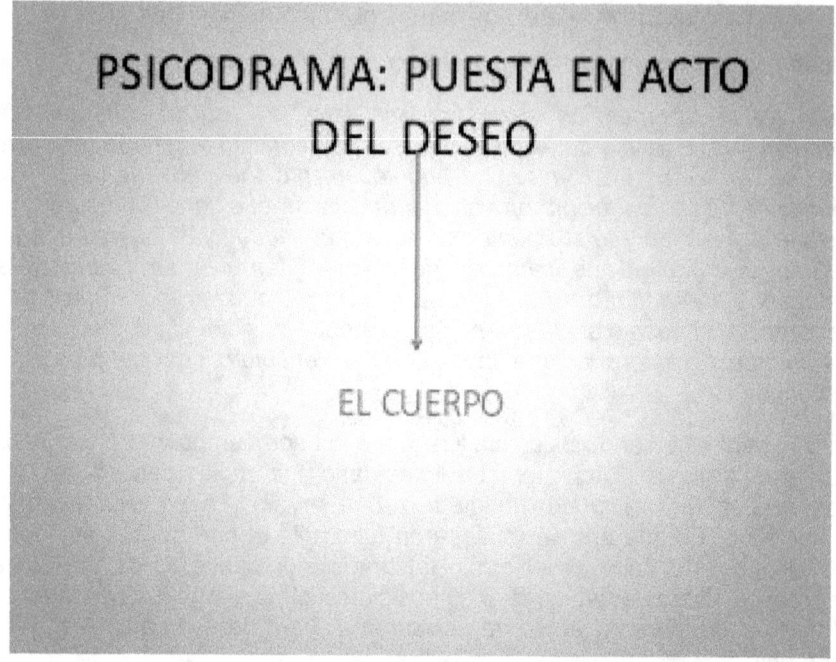

PSICODRAMA: PUESTA EN ACTO
DEL DESEO

EL CUERPO

PSICODRAMA. PUESTA EN ACTO DEL DESO. EL CUERPO

Manuel Moreno

"La Pulsión no tiene día ni noche, ni primavera ni otoño,
 ni subida ni bajada. Es una fuerza constante" (S. Freud)
"Las pulsiones son el eco en el cuerpo de que hay un decir" (J. Lacan).

1. Pulsión y Deseo. La ley del Otro

La Pulsión es uno de los conceptos fundamentales del psicoanálisis. Con su desarrollo, a través de diferentes etapas de su pensamiento y abarcando diferentes obras, Freud nos va a señalar como el cuerpo entra en acción en la Psique del sujeto y por tanto en la sexualidad.

Gracias a Freud podemos tratar de imaginarnos como son los procesos psíquicos que tienen lugar durante las primeras experiencias de satisfacción. El proceso pulsional se manifiesta inicialmente en el niño por la aparición de un displacer provocado por un estado de tensión. Este se encuentra en una situación de necesidad que exige ser satisfecha, de forma que se pueda suprimir el displacer y restablecer un estado de no tensión, de satisfacción (proceso regulado por el principio del placer).

En este nivel de la experiencia primera de satisfacción, si bien el proceso, en un principio, se despliega en un registro esencialmente orgánico, luego trasciendo lo orgánico.

Hay una demanda en forma de grito o de llanto ante una necesidad pura: sensación de hambre. El proceso de satisfacción de la necesidad será introducido por el otro, que además de saciar el hambre va a originar un placer inmediato ligado a la reducción del estado de tensión.

La experiencia de satisfacción deja en el ser hablante una huella imperecedera, una huella mnémica, de tal modo que cuando el estado de necesidad vuelve a surgir, el sujeto no espera a que el Otro le aporte el objeto de la necesidad, sino que en ese momento surge también un impulso que reactiva la huella que dejó la primera. A partir de ahora el niño ya no llora solo por necesidad sino por volver a experimentar esa sensación de satisfacción.

Con este impulso psíquico Freud nos introduce en la definición de deseo. El deseo es una moción psíquica que quiere reinvestir la percepción del objeto enlazado con la satisfacción y la necesidad.

La reaparición de la percepción es el cumplimiento de deseo de la percepción y no del objeto, en tanto en cuanto se puede alcanzar la sombra, el semblante, pero no el objeto. Freud asocia el deseo con una marca de algo que estuvo y ya no está.

El objeto inherente a la condición de satisfacción de las necesidades humanas está perdido. Por tanto el deseo es deseo de un objeto, pero de un objeto que no existe y además no se puede nombrar.

En Mas allá del Principio del Placer Freud nos dirá; "*La pulsión reprimida nunca cesa de aspirar a su satisfacción plena, que consistiría en la repetición de una vivencia primaria de satisfacción...*". Siempre hay algo que va a insistir y por lo tanto la repetición no cede.

El deseo es fruto del resto que deja la vivencia de satisfacción, resto indestructible que promueve y da motor a la repetición, en un intento de reencuentro. La pérdida funda el proceso mismo del deseo, en tanto proceso de reencuentro, o más exactamente de imposibilidad de reencuentro.

En cuanto a porqué el objeto del deseo es un objeto perdido por definición, la razón de esta pérdida la vamos a encontrar en la articulación entre el objeto y el orden simbólico, es decir en el proceso de apresamiento del ser humano por el lenguaje: **Otredad** que precede a cada sujeto. Influjo de fuerzas perturbadoras externas que introducen en un proceso lógico, dónde el niño tiene que renunciar a la satisfacción plena. (Complejo de castración)

En su obra "Tres ensayos sobre una teoría sexual", Freud sostiene que es la madre la que "despierta" la sexualidad, al erogenizar zonas del cuerpo. Nos viene a decir que la pulsión es filogenética, cultural y es producida por el **Otro**. La madre es el Otro de la primera dependencia,

La incapacidad del niño para satisfacer por si mismo las exigencias orgánicas requieren y justifica la presencia del otro. Las manifestaciones corporales toman inmediatamente el valor de **signos** para ese otro ya que es él quien aprecia y decide comprender que el niño está en estado de necesidad.

Esto es así porque se ha ubicado al niño desde un comienzo en un universo de comunicación en donde la intervención del otro (al movilizarse a través del aporte alimentario) constituye una respuesta a algo que previamente se ha considerado como una demanda (manifestaciones corporales). Por medio de su intervención, el otro remite inmediatamente al niño en un universo semántico y a un universo de discurso que es el suyo. Es así como el Otro, que inscribe al niño en ese referente simbólico, se atribuye a sí mismo la catexia (carga de energía pulsional) al convertirse en otro privilegiado con respecto al niño: el de ser **El Otro.**

El niño reacciona a la asimilación del objeto que satisface la necesidad con una "distensión orgánica", este momento es inmediatamente cargado de sentido por el **Otro.** Tiene para la madre el valor de un mensaje que el niño le dirigirá como un "testimonio de reconocimiento". El niño queda irreductiblemente inscrito en el universo del deseo del Otro en la medida en que esta prisionero de los significantes del otro.

A la distensión orgánica, la madre responde con gestos y palabras, esta respuesta es la que va a hacer gozar verdaderamente al niño, más allá de la satisfacción de su necesidad. En este sentido se ubica una satisfacción global en la que el goce "extra" que agrega el amor de la madre se suma a la satisfacción de la necesidad propiamente dicha. Es en este momento cuando el niño es capaz de desear por medio de una demanda al otro.

La movilización significante de las manifestaciones corporales del niño, se convierten en una verdadera demanda con respecto a la satisfacción esperada imperativamente. Con esta demanda se inicia la comunicación simbólica con el Otro que culminara en el dominio del lenguaje articulado.

2. El Cuerpo en Psicodrama

"El grupo psicodramático es el lugar en el que es posible convertirse en un ser de deseo, sin peligros, aunque no sin riesgos." G. y P Lemoine.

A partir de la captura por la red del lenguaje, la relación con el propio cuerpo y con el de los demás, ya no va a ser una relación natural. Cada vez que un significante atrapa al cuerpo, este queda "desnaturalizado", afectado de un déficit, de una pérdida, perdida del goce natural de la vida.

Como decíamos anteriormente las manifestaciones corporales toman inmediatamente el valor de signos, demanda, para ese otro, ya que es él quien aprecia y decide comprender cuál es el estado de necesidad en el sujeto.

Este proceso de "alienación por los padres", a través del lenguaje, baño de palabras en el que somos sumergidos, se constituye como un proceso de domesticación. El lenguaje hace un agujero en el instinto, modificando la relación del ser humano con la satisfacción.

Sin embargo Freud señala que hay algo en el sujeto profundamente indomesticable, una huella fija que está en la base del automatismo de repetición y que constituye el registro de lo real, vinculado a la experiencia de satisfacción originaria. Resto indomesticable, objeto de deseo, mito de eterno retorno a la relación primordial. Momento en que el niño aparece como objeto absoluto del deseo de la madre, Goce.

De este atrapamiento solo la irrupción de la metáfora paterna, nombre del padre, significante que sustituye a ese otro significante: deseo de la madre, introduce al sujeto en la falta, en la carencia de ser todo para el 0tro (falo), para convertirse en un ser de deseo.

El goce, es aprehendido a través del cuerpo, es el cuerpo el que ha gozado. Es en lo corporal, donde ha quedado impresa una huella, síntoma, que se resiste al decir, a ser significado por el lenguaje, a ser introducido en el sistema simbólico que nos constituye como sujetos. Lacan nos dirá que el cuerpo es territorio de goce y de significación. Único lugar posible donde un sujeto se-habita y encuentra su dolor.

Así pues solo haciendo hablar al cuerpo como significante, podremos saber del goce, apresamiento de una poderosa vivencia de satisfacción y núcleo de nuestro ser que se resiste a la pérdida. El goce encriptado en el cuerpo es expresión de un saber no sabido, por lo que necesita a la palabra.

En el psicodrama, el cuerpo habla a través del discurso y la representación, un gesto que expresa una emoción, un dolor crónico y localizado, un síntoma que se resiste a desaparecer, a los que se les da la palabra. Son Significantes que enlazan con un significante primero que hizo signo, vinculado a la historia propia y personal de cada uno, en la que hay un decir sobre el goce y que se resiste a la inscripción de la perdida. No es casual que sean unos síntomas corporales y no otros los que aparecen en la historia de cada sujeto.

El síntoma acopla al sujeto con el goce, acopla lo que acontece entre lo simbólico (el significante), lo real (el cuerpo) y lo imaginario (un objeto amado).

El psicodrama, tal y como nos sugieren Gennie y Paul Lemoine, oscila constantemente entre el síntoma que pertenece al cuerpo y el grito o la palabra (demanda).

Por medio de la representación dramática se puede analizar el deseo inmanente a la demanda del paciente y escuchar en los signos corporales la huella del goce. Es mediante el análisis del deseo sexual que se llega al reconocimiento de la pulsión inconsciente que subtiende toda demanda y que sostiene el síntoma.

El cuerpo en el dispositivo psicodramático va a tener el valor de significante y la información que nos da, al ponerle palabras, nos va a conducir con la escucha analítica a reflexionar sobre aspectos que tienen que ver con la historia del sujeto, como eslabones de una cadena de un único proceso, el proceso de pérdida del objeto de deseo que es deseo de Otro. Que se instala como un hueco de insatisfacción permanente, entre la necesidad y la demanda y es al mismo tiempo motor del deseo de ser.

En el discurso del grupo, la demanda de alguna cosa particular, una demanda concreta, la manifestación de un afecto entre las palabras, la expresión de un dolor físico, un síntoma e incluso una sensación corporal, etc. Tras ellos, el juego psicodramático hace valer esa otra cosa que está más allá de ellos, de tal manera que el deseo aparece como el significado que se evoca tras el significante de la demanda y el síntoma o las sensaciones físicas.

El Psicodrama es la puesta en acto del deseo y desde el momento en que hablo y salgo de la silla a la escena, mi cuerpo se pone en marcha y ahí se está poniendo en acto el deseo.

Con palabras de G y P. Lemoine: *"El objeto del Psicodrama sería ya suficiente si, al mismo tiempo que liberase el deseo, pudiésemos decir, y podemos decirlo, que pone distancia al objeto"*

4. Un grupo de Psicodrama y cuerpo.

Durante una sesión de psicodrama y cuerpo comenzamos con unos minutos de ejercicios corporales que realizamos en silencio; poniendo atención a las sensaciones o emociones que vienen mientras realizamos este trabajo. Al final pedimos a cada uno de los miembros del grupo que digan alguna palabra con la que nominar la experiencia anterior: 3

Amalia: tranquilidad / vacío / ganas – más.

Esther: risa- llanto / necesidad de contacto y ternura.

Mari Isabel: dificultad / depresión / sonidos / tristeza y llanto.

Pilar: placer –síntoma

Teresa: dolor-tensión parte alta del pecho.

Inés: tensión corporal/contenida

María: gusto – cansancio / dolor corporal.

Lola: descolocada / Tristeza / pena y al final seguridad y confort.

A continuación iniciamos una sesión de psicodrama de 1º grado, en el que **María** Abre el discurso grupal. Comienza hablando de que siente dolor en los trapecios. "Noto un peso, una carga y se une con el pecho". La paciente padece de forma crónica síntomas físicos, dolorosos que en muchos momentos la han inhabilitado para poder llevar una vida normal.

Comenta que un taller anterior le abrió una visión de "poder agarrar lo que quiero" (señala las sillas del animador y el observador diciendo "va de sitios el tema").

A la pregunta de ¿Qué significan esos sitios? responde: *"un lugar de mayor, de crecer, un lugar de...responsabilidad. Es lo que quiero pero tiene un coste...es un lugar de acompañamiento al otro".*

A partir de aquí habla de que es la mayor de sus hermanos y no ha querido ser una segunda madre para ellos. Rememora un episodio ocurrido en el colegio cuando su hermana se "pierde" exponiéndose a una situación de peligro. Ella relata la angustia hasta encontrarla, el dolor incluso físico que sentía.

Esto no lo pudo contar en casa, según ella: "a ojos de sus padres era culpa suya porque la hermana era la pequeña". Se lo contó a un tío suyo, al que le tenía afecto y confianza. Se le propone que esta sea la escena a jugar. Durante su desarrollo, ella puede decir en voz alta, en este caso a su tío: *"no se dan cuenta que soy pequeña y eso es demasiado para mí. Demasiado para llevar esa carga siempre".*

Pilar: Otra paciente del grupo, que empezó hablando de placer y síntoma, como significantes corporales, con los que inicio la sesión, enlaza con *"a mí no me lo pedían, yo lo cogía sola. Siempre sentía que era demasiado mayor para la edad que tenía, ahora lo contrario, me veo mayor y siento que no he sido niña. No recuerdo jugar, recuerdo estar muy pendiente de mi padre, de mis hermanas...ellas lo necesitaban más, necesitaban cuidados. Tenía la necesidad de que mis hermanos no pasaran por lo que yo, por la verdad,* (enfermedad mental del padre), *que no todo era tan bonito y feliz".* Pilar, cuyos síntomas corporales, la han acompañado durante muchos años. Señala que no ha mirado nunca a su madre, solo tenía atención para su padre y que *"la eliminaba de la ecuación".*

Esther: cuyos síntomas físicos ha localizado en los hombros, habla de sentir en ellos tensión de carga. Engancha con el discurso de hermanas mayores de María y de Pilar: *"Yo también soy la mayor. A mí me decían que era más responsable; "era como un caramelo envenenado"* y nos trae una escena en la que está en el parque jugando con dos niñas mayores y ella va con su hermana pequeña. Trabajamos el reconocimiento y las ganancias de ser *"tan buena y tan responsable"* y en este momento nos dice que en los significantes del trabajo con el cuerpo se le había olvidado señalar que había sido placentero.

Ester ocupa el lugar de la hermana en la escena y se pone a llorar sin saber que le está pasando.

Al final del módulo Esther sigue llorando y dice sentir tristeza por haber visto a su hermana tan pequeña. Algo le ha pasado en el papel de la hermana ya que en la escena, la hermana disfrutaba sin problemas y lo pasaba muy bien. Esther también ha disfrutado jugando hasta que alguien le dio un palo en el culo y se paro el juego.

En esta sesión, las tres pacientes, a través de sus síntomas físicos como significantes, hacen hablar al cuerpo. Síntomas que remiten en cada una de ellas al goce de ser objeto absoluto del deseo del otro: "Eres la mayor, la responsable", escuchado y sentido como ser alguien especial para el Otro, "caramelo envenenado que atrapa".

Durante la representación de las escenas, en el caso de María, la aparición del tío que da el permiso para hablar, en el caso de Pilar que pueda tener ojos no solo para el padre y en el caso de Esther que pueda sentir su parálisis para jugar, libera su deseo y pone distancia al Objeto.

Bibliografía

Freud, S. Tres ensayos para una teoría sexual. Obras Completas. Editorial Biblioteca nueva.

Freud S. Más allá del principio del Placer. Obras Completas. Editorial Biblioteca Nueva.

Lacan, Jacques. Seminario 11. Los Cuatro conceptos Fundamentales del Psicoanálisis. Editorial Paidos.

Lemoine, Gennie y Paul. Teoría del Psicodrama. Editorial Gedisa.

Castrillo Mirat, Dolores. Necesidad, Demanda, Deseo. Universidad Complutense de Madrid.

Dör, Joel. Introducción a la lectura de Lacan. Capitulo 20: la necesidad- el deseo-la demanda. Editorial Gedisa

III.   SUBJETIVIZACIÓN

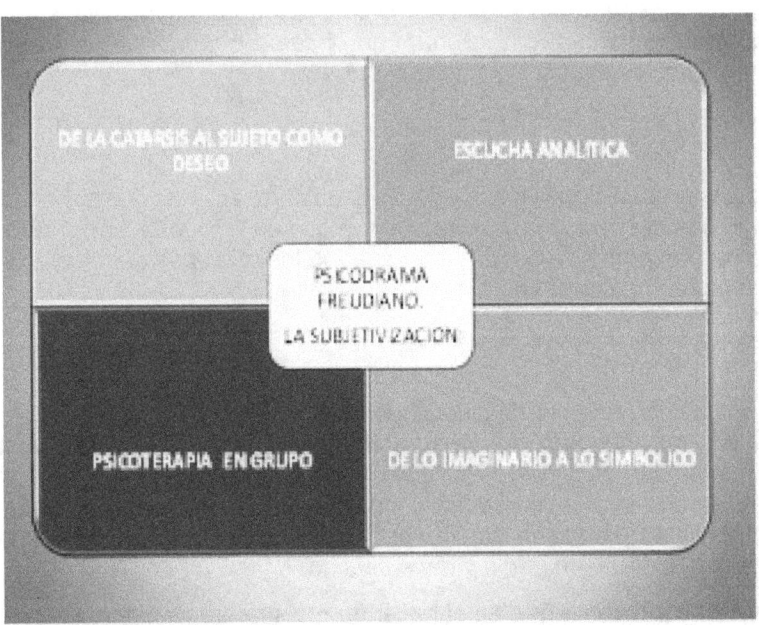

V.1 DE LA CATARSIS AL SUJETO DE DESEO (Merche Parra)

V.2 LA ESCUCHA ANALITICA (Reme Padilla)

V.3 PSICOTERAPIA EN GRUPO (Luz Agudelo)

V.4 DE LO IMAGINARIO A LO SIMBÓLICO (Elisa Buendía)

DE LA CATARSIS AL SUJETO DE DESEO

Merche Parra

"La medicina y el arte parten del mismo tronco. Ambos tienen origen en la magia, un sistema basado en la <u>omnipotencia de la palabra</u>. Una fórmula mágica debidamente pronunciada, trae la salud o la muerte, la lluvia o la sequía, eleva los espíritus y revela el porvenir." [1]

Andrzej Szceklik. Médico Inmunólogo.

Como cita arriba Szceklil hay magia en la palabra, en el lenguaje. Es mágica en tanto que desconocida y misteriosa, ya que en la fórmula que cada quien utiliza para expresarse quedarán atrapados los misterios del inconsciente, que siempre son subjetivos.

Empecemos por atender a la subjetividad pues sin ella no habrá sujeto de deseo:

"Les enseño que Freud descubrió en el hombre el peso y el eje de una subjetividad que supera a la organización individual, en tanto que suma de las experiencias individuales, e incluso en tanto que línea del desarrollo individual. Les doy una definición posible de subjetividad, formulándola como sistema organizado de símbolos, que aspiran a abarcar la totalidad de una experiencia, animarla y darle sentido." [2]

Subjetividad y palabra que en el hacer de nuestra praxis diaria, irán unidos irremediablemente frente a esa otra corriente que aboga por "el hombre libre de la comunicación verbal". Lo explica bien Zerka Moreno, mujer de Jacob Levi Moreno, en una entrevista hecha por Fernanda Pivano en 1980 en donde nos dice de él:

"Él formuló el pensamiento sobre la base de dos resultados: el hombre libre de la comunicación verbal y la acción al drama, donde las palabras no frenasen el acto. Moreno insistió en que la palabra, el lenguaje es un desarrollo tardío del hombre, tanto desde la perspectiva del individuo como en términos de raza". [3]

Sin embargo ese hombre libre de la comunicación verbal, para nosotros es un hombre sin Ley, que rehúye ser atravesado por la falta, por la castración. Entendemos que, muy al contrario de lo que propugna el maestro Moreno, la palabra no es un freno sino un instrumento más que valioso, para acercar al sujeto a él mismo y dar cuenta de su subjetivización.

---

[1] Szceklik, A., Catarsis, Acantalido, 2010.

[2] Lacan, J., El Seminario, Seminario 2, Paidós, Buenos Aires, 2006.

[3] Pivano, F., Traducción de Cortés, E., Entrevista a Zerka Moreno, Speculum Nº 2, Editorial Fundamentos., España, 2012.

Y aquí estriba esa diferencia, o mejor diré, preferencia por lo propio de cada uno que hay en el lenguaje en reniego de lo catártico, pues desde nuestro hacer como Psicodramatistas Freudianos se nos hace indispensable, ya que lo Simbólico va a estar, como el propio sujeto, atravesado por el lenguaje y por el significante y los significados que este portará. Significados y significantes únicos y exclusivos de cada individuo, como único es el Imaginario de cada quien.

Es ahí, en ese lenguaje, que el sujeto se irá constituyendo incluso antes de nacer y en donde comenzarán a inscribirse en él los deseos de sus padres, necesarios igual que la palabra, para identificarse y reconocerse en ellos y con ellos. Será más tarde, cuando nos encontremos con la necesidad de **Ser** a parte de ese Otro que nos ayudó a formarnos y es aquí en donde tendremos la opción de pasar de objeto a sujeto, deseante además.

También aquí, la estructura del lenguaje y la ley, lo Simbólico pues, nos acercará a esa subjetividad, a ese deseo del sujeto, a ese descubrirse a través del recorrido por el significante que fueron las palabras, las identificaciones paternas, los espejos y figuras fundamentales para concebirse como sujeto.

Dice Lacan a propósito del deseo: *"El deseo es a la vez subjetividad, es lo que está en el corazón mismo de nuestra subjetividad, lo que es más esencialmente sujeto, y al mismo tiempo lo más opuesto, que se opone allí como una resistencia, como una paradoja, como un núcleo rechazado."* [4]

Entonces ¿qué hay en lo catártico que evita o aleja del propósito psicoanalítico de hacer sujeto de deseo que es, según Lacan, la esencia misma del hombre?

Lacan nos habla de la Catarsis en su Seminario 7, "La esencia de la Tragedia". Aquí está la clave del porqué en psicodrama Freudiano se prefiere lo "nimio" a lo catártico. Antígona, nos cuenta Lacan, da inicio a la tragedia al transgredir la ley que Creonte impone y sabiendo las consecuencias que tendría dicho acto.

Lo catártico tiene que ver con lo Real, con la transgresión, con un brillo que embarra al público y que es excesivo y que, además, es repetición. Justo lo que en Psicodrama se señala insistentemente; esa repetición que tanta verdad oculta y que, de no ser identificada, impide cursar por otro lado, impide que el sujeto se ande por otro lugar.

Una repetición "familiar", ancestral que la representación pretende abordar, señalar y devolver al sujeto para que sea él quien se haga cargo de ella, de esa falta que hay tras ser "pillado" en el tropiezo con la piedra de siempre.

---

[4] Lacan, J., El Seminario, Seminario 6, Paidós, Buenos Aires, 2006.

Después, se enfrentará al duelo de esa pérdida de lo repetido familiar e inconscientemente tras lo cual se verá abocado, pues ya hay hueco para ello, a eso nuevo que estará más cerca del deseo. Significante tras significante, palabra tras palabra, escena tras escena y duelo tras duelo se va hallando consciente la identificación con el otro para que ese hallazgo sea el inicio, a su vez, del encuentro de la diferencia con otro, ese sujeto deseante, ese que tiene su deseo, cada vez más propio, más subjetivo, distinto.

Lo catártico, lo trágico tiene que ver con lo divino, lo completo, lo real, aquello que, como en Antígona, es "deseo puro" dirá Lacán[5], más cercano a los dioses que a la ley humana. Aquello, que como nombré antes, no quiere saber de castración. Puro deseo, pulsión de muerte para Freud o puro goce para Lacan.

Lacan hablará de "brillo", de hecho, así titula el punto 1 de su "Esencia de la tragedia": El brillo de Antígona. ¿Cuál es ese brillo que embelesa, que es bello, atrayente? Es el brillo de lo trágico encarnado por la protagonista, un brillo que ciega, que desborda límites en su belleza, en lo intenso de las emociones y que en el texto que cito es traducido por "deseo vuelto visible", eso de lo que se dirá :"lo que está más allá de cierto límite no debe ser visto".

Durante tres años y en el transcurso de otra formación de orientación distinta a la psicodramática, tuve oportunidad de observar y vivenciar ese brillo del que hablamos.

Demos cuenta de él con una viñeta: Un nuevo integrante llega al grupo que ya está constituido desde hace unos meses. A las pocas sesiones se lanza a hablar. Relata como pegaba y abusaba de su hermano menor cuando era niño. Llora, da detalles y se desgarra durante un buen rato, desencajado.

El resto contemplamos y escuchamos absortos, casi abducidos por la intensidad, perdidos en ella. El vouyerismo del público se manifiesta y aun habiendo sido, digámoslo así, invitado a la "función", siente esa clandestinidad propia del voyeur que se sabe saltándose un límite, transgrediendo una ley, esa misma que permite rebozarse en el "gusto" que da mirar, en lo gozoso que ello conlleva: *"lo que está más allá de cierto límite, no debe ser visto".*

Y después de aquello, nada. Después del llanto, la exposición, los golpes al suelo, ¿qué hay tras ese desborde, tras ese exceso en la emoción, tras la catarsis pues? En el caso anterior lo que hubo fue silencio. El compañero siguió acudiendo al grupo religiosamente, un fin de semana al mes, pero más como una presencia fantasmática que como sujeto activo.

---

[5] Lacan, J., El Seminario, Seminario 7, Paidós, Buenos Aires, 2006.

Desaparecido. Intervenía mínimamente y cuando lo hacía era de puntillas, como de soslayo. Como digo, desaparecido, alejado. Quizá temeroso y asustado del brillo y el goce que suscitó, en él y en el grupo, su relato. Un brillo al que nadie puso límite y que alejó al individuo de si mismo y de su deseo, si lo había y yo creo que si, de que esa exposición trajera algo nuevo, algo que iniciara una relectura nueva, una resignificación distinta de su propia historia. Sin embargo, no hubo preguntas ni dudas, ni un comentario que iniciara el sendero para salir de aquel escenario morboso. Según entiendo yo ahora, una gasto de energía estéril en términos progresivos, en términos de avance personal.

Para nosotros el efecto de ese brillo es, digámoslo así, demasiado fascinante. Como fascinante es el goce que conlleva lo catártico. Así lo entienden y explican Paul y Gennie Lemoine:

*"En ello se basa nuestra oposición a las escenas dramáticas. Ellas agradan excesivamente a todos los participantes y una vez que todo el mundo lloró, tembló y gozó .¿qué se ha logrado? ¿Una catarsis? No. Consideramos que el efecto catártico no cumple un gran papel fuera del teatro. Pensamos, incluso, que este tipo de efecto constituye un obstáculo para el análisis en psicodrama. Favorecemos, por el contrario, las escenas triviales, los recuerdos corrientes, las conversaciones aparentemente anodinas, la representación de una vida cotidiana sin **brillo**.*

En esas situaciones, la extrañeza, la molestia, bruscamente reveladas, parecen ser enormes con ese trasfondo de opacidad (mientras que el drama los deja de lado)."[6]

También aquí los Lemoine nos hablan de ese exceso que tiene el brillo, tan resplandeciente, tan gozoso que impide más que posibilita. La catarsis dejará al sujeto calmado, quizá hasta exhausto, pero no tardará demasiado en volver a la insistente repetición que necesitará de los límites de la subjetivización para que se produzca un cambio, para hacer que se mire hacia otro lado de sí mismo.

Y es que lo subjetivo es el propio límite, pues cuando el sujeto va retornando hacia si, a su deseo, se convierte en frontera entre él y el Otro, o mejor, entre lo que desea y lo que desea el otro.

Veamos ahora una de esas escenas triviales, nimias y en apariencia Insignificante que tuvo lugar hace ya unos años y que ahora, pasado el tiempo puedo entender como crucial en mi camino personal hacia la subjetividad, hacia mi deseo.

---

[6] Lemoine, G. y P., Teoría del Psicodrama. Gedisa. Barcelona. 1996. pág. 65.

Era el primer taller de base psicodramática al que acudía. Ni siquiera sabía qué era esto del psicodrama. Yo procedía de otra formación, como señalé antes, y el trabajo con grupos terapéuticos no me era ajeno. Sin embargo, nada más entrar en la sala donde tendrían lugar las sesiones ya quedé sorprendida.

Había un círculo de sillas. Una para cada participante y, además, los zapatos se dejaban puestos. Yo, como digo, venía de otras disciplinas en donde nos tirábamos al suelo, sobre mullidos cojines y en donde se entraba descalzo a la sala de trabajo. Nada más entrar, esta "nimiedad" ya trajo importantes significantes con sus significados para mí. Me pareció que aquello, la forma y las formas eran "de mayores". Al fondo llegaría más tarde.

Ahora creo que el círculo de sillas, los lugares y las miradas ya impregnaban la sala de algo desconocido para mí. La silla ya da cuenta del sitio, del lugar escogido.

Mis compañeros captaron rápido mi inexperiencia, de alguna manera era la "pequeña" en aquel grupo y alguien me escogió para hacer de eso exactamente, de hermana pequeña en una mañana de Navidad en la que habían venido los Reyes. Era hora de abrir los regalos. Nimiedad pura.

Me recuerdo lanzada a abrir los paquetes con mis hermanos, feliz, jugando, espontánea, armando gran revuelo, dejándome. Fue sorpresivo para mí. Mi espontaneidad, la facilidad con la que me lancé a la representación, mis ganas.

Después de la escena y al volver cada uno a su silla, el animador pregunta y la palabra circula. Dos cosas me suceden al llegar mi turno: una es que y tal y como estaba acostumbrada, me voy a hablar del otro, a opinar del otro, de su actuación, de su discurso. En seguida se me para, y se me insta a que hable de mí, sólo de mí. *"Esto no funciona así"-,* me dice el animador.

Recuerdo cierto desconcierto: ¿si no es así, cómo? Se me insiste para que hable de lo que me ha pasado a mí en esa escena, de cómo he estado yo. Yo más allá del otro. Y es entonces, cuando surgen las palabras que son corrientes y nimias y cruciales y mágicas a la vez, como la propia escena.

Al hablar lo digo bien claro, como dando cuenta del hallazgo en ese instante en el que el sentir se consigue hacer verbo: *"lo he pasado muy bien, he disfrutado. Hacía mucho que no jugaba. Necesito jugar. Quiero jugar".*

Desde aquel día, y no lo asocié con esa escena hasta hace bien poco, no he dejado de jugar. Eso si, siempre con mis zapatos de adulta puestos, los mismos que me devuelven a mi silla, a mi lugar, aunque a escena salga a jugar con mi niña.

La nimiedad, por seguir utilizando este término, en esa escena, marcó el inicio de un aprendizaje de estar, de desear, trajo el desmantelamiento de un lugar conocido y menos propio que me acercó a la duda y al camino mágico del inconsciente, de lo oculto en mí, mío por tanto. Mi diferencia del otro, pero también con el otro. Mi subjetividad. En definitiva, hacerse mayor.

La subjetividad es aquello que hace que ese que es sujeto dividido y que desconoce qué y cuánto hay de inconsciente en él se dé cuenta de que sabe, piensa y dice más con sus palabras de lo que cree. Con ello se asume la duda que trae la pregunta tras la que, poco a poco, irá surgiendo el sujeto deseante.

La subjetivización será entonces un arduo y largo camino hacia la singularidad y la diferencia, hacia el individualismo y la autonomía del otro y en psicodrama, como en la vida misma, con el otro.

Será también, un camino plagado de pérdidas pues a cada "yo digo" al que se le dé la bienvenida aparecerá un "dice o dicen" del que habrá que despedirse. Sin embargo, ese será el único camino posible. A través del símbolo, de la palabra que mostrará, irreverente, cada lapsus, cada olvido y todo ese inconsciente imposible de controlar que se podrá ir asociando para acceder a esa diferencia, a esa distinción, que es una distinción del otro, una separación que opta por el Ser.

Dice Ana Guardiola[7]: *"El individuo en su esplendorosa diversidad, pero uno más entre todos".* Y si es uno más entre todos, entre todos sus iguales, es porque es esplendoroso en su humanidad y no en el brillo cegador de los dioses ni de los héroes.

"El Psicodrama consiste en retomar en la edad adulta y no solo con fines puramente lúdicos (suponiendo que el juego infantil no tenga otro fin, lo que es falso), "el juego de papá y mamá"- y no el de Dios, como insiste en decir Moreno".[8]

Así las cosas, en Psicodrama Freudiano trataremos de ese juego de papá y mamá, es decir, de lo humano, con sus límites y sus faltas. De lo subjetivamente humano, del sujeto de deseo.

---

[7] Guardiola, A., El tiempo en el psicodrama. Speculum Nº 4, Editorial Fundamentos., España, 2014.

[8] Lemoine, G. y P., Teoría del Psicodrama. Gedisa. Barcelona. 1996. pág. 61.

LA ESCUCHA

EL OFICIO DE ESCUCHAR.

Reme Padilla

Eso habla.

Cada tarde nos reuníamos en el patio para hablar. Eran otros tiempos. Era mi primer contacto laboral con el mundo terapéutico. Era una institución psiquiátrica. Y era, bueno, era el principio.

Como acabo de decir, había un patio donde nos reuníamos al concluir el día para hablar, y ahora sé que nos reuníamos para, sobre todo recordar.

Allí, muchas voces y muchas veces, me contaron sus historias, pormenores del dolor, letanías de abandono, conjuras de miedos. Como fenómeno a destacar (sorprendente) ocurría que, en casi todas las ocasiones, después de contarme su historia, se olvidaban de ella, o al menos ya no era tan pesada de llevar, ya no les impedía comer, caminar, levantarse de la cama…ya estaba yo allí para recordar llevando a cuestas sus datos, sus fechas, los nombres propios y los comunes.

En aquel momento escuchar era para recordar, para devolverles intacto su pasado cuando tal vez ya hubieran descansado de él en aquel exilio narcótico, en aquel lugar-isla.

Escucha atenta, antídoto de olvido.

Escucha-secretario. Escucha-maleta, escucha-paquete (de ida y vuelta).

Escucha-depósito. Escucha-memoria.

Escucha con esfuerzo para no olvidar, para poder devolverles, cuando fuese posible su vida como un objeto.

Yo escuchaba hacia el exterior y recordaba en el interior.

Escuchar: intr. 1. Aplicar el oído para oír; 2. Prestar atención a lo que se oye; 3. Atender a un aviso, consejo o sugerencia; 4. Oír, percibir sonidos; 5. (esta es mía) atender a lo manifiesto.

Años más tarde, habiendo ya concluido aquella etapa de mi vida, y con el deseo de ser psicoanalista en el horizonte, llevé un caso a supervisión. Por mi forma de hacerlo, el supervisor me señaló mi forma de escuchar. Escuchaba para retener, para recordar la historia; escuchaba lo que se dice…pero en ningún caso escuchaba lo que no se dice.

"Deberías volver a Freud, revisar la atención flotante, y de paso revisar qué es el eje imaginario", me dijo.

¿Cómo salir de esta función de escucha-memoria? Como dijo M. Auxi Scarano, ¿cómo no caer en la *"tentación flotante"*? («*Tentación flotante*», refiriéndome así a la provocación de salirse del rol analítico (de observación y escucha) para "conversar elaborativamente").

¿Cómo no caer en la trampa *tan "tentadora"* de lo manifiesto?

Hablamos de ella, recitamos de memoria su definición canónica, somos capaces de verla (o mejor, de no verla) cuando otro que ocupa la función de animador u observador en un grupo de psicodrama no la mantiene, pero cuando llega el momento, ¿qué es esto de la atención flotante?

I. *"[...]Por tanto, no se hace excepción a la regla de tomar siempre lo primero que al enfermo se le pase por la mente, aún a costa de interrumpir la interpretación de un sueño...esa técnica es muy simple...consiste meramente en no querer fijarse en nada en particular y en prestar a todo cuanto uno escucha la misma atención libremente flotante".* **Freud,** Consejos al médico sobre el tratamiento psicoanalítico (1912)

El 12 de mayo de 1889, Emmy Von N. pide a Freud silencio.

Emmy Von N., le dice a Freud con tono muy brusco según él, que no debe estar *"preguntando siempre de dónde viene esto y esto otro, sino dejarla contar lo que tiene para decir".* Y agrega Freud: *"Yo convengo en ello".*

Pero, ¿por qué escuchar, ¿qué escuchar?, ¿cuándo escuchar?, ¿dónde escuchar?, ¿para qué escuchar? y, sobre todo ¿desde dónde escuchar?

La escucha analítica incluye lo manifiesto, lo silenciado, lo accesorio, el gesto, y también lo inconsciente en su expresión: los sueños, los actos fallidos, los olvidos, los chistes o los lapsus.

La escucha analítica, abre; no puede quedarse con el relato, con la novela del paciente, donde la objetividad de los datos cierra la escucha de la subjetividad.

Debe apuntar más allá, ir a lo que divide y es causa del sujeto.

En psicoanálisis individual se privilegia la escucha sobre la mirada, de ahí el diván para que la pulsión escópica no entorpezca las asociaciones libres del paciente y la escucha del analista.

En psicodrama, por las especificidades del dispositivo, no solo está la escucha, sino también la mirada. Los miembros del grupo miran y son mirados por los otros miembros del grupo y por los analistas, y los analistas por los miembros del grupo y además entre ellos mismos. Estas miradas (sobre todo la exposición a las miradas) movilizarán resonancias e identificaciones.

Siguiendo con la escucha, en psicodrama existen (podríamos así decirlo) tres tipos de escucha: la escucha del animador, la del observador y la del propio grupo.

La escucha desde la función de animador es facilitar que el discurso pueda ir abriéndose, posibilitar el despliegue significante, lo no observable desde lo manifiesto, para ello la vía regia son las formaciones del inconsciente.

Luisa comienza a hablar, cuenta un sueño acerca de atracos, rescates y escena primaria. Aparece el significante falo, que ella relaciona con "poder". Se representa la escena y al interrogar a los participantes de la escena, el significante falo pivota de uno a otro de los participantes del grupo alrededor de "ser o tener el falo".

Fernando habla del deseo de tener pareja y no conformarse con "suciedaneos". Al interrogar el animador ese lapsus, se abrió la posibilidad de explorar algo más allá de lo manifiesto: tener pareja, el amor…algo que únicamente nos hablará de Fernando y su posición subjetiva.

El observador en psicodrama debe tener una escucha desprejuiciada, su decir debe ser develador, no revelador, escuchar el enigma y devolverlo interrogando al sujeto (tal vez aún desconocido para el que está hablando). No debe ofrecerse como saturador de la demanda, a modo de interpretación tranquilizadora, más bien al contrario, en palabras de A. Zambrini *"debe romper el tejido de las identificaciones y devolver la rotura… Habla para que otro calle, no encuentre palabras encubridoras. Devuelve un fragmento del espejo roto; si intenta reconstruirlo de nuevo ayuda a enmascarar, se hace cómplice de la falta".* Elige los trozos y los relanza.

No es un rol, es una función y en tanto que función es un lugar, un lugar desde el que algo retorna y que debe interrogar. Resonancias que indican que allí se está hablando de algo más de lo que uno puede comprender…siempre se está hablando de otra cosa.

La escucha que nos viene desde el grupo tiene una doble dirección, en cuanto a que, a menudo, un participante con su escucha responde a otro participante que haya hablado antes. Y saca a la luz el mensaje del protagonista.

*Cristóbal ha estado hablando acerca de la relación con su padre y en un momento dado, se pasa del singular al plural, cosa que es recogida por otro de los miembros del grupo cuando se pasa la voz al grupo y le responde: "Para mí lo fundamental es que has dicho: **nos hace**", abriendo el discurso grupal hacia otra dirección que, en este caso tiene que ver con la madre.*

Además, la cadena significante se mueve entre los participantes del grupo en una sesión aportando sentido y también suele ocurrir que el primero que habla plantea desde el inicio el discurso de la sesión y el último que habla responda a esta pregunta inicial. Las palabras de los participantes, aunque no se vinculen entre sí, deben ser consideradas como respuestas.

Debo insistir, ¿en qué consiste la escucha analítica? ¿Escuchar todo el discurso del grupo, registrarlo todo? *"Cuando uno fija un fragmento con particular relieve, elimina en cambio otro, y en esa selección obedece a sus propias expectativas o inclinaciones. Pero eso, justamente, es ilícito [...] Mientras uno toma apuntes o traza signos taquigráficos, forzosamente practica una dañina selección en el material, y así liga un fragmento de su propia actividad espiritual que hallaría mejor empleo en la interpretación de lo escuchado [...]".* Freud, en *"Consejos al médico en el tratamiento psicoanalítico" (1912)* se plantea algo tan elemental como: ¿se puede retener en la memoria los innumerables nombres, fechas y detalles de cada paciente sin confundir este material con el de otros pacientes? Parece que el valor de la escucha debe ir más allá de la recopilación (o recogida intencional) de datos. Freud da a entender que los esfuerzos de retener voluntariamente la información consumen energía y sesgan nuestra atención, mientras que la atención flotante ahorra esfuerzos inadecuados y encamina hacia una buena escucha.

Así, para darse una escucha verdadera, singular y única, parece que hemos de reivindicar la libre circulación de la palabra del paciente. Podemos pensar que una escucha analítica hace innecesario anotar todo aquello que dice el paciente: *"si el analista recibe con verdadero interés el relato del paciente no ha de temer que esos datos se pierdan en su memoria".*

Ya hemos visto que el analista debe escuchar sin preocuparse de si retiene o no sus palabras. Podríamos decir que éstas quedan registradas en el inconsciente del analista tintado de un valor afectivo, de un momento previo y único de encuentro con el paciente. La comunicación que se establece es de inconsciente a inconsciente: *"lo inconsciente del médico se habilita para restablecer, desde los retoños a él comunicados de lo inconsciente, esto inconsciente mismo que ha determinado las ocurrencias del enfermo".* (Freud, 1912).

Retomando la función de observador en psicodrama desde allí atenderá a lo dicho, a lo no dicho, al gesto, a los silencios, a los cambios en las caras, las posturas. Una escucha más allá de toda escucha.

Pero lo interesante y lo complicado es que una vez admitido esto todo lo demás es "flotación", dispersión, desde la cual sí se trata de escuchar *todo* según indica la regla fundamental: *"no hay que dar importancia particular a nada de lo que oigamos y es conveniente que prestemos a todo la misma atención flotante",* de tal manera que pueda prestarse atención no solamente al deseo en abstracto sino a su actualización en pausas, cortes, discordancias, repeticiones, contradicciones, ecos, analogías.

Todo esto habla de la posición ética de Freud: *"Tan pronto como uno tensa adrede su atención hasta cierto nivel, empieza también a escoger entre el material ofrecido; uno fija un fragmento con particular relieve, elimina en cambio otro y en esa selección obedece a sus propias expectativas o inclinaciones. Pero eso, justamente, es ilícito; si en la selección uno sigue sus expectativas, corre el riesgo de no hallar nunca más de lo que ya sabe; y si se entrega a sus inclinaciones, con toda seguridad falseará la percepción posible".*

La regla para el analista de atención flotante tiene su correlato en la regla fundamental, la asociación libre, la única a la que debe atenerse el paciente.

II. *"Diga, pues, todo cuanto se le pase por la mente. Compórtese como lo haría, por ejemplo, un viajero sentado en el tren del lado de la ventanilla que describiera para su vecino del pasillo cómo cambia el paisaje ante su vista. Por último, no olvide nunca que ha prometido absoluta sinceridad, y nunca omita algo so pretexto de que por alguna razón le resulta desagradable comunicarlo."* Freud, *El método psicoanalítico* (1904)

No es porque generamos el espacio para que el paciente tienda a la asociación libre, *que escuchamos*, sino más bien es porque estamos ubicados en la actitud de escucha de un discurso, con sus determinaciones inconscientes, que posibilitamos al paciente a hablar libremente.

Se apuesta así a que el paciente pueda dejarse llevar por su libre decir sin censura y que quien escucha, desde la posición de analista, se deje llevar por las sinuosidades del discurso sin privilegiar, en el sentido del valor, ningún elemento de ese discurso, hasta que la aparición de algún elemento del orden del inconsciente del paciente lo permita.

Para llevar dicha empresa adelante, Freud va delimitando a lo largo de sus textos sobre la técnica analítica, para el analista los principios de neutralidad y abstinencia.

III *"...Los fenómenos de la transferencia [...] nos brindan el inapreciable servicio de volver actuales y manifiestas las mociones de amor escondidas y olvidadas de los pacientes; pues, en definitiva, nadie puede ser ajusticiado in absentia o in effigie".* **Freud,** *Sobre la dinámica de la transferencia (1912)*

Es sólo en el terreno de la transferencia donde puede el analista tener noticia de esas mociones reprimidas, y operar sobre ellas. Pero la condición es evitar que la transferencia preste sus servicios a la resistencia. Y allí es donde la Regla de Abstinencia debe operar.

En *"Nuevos caminos de la terapia psicoanalítica"* (1919) Freud dirá: *"...la actividad del médico debe exteriorizarse en una enérgica intervención contra las satisfacciones sustitutivas...".* Se refiere a la regla dirigida al analista, donde este debe abstenerse de satisfacer la demanda del paciente, abstenerse de sugestionar, de proporcionar objetos sustitutos al objeto de satisfacción pulsional.

Abstinencia, en este sentido no es rechazo, no se trata de rechazar la transferencia (de amor) sino de recibirla y con igual firmeza abstenerse de corresponderla. Cuando el analista no satisface, el paciente habla, despliega ese amor hasta los fundamentos infantiles de amor. Saber sobre los fundamentos infantiles del amor es saber sobre las condiciones de goce. Freud agrega, que cumplir los deseos de los pacientes, a nivel de la satisfacción tierna y sensual, no solo es inmoral, sino que resulta por completo insuficiente como medio técnico para el logro del propósito analítico.

Delgado, en "*Subversión freudiana y sus consecuencias*" (2005) "[...] Pero la abstinencia central del analista, el imperativo ético al cual debe someterse y sobre el cual debe sostener una abstinencia absoluta, es de dar sentido". El analista debe ser el garante de la caída del sentido; debe ser un operador del sin sentido. Su decir interpretativo debe ser enigmático para que el analizante pueda preguntarse ¿qué me quiso decir con eso que dijo el analista?

En un grupo de psicodrama, la función del observador porta este enigma, como hemos ido viendo, se trata de develar, de correr un biombo y ver lo que siempre ha estado ahí más que de una intervención "espectacular", como un mago y su chistera. Se trata de puntuar el discurso del paciente de forma diferente para que adquiera su verdadero sentido.

Raquel había estado toda la sesión hablando/gozando de una situación familiar dura (malos tratos, abandono), se había representado una escena en la que ella había vuelto a revivir las experiencias narradas. Nada se había movido.

Interviene el Observador y únicamente pregunta: "¿Hasta cuándo?"
Funcionó. Produjo un silencio, incredulidad, no había palmadita en la espalda, había una posibilidad de cambio, de responsabilizarse.

No se puede esperar desde la observación en psicodrama una respuesta "*amorosa*", la respuesta será subversiva, subversiva del orden esperado, en tanto que respuesta que no calma, sino que interroga allí donde se espera una satisfacción, en el sentido de suspender certidumbres del sujeto, deja de comprender para que se abran nuevas cadenas significantes.

En "*Análisis terminable e interminable*" (1937) Freud, dirá: "*Si un conflicto pulsional no es actual, no se exterioriza, es imposible influir sobre él mediante el análisis [...] Reflexionemos sobre los medios que poseemos para volver actual un conflicto pulsional latente por el momento [...] sólo dos cosas podemos hacer: producir situaciones donde devenga actual, o conformarse con hablar de él en el análisis, señalar su posibilidad.*

El primer propósito puede ser alcanzado por dos caminos: primero, dentro de la realidad objetiva, y segundo, dentro de la transferencia, exponiendo al paciente a cierta medida de padecer objetivo mediante frustración y éxtasis libidinal.

Ahora bien, es cierto que ya en el ejercicio corriente del análisis nos servimos de una técnica así. Si no, ¿cuál sería el sentido del precepto según el cual el análisis tiene que ejecutarse en la frustración?"

El pasaje del acto analítico a la acción psicodramática puede cambiar radicalmente la visión de una persona de un acontecimiento. La ventaja del psicodrama es que el juego interrumpe la cadena de repeticiones, la escena no satisface la demanda. De este modo, toda dramatización, al igual que el juego del niño, es la expresión de situaciones internas conflictivas del sujeto y/o del grupo, a través de una representación. Drama que es actual, pero también antiguo, el psicodrama es un lugar donde se reactualizan los conflictos. La madre de la escena representada es y no es la madre del sujeto de la infancia. Así, en el escenario dramático, el sujeto puede recrear la escena, pero esta recreación es también una creación. Es también algo nuevo.

Pedro es un profesional de la psicoterapia que viene por primera vez a un grupo de psicodrama. Cada intervención es una tarjeta de presentación sobre su trabajo, su capacitación y su capacidad. El animador sabe de antemano que viene a comprobar si el psicodrama es una herramienta que le pueda interesar para formarse en ella (demanda) y durante la sesión, se dedica a satisfacer esa demanda: en forma de "favorecer" escenas, escuchar su curriculum, no interrumpir cuando se sitúa en el plano imaginario yo-yo. De modo que no pudo ponerse en juego el deseo del participante, ni acceder a aquello que había detrás de su demanda.

El participante en un grupo de psicodrama, igual que el analizante en un diván, debe saberse escuchado desde un lugar impermeable a su demanda, porque reducir el deseo a la demanda es eso que intenta el neurótico, de ahí la importancia de no acceder a satisfacerla (la demanda) porque es en la privación donde se relanza el deseo. Utilizando esa energía en un entramado simbólico que produce un saber capaz de cambio de posición subjetiva.

El vínculo entre analista y paciente (o entre animador/ observador y participante de un grupo) no es homólogo, es decir, no es una relación de *yo a yo*. No es una relación imaginaria, la función de animador y la de observador pertenecen a lo simbólico, no ubicamos dos sujetos en juego, sino un sujeto que habla, y otro que escucha e interviene, sin ocupar el lugar de sujeto. Es decir, el analista opera sin poner en juego sus sentimientos, sus ideales, ni sus deseos subjetivos. Este es uno de los rasgos que caracteriza la operatoria de la regla de abstinencia. El analista *"se calla en lugar de responder"*, dice Lacan.

Porque el silencio, lejos de cerrar, abre. Es una suspensión que deja abierto un espacio para la oferta de que ese que escucha pueda ser tomado por otro, de que las palabras que le son dirigidas encuentren su destinatario original, aun sin que quien habla se percate de ello.

En un encuentro de 2° Grado, mientras los participantes toman asiento, tres de ellos continúan hablando. El animador les pide "un poco de consideración", ante la queja de una de las participantes, insiste en que debían estar calladas y en el respeto por el grupo.

Más tarde, en la supervisión de la sesión las tres retomarán el significante "consideración" y cada una hablará de su historia y de las resonancias. Movimiento interrumpido por la intervención desde el eje imaginario del animador.

El silencio del animador promueve en el despliegue del discurso del participante, vía la asociación libre, ese más allá que se dice y pide ser escuchado. Por lo tanto, observamos que es la posición que adopte el animador la que favorece, o no, que se produzca el acontecimiento inesperado como emergencia del inconsciente.

En el texto *"Lo inconsciente"* (1915) Freud se ocupa de la noción de comprensión, concepto que posteriormente será retomado y trabajado en profundidad por Lacan. Nosotros podemos pensar también que al principio de abstinencia del analista también responde el llamado lacaniano de "no comprender". No comprender quiere decir no apresurarse a dar sentido a lo que se escucha, sentido que cierre la significación, porque entonces, si se parte de la comprensión (en el sentido de, sin una reflexión especial, atribuimos a todos cuantos están fuera de nosotros nuestros mismos pensamientos, creencias o sentimientos; y esta identificación es en verdad la premisa de nuestra comprensión) no sólo que se coagula el sentido en la literalidad de la frase, e impedimos el despliegue de sus asociaciones; sino que se puede llegar a dar una respuesta que podría tomar la forma del "yo te comprendo" o del "a mí me pasa lo mismo".

Micaela habla en la sesión de una preocupación que tiene. El animador le responde que esa preocupación es "normal". Con lo que el discurso de Micaela queda taponado en una especie de reciprocidad que hace homogéneos los dos lugares.

Porque si uno comprende, entonces ya no escucha, remite todo a lo mismo, se alcanza un único significado y se detiene en él.

Comprender es incluir, dando un sentido y el sentido tapona. Al decir de Lacan *"se pueden galopar leguas y leguas de comprensión sin que resulte de ello el menor pensamiento".*

Por el contrario, si el animador no comprende, ni se sitúa en el lugar de saber es posible que el miembro del grupo, pueda decir algo acerca de su malestar o sufrimiento y pueda subvertir ese discurso yoico con que se presenta cada vez, quebrando la significación referencial de la lengua, el orden y la lógica del sentido, para poder escuchar los significantes del sujeto y dar cuenta de quien habla allí.

Discurso que irá poniendo en juego el entramado simbólico participante, su historia (la que le han contado los demás y la que se construyó para sí) y la de sus Otros, las diferentes formas de mostrarse para ocultarse, los papeles que ha representado e incluso aquello de lo que tiene un saber sin saber. Es preciso suponer allí un sujeto portador de un saber, un saber no sabido, un saber inconsciente.

Presentarse desde la posición del no-saber es, en primer lugar, precisamente lo que le permite escuchar.

A la Regla de Abstinencia freudiana, corresponde *el Deseo del Analista* de Lacan, quien lo define como una función; no es un deseo como el deseo de las neurosis, sostenido en el fantasma. Es el deseo de despertar del sueño del deseo del Otro.

El analista se ubica en la cura como objeto de una demanda de satisfacción pulsional. Al hacerlo y al mantenerla en abstinencia -como respuesta- pasa de ser el representante del Otro a ser la encarnación de un goce que no se puede simbolizar. Es interesante como Lacan lo plantea en "Subversión del sujeto y dialéctica del deseo": "*Es aquí donde Freud vuelve a abrir, a la movilidad de donde salen las revoluciones, la juntura entre verdad y saber*".

IV. "*Rehusamos decididamente a adueñarnos del paciente que se pone en nuestras manos, a estructurar su destino, a imponerle nuestros ideales y formarle, con orgullo creador, a nuestra imagen y semejanza. Mi opinión continúa siendo muy contraria a semejante conducta, que además de transgredir los límites de nuestra actuación médica, carece de toda utilidad para la obtención de nuestro fin terapéutico".* **Freud**, *Trabajos sobre técnica psicoanalítica (1911-1915)*

Dice el diccionario Laplanche-Pontalis sobre el Principio de Neutralidad: El analista debe ser neutral en cuanto a los valores religiosos, morales y sociales, es decir, no dirigir la cura en función de un ideal cualquiera, y abstenerse de todo consejo; neutral con respecto a las manifestaciones transferenciales.

Neutral en cuanto al discurso del analizado, es decir, no conceder a priori una importancia preferente, en virtud de prejuicios teóricos, a un determinado fragmento o a un determinado tipo de significaciones.

Tras una escena, en la que se habla de la dificultad de educar a un hijo cuyos padres están separados y con diferentes formas de entender la educación. El observador comienza su intervención diciendo: "¿Qué otra cosa puede hacer un buen padre que luchar por su hijo?"

Después de esta intervención del observador, hubo quejas del participante y de otros miembros del grupo.

Si el que escucha pudo leer bien, si no se entramó, si no hizo pedagogía, dejará en evidencia al *yo* del enunciado del sujeto de la enunciación. En cambio, si da *"su opinión"* de alguna manera, además de estar diciéndole al participante en el grupo cómo es ser un buen padre (la manera que él tiene de ser buen padre), impide posibilidad de que emerja la verdad del sujeto.

¿Qué limitaciones impone Freud sobre la intervención del analista en la vida del paciente? Mientras que con la Regla de Abstinencia al analista es compelido a impedir la satisfacción pulsional del paciente, es en la observación del Principio de Neutralidad en lo que quedará impedido de buscar las propias satisfacciones en los tratamientos que conduce. Es decir, el Principio de Neutralidad es una imposición de abstinencia para el analista.

Se trata de negarse a hacer del paciente un patrimonio personal, a plasmar por él su destino y a imponerle los ideales del analista. El psicoanálisis y el psicodrama, por ende, no tienen una finalidad educativa, en el momento en que un paciente entra en transferencia, enviste a la figura del médico de un supuesto saber, es en ese punto en que el analista, renuncia al adoctrinamiento. Es un llamado a suspender el *yo* de quien ocupa el lugar de animador, de modo tal de no estar éste presente allí, en la escena analítica, como un yo semejante a aquel a quien se escucha; con Lacan diríamos que tampoco como un sujeto barrado, como sujeto sujetado de su propio inconsciente, sino que su lugar sea el de simplemente alojar aquella palabra que escucha, sin más. Sin más quiere decir, como decíamos respecto de la atención flotante (vinculada íntimamente a la posición de neutralidad): escuchar el discurso del paciente sin recortar, ni fijar, ni eliminar, ni elegir partes del mismo, así como tampoco levantar juicio acerca de lo que escucha; en todo caso se trata de falsear lo menos posible la percepción. De ahí que el Principio de Neutralidad, es un principio ético.

En lugar de encarnar al ideal, el análisis evoca el punto de falta de representación, pone a trabajar al sujeto y algo se constituye en causa del decir.

Epílogo

Escucha que es para subvertir.

Escucha que es para relanzar el deseo.

Escucha para hacer sujeto.

Escucha más allá de toda escucha.

BIBLIOGRAFÍA

Cortés, E.: *"Apuntes de psicodrama (freudiano.)"*(2004), ECU.Alicante.

O'Donnell, P. et col.: *"El análisis freudiano de grupo"* (1984). Ediciones Nueva Visión. Buenos Aires.

Buades de Moresco, M. et col: "Grupos operativos" (1991). Ediciones Nueva Visión. Buenos Aires.

Salomone, G. J.: *"El principio de neutralidad y la regla de abstinencia. La perspectiva freudiana".* La psicología en ámbito jurídico. Reflexiones ético clínicas a través de un estudio cualitativo de casos". Facultad de psicología. Buenos Aires.

Delgado, O.:*"La experiencia ética del psicoanálisis y la producción de los conceptos: El padre, lo femenino y el obstáculo en la elaboración freudiana".* (2006). Inédito.

Delgado, O.: *"Reacción terapéutica negativa".* (1994). Seminario lacaniano. Vol. 9.

Delgado, O.:*"La subversión freudiana y sus consecuencias. Abstinencia a la sugestión".* (2005) Buenos. Aires: JVE ediciones, P. 72.

Delgado, O.:*"El lugar del analista en la dirección de la cura: el goce y el cuerpo".*(2006). Buenos Aires. Grama ediciones.

Freud, S.: *"Sobre la dinámica de la transferencia".* Obras completas, T. XII, Buenos Aires: (1912). Amorrortu Editores.

Freud, S.: *"Consejos al médico sobre el tratamiento psicoanalítico".* Obras completas, T. XII, Buenos Aires. (1912). Amorrortu Editores.

Freud, S.:*"Sobre la iniciación al tratamiento".* (Nuevos consejos sobre la técnica del psicoanálisis I). Obras completas, T. XII, (1913). Buenos Aires: Amorrortu Editores.

Freud, S*).:"Lo inconsciente".* Obras completas, T. XIV. (1915Buenos Aires: Amorrortu Editores.

Freud, S.: *"Nuevos caminos de la terapia psicoanalítica".* Obras completas, T. XVII. Buenos Aires: Amorrortu Editores.

Freud, S.: *"Presentación autobiográica".* Obras Completas, T. XX. (1925). Buenos Aires: Amorrortu Editores.

Freud, S.: *"Pueden los legos ejercer el psicoanálisis".* Obras completas, T. XX, Buenos Aires. (1915).Amorrortu Editores.

Freud, S*).:* *"Esquema del psicoanálisis".* Obras completas, T. XXIII, (1940Buenos Aires: Amorrortu Editores.

Freud, S.:"*Trabajos sobre técnica psicoanalítica*", (1911-1915 [1914]).*Obras completas*, tomo XII, Buenos Aires, Amorrortu editores.

Freud, S.:"*Más allá del principio de placer*" (1920). *Obras completas*, tomo XVIII, Buenos Aires, Amorrortu editores.

Freud, S.: "*Análisis terminable e interminable*" (1937). *Obras completas*, tomo XXIII, Buenos Aires, Amorrortu editores.

Freud , S.:"*Consejos al médico en el tratamiento psicoanalítico*". Obras completas, tomo XII. Amorrortu, Bs As. 2009. ☐

Freud, S.:"*Puntualizaciones sobre el amor de transferencia*". Obras completas,

tomo XII. Amorrortu. Bs As. 2009.

Lacan, J.:" *El seminario, El objeto del psicoanálisis*". Inédito. (1965-1966)

Lacan, J.: "*Subversión del sujeto y dialéctica del deseo en el inconsciente freudiano*", en: *Escritos 2*, Buenos Aires, Siglo veintiuno.

Miller, J.-A.:"*La experiencia de lo real en la cura psicoanalítica*", Buenos Aires, Paidós.

Lacan, J.:*Seminario Libro I. Los escritos técnicos de Freud. (2007)*. Paidós. Bs As.

Lacan, J.:"*Variantes de la cura-tipo*", Escritos, tomo I.(2008). Siglo XXI. Bs As.

Lacan, J.: "*La cosa freudiana, o sentido del retorno a Freud en psicoanálisis*" en:

Escritos, tomo I. (2008). Siglo XXI. Bs. As.

Lacan, J.: "*La dirección de la cura y los principios de su poder*". Escritos I., México D. F: (1958). Siglo XXI.

Lacan, J.: *Seminario, libro VII La ética del psicoanálisis. (1959-1960)*. Buenos Aires: Paidós.

Lacan, J.: *Seminario, libro XI Los cuatro conceptos fundamentales de psicoanálisis.*(1964) Buenos Aires: Paidós.

Lacan, J.: *Seminario, libro VII La ética del psicoanálisis. (1959-1960)*.Buenos Aires: Paidós.

Piciana, H.:"*El saber referencial: un obstáculo a la formación del analista*", en

Conversación analítica I, Bs. As. 2004.

Irrazabal, Evangelina (2010).*LA RELACIÓN DE LA REGLA DE ABSTINENCIA Y EL DESEO DEL ANALISTA. SU FUNDAMENTO ÉTICO.* II Congreso Internacional de Investigación y Práctica Profesional en Psicología XVII Jornadas de Investigación Sexto Encuentro de

Investigadores en Psicología del MERCOSUR. Facultad de Psicología Universidad de Buenos Aires, Buenos Aires.

Aramburu, J.: "El deseo del analista". Editorial Tres haches. Bs. As. 2000. Diccionario María Moliner. Gredos. Del nuevo extremo, 2007.

"La escucha analítica como lugar de encuentro". Rev. Asoc. Esp. Neuropsiquiatría, 2006 vol. XXVI, n° 98, pp 281-288, ISSN 0211- 5735 (100)282. J. Rodado, E. Sanz y J. Otero. Colaboraciones.

PSICOTERAPIA EN GRUPO VS DE GRUPO

Luz Agudelo

Quiero, sin demasiada pretensiones, contar mi experiencia personal, aportando unas viñetas clínicas en mi modo de hacer terapéutico grupal a lo largo de 27 años de mi experiencia de trabajar como médico de familia en un centro de Salud adscrito a la población de Alicante y en grupos terapéuticos de formación.

Gracias al encuentro inicial con la Terapia Gestalt y la formación posterior en Psicoterapia Clínica Integrativa y psicodrama Freudiano he ido incorporando y articulando diferentes saberes y esto ha servido para humanizar mi quehacer, completando así mi formación parcializada.

Mi experiencia en grupos parte de la necesidad de dar salida, más allá de la demanda, a un tipo de pacientes que son muy frecuentadores en atención primaria. Se trata de pacientes que demandan por dolores erráticos, que no responden a tratamientos sintomáticos convencionales y que se sienten doloridas e insatisfechas. Les propongo trabajar en grupo. Ellas aceptan.

Para mi trabajar desde esta mirada, hace que permanezca con motivación, que me cuestione el modo de "curar" y el lugar del saber, y es lo que me permite permanecer en la institución prestando mi servicio.

Primero, haré un breve recorrido histórico, para centrarme luego en las diferencias entre terapia en grupo versus de grupo.

1. GRUPO.

El concepto de "grupo" como designando una reunión de personas aparece a mediados del siglo XVIII. Los lingüistas suponen que etimológicamente se remonta al germánico *kruppa*, que remite a "masa redondeada", y del italiano, "grupo" o "groppo" que originalmente designaba el concepto "nudo".

Como sostienen Anzieu y Martín la etimología nos proporciona estas dos líneas de fuerza que se encuentran a lo largo de toda reflexión que se haga sobre grupos: el nudo y lo redondo. Estos autores destacan que *el nudo* pone de relieve la cohesión entre los miembros; *lo redondo*, designa una reunión de personas o un círculo de gente. "Grupo" remite a la cohesión de un conjunto, de un círculo de personas.

Ello posibilita el despliegue de anudamientos, desanudamientos, nudos que se aflojan, se anudan y se desanudan de forma puntual o permanente, simultánea o sucesiva de subjetividades, al producir efectos de significación.

De ahí que el grupo es también el lugar de la palabra y el lenguaje, del pensamiento y de la acción. Como matriz humana, el grupo se funda en la ley de la cultura; en el límite, y lo imaginario de una subjetividad aún no mediada por un tercero, código o ley.

Del conflicto entre 'necesidades comunitarias' y prohibiciones necesarias para la convivencia, surge el deseo, nudo de confluencia, porque sobre ese gira la vida humana, el mantenimiento de los vínculos reclama la renuncia de ciertas fronteras a través de las identificaciones, la negatividad de lo subjetivo es el precio de la positividad del vínculo.

2. RECORRIDO.

Hasta la 2ª Guerra Mundial el psicoanálisis estuvo orientado tanto en teoría como en práctica al trabajo individual, después de la 2ª Guerra Mundial, como hemos dicho, las prácticas grupales experimentan un fuerte impulso: las numerosas neurosis traumáticas que se producen empiezan a ser tratadas con métodos grupales.

El proceso relativamente tardío del trabajo psicoanalítico grupal se refiere a las dificultades teóricas y metodológicas que iban en el sentido de la construcción de un objeto teórico para lo grupal. Hasta la aparición de los aportes de Bion se podía hablar de un psicoanálisis aplicado al grupo, y a partir de él, el grupo como un campo de descubrimiento.

Las corrientes psicodramáticas y psicoanalíticas entre los años 20 y los 50 experimentaron un gran desarrollo. Dentro de la teoría psicodramática, Moreno, en 1931, crea la Sociedad Americana de Psicoterapia de Grupo y Psicodrama, plantea que "la tarea de la psicoterapia de grupo era curar al grupo como un todo y al miembro individual a través del grupo". Dentro de la Psicoterapia de Grupo Psicoanalítica surgen teorías y técnicas grupales que tenían una finalidad común, "la curación del individuo dentro del grupo".

El campo se polariza entre aquellos que se centran en el individuo dentro del grupo y los que enfocan al grupo como un todo. Es decir, aquellos que hacen "Psicoanálisis en Grupo" y los que trabajan con "Psicoanálisis del Grupo".

1. Por parte del Psicoanálisis en Grupo que denominaremos "Psicoterapia Psicoanalítica en Grupo", se encuentran Simmel, Trigant Burrow, análisis en grupo, Adler, Schilder, realiza terapia de grupo con pacientes ambulatorios, Wender, "el grupo manifiesta los afectos de la familia de origen", Slavson, pionero en la terapia de grupo con niños, Wolf y Schwartz, publican" Psicoanálisis en grupos"(1962), Stein, Metzel, terapia de grupo con alcohólicos y Glatzer la neurosis de transferencia también se analiza en el grupo. Estos autores, en las décadas de los años veinte y treinta, interpretan al individuo en el grupo y son los primeros que utilizan conceptos y técnicas del Psicoanálisis para la comprensión de los grupos humanos: introducen la interpretación en la situación colectiva, aplican al grupo el setting psicoanalítico y crean las condiciones para descentralizar la coordinación y el liderazgo.

2. Psicoterapia Psicoanalítica *del* grupo. Sus principales representantes son, Taylor, Bion, Ezriely Foulkes de la Escuela Inglesa; Pichón Riviére, Bauleo, de la Escuela Argentina de Psicoterapia Psicoanalítica de Grupo; Anzieu, Kaes, Pontalis y Bejarano, de la Escuela Francesa.

Estos autores utilizan los instrumentos psicoanalíticos y se preocupan más del colectivo, del "plus" que supone el encuentro entre varias personas, por ello su interpretación va dirigida fundamentalmente al grupo.

En la Escuela Inglesa, Bion, es el primer psicoanalista que hace un psicoanálisis de los grupos o para los grupos. Define al grupo como una función o serie de funciones articuladas por un conjunto de individuos y señala que el grupo pone de manifiesto algo que no podría observarse de otra manera, que *"el grupo es algo más que la suma de los individuos"*. Bion frente a un grupo se pregunta ¿qué me quiere hacer el grupo? la pregunta que Bion se formula, es en base a la relación transferencial, del grupo hacia él, y de él hacia el grupo; al mismo tiempo nos lleva al postulado de que en las situaciones grupales, se favorece la regresión a etapas previas, sobre todo si el dispositivo tiene como finalidad el trabajo sobre sí mismos, en y con el grupo.

La experiencia de Bion resultó singular: tomando a un grupo amplio como objeto, le resulta difícil emplear la terminología psicoanalítica al uso (Freud) y crea nuevas nociones para explicar el fenómeno grupal.

Foulkes, en 1940, crea la *Psicoterapia Grupoanalítica*, de la que dice que es una psicoterapia por el grupo y del grupo. Para él, la tarea es hacer consciente lo inconsciente y la función del terapeuta es analizar las múltiples transferencias, de los pacientes al terapeuta, de los pacientes entre sí y de los pacientes hacia el grupo; el material producido es analizado por el propio grupo y la función que en un principio recae sobre el terapeuta, progresivamente se desplaza a todo el grupo.

En la Escuela Francesa, Anzieu, Kaes, Pontalis y Bejarano, sin conocer a Bion y a Foulkes, también señalan que los psicoterapeutas grupales previos solamente habían hecho un psicoanálisis aplicado al grupo. Y consideran que ellos hacen un trabajo diferente al pensar el grupo como un espacio de descubrimiento de "*las formaciones del inconsciente*".

De este modo, puntualizan que *"el encuadre psicoanalítico debe favorecer la emergencia, la elaboración y la interpretación de las formaciones y de los procesos psíquicos imbricados en la situación de grupo"*.

Esta corriente, desde un primer momento, se propone como uno de sus objetivos centrales, dar un estatuto psicoanalítico al trabajo con grupos.

En el año 1959 Moreno reconoce que existe un método psicoanalítico de trabajo grupal: se trata de aquel método donde el terapeuta utiliza como sistema teórico la teoría freudiana a la hora de realizar sus interpretaciones y el análisis de la dinámica grupal. Moreno se refiere al Psicodrama Analítico Francés, concretamente el practicado por Diatkine y Anzieu.

El psicoanálisis se serviría del psicodrama como medio de expresión del inconsciente especialmente en los trabajos de Anzieu, Paul y Gennie Lemoine, Pontalis, Delaroche entre otros. Olga Albizuri nos propone tres líneas:

1. Una técnica individual de análisis que incluye la dramatización: Levobici, Diatkine, Kestenberg.

2. Un intento de adaptación del análisis con dinámica grupal y dramática: Anzieu.

3. El Psicodrama Freudiano, con fundamento en la teoría lacaniana: los Lemoine.

3. LOS LEMOINE.

Paul y Gennie Lemoine, fueron dos analistas de la Causa Freudienne, que habían releído a Moreno a la luz de Freud y Lacan. En su concepción del psicodrama tienen particular incidencia los procesos de identificación y el papel que cumple la función escópica del grupo, así como la distinción entre realidad y real, lo imaginario y lo simbólico. *"La importancia que tiene la noción de representación en psicodrama, es su relación con una determinada concepción de lo imaginario y lo simbólico. Cuando el valor de una imagen puede plasmarse en una representación, en una figuración representativa, pasa del nivel imaginario para adquirir función simbólica".* Marcelo Percia.

En su libro *"Jugar-Gozar"* (1980) dirán: *"el juego modifica radicalmente las dimensiones temporales y espaciales del grupo. Lo que era relato pasa a ser acción y lo imaginado está ahí, presente; es ese un momento en el que se amplifican los sentimientos y se actualiza por una vivencia que moviliza al cuerpo, un acto del pasado. La representación tiene la virtud de volver actual lo tan solo evocado, de dar nueva vida a personajes ausentes".*

Tomando como punto de partida lo que escribe Paul Lemoine en su artículo publicado en la revista *Speculum. Nº. Marzo 2012*, voy a señalar brevemente diferencias esenciales entre psicoanálisis y psicodrama:

La transferencia. La situación de un grupo pone en juego la mirada, y esta intervención de la visión determina la naturaleza de la transferencia psicodramática. La transferencia en Psicodrama debe ser manejada según los niveles en los que opera: a nivel lateral y por otro lado, la transferencia sobre el terapeuta es más que una transferencia identificatoria, una transferencia sobre el sujeto- supuesto saber (Lacan)

Acto psicoanalítico- acción psicodramática. El acto psicoanalítico es heredero de todo el periplo de aprendizaje de Freud que va desde sus iniciales métodos de hipnosis, sugestión, etc hasta la asociación libre, el diván y el hecho de que el analista esté colocado fuera de la vista del paciente.

La acción en psicodrama: la insistencia para que el caso se vuelva a vivir como se produjo es también una forma de reanudar la historia en el punto donde había quedado y darle una continuación incluso la posibilidad de modificarla. El juego tiene la misma calidad de un acontecimiento.

El juego. El juego interrumpe la cadena de repeticiones y pone de relieve gracias a la devolución de un detalle reprimido o una intervención sorpresa, un deseo ignorado. De este modo, toda dramatización, al igual que el juego del niño, es la expresión de situaciones internas conflictivas del sujeto y/o del grupo, a través de una representación. Como en el juego del carretel del pequeño Ernst: él ahora decide cuándo la madre se ausenta, y cuándo la madre vuelve así, en el escenario dramático, el sujeto puede recrear la escena, pero esta recreación es también una creación. Es también algo nuevo.

Psicoterapia en grupo vs psicoterapia de grupo: Desde nuestro psicodrama vamos a llevar al sujeto a la subjetivización, no nos interesa el grupo como un todo, desde ahí que no vamos a estar atentos a si el grupo está ansioso, deprimido o rebelde; a nosotros nos interesa el sujeto en el grupo; este es uno de los motivos por los cuales las escenas a representar no son fabuladas; no son escenas enfocadas al estar del grupo si no escenas que nos dicen sobre el inconsciente del sujeto en particular. Por lo tanto no son escenas sacadas de ningún manual ni de la buena intuición del terapeuta; son escenas que provienen del relato del protagonista y que han hecho eco en el grupo.

VIÑETAS CLÍNICAS

En el Psicodrama Freudiano, entendemos que existen diferencias (una vez más) con lo que nos dice Moreno.

Pensamos que no se trata de preparar nada, ni relajar, ni calentar y ni siquiera intentamos hallar un protagonista adecuado, en el psicodrama freudiano no se trata de encontrar un consenso ni hallar al actor más adecuado.

Lo que cuenta para el Psicodramatista Freudiano es el inconsciente. A diferencia del Psicodrama Moreno, que se centra en la forma operatoria del inconsciente, en los comportamientos potenciando la espontaneidad creadora, incluso hasta llegar a la catarsis.

Advertimos, en esta breve secuencia como el sujeto del inconsciente se presenta en un grupo digamos mejor en cualquier grupo sólo la intervención y su circunstancia permitirá que diga más o menos de su media verdad.

1. Carmen tiene 38 años es habitual que llegue con prisa al grupo, y con el ceño fruncido, como enfadada, es ama de casa y además trabaja como

dependienta en una zapatería. Tiene dos hijos, en edad escolar y vive con su marido, que trabaja como repartidor de muebles.

Ya en varias sesiones anteriores del grupo semanal, Carmen venía diciendo que estaba agotada y con pocas ganas para tirar para adelante, y con una queja repetida de tener muy poco apoyo de su marido y que los lleva al punto de plantear la ruptura.

En la representación; elige para hacer de su marido a un componente del grupo por ser muy corpulento y grande, y además tiene la sensación de que no le escucha cuando habla.

Al relatar la escena, Carmen cuenta que es viernes, los niños están con la suegra y cuando llega el marido, ella está cada vez mas enfadada con él, en ese momento no le ha hecho nada, pero seguro esto viene de atrás dice ella, le echa en cara a su marido lo poco que le apoya en las tareas de casa y con los hijos.

Al hacer la representación el que elige para hacer como su marido le dice a Carmen que es verdad, que ella grita y se enfada. Hay un momento en que él deja de escuchar y se retira a sus cosas. Carmen se enfada más y le dice que lo que siente es que lo ve como un armario.

El animador propone un cambio de rol a Carmen para escuchar a su marido.

En el lugar de su marido Carmen expresa: *"Durante la semana no puedo hacer más, llego cansado"* y además explica que él se apoya en su madre, quien se queda dos tardes con los niños, y así descarga un poco a Carmen, le expresa que le molesta que lo compare con un armario, de alguna manera lo trata como una cosa. Y se emociona, llorando… Al volver al cambio de rol, Carmen desde su sitio dice que se da cuenta de que la que no escucha es ella.

Lo sorpresivo fue darse cuenta que la cuida apoyándose a través de su suegra. No lo había sentido así, terminó la sesión con un sabor diferente al que había entrado al grupo esa tarde.

El auxiliar que elige para trabajar y el grupo le devuelve demasiada exigencia, querer ser una superwoman.

2. En un grupo de psicodrama no freudiano, Bernardo, un participante quiere trabajar la pobre relación que tiene con su padre, un hombre que era muy amable fuera de casa, pero para la familia era muy distante. La propuesta del animador fue construir una cadena de personas que conectara todos los miembros de género masculino de su familia y así poder restituir las conexiones. Ver lo que une.

Una escena similar ocurrida en un grupo de psicodrama freudiano, conduce a una escena en la que se representa un momento en el que el padre llega a casa y se repite una escena cotidiana. El miembro del grupo que representa al padre, actúa de una manera distinta a lo que se esperaba y el protagonista de la escena no lo puede ver. En la devolución por el observador, se le muestra. Que no es capaz de ver dónde el padre puede intentar algo nuevo. Que sigue aferrado a aquello que le duele.

3. En un grupo de psicodrama no freudiano, Mercedes se queja del "abandono" que experimenta por parte de su marido:" Con todo lo que ha hecho por él". El animador la conmina a que, utilizando la técnica psicodramática del soliloquio y utilizando al resto del grupo a modo de coro griego, vaya enumerando (cual diva del teatro) todo lo que el marido *le debe"*. La idea es reparar la sensación que tiene la participante de ser una víctima del marido.

En un grupo de psicodrama, Luisa, planteada una situación similar, se representa una escena en la que ella le recrimina a él que ya no estan juntos, que ya no la quiere. En el cambio de rol, ella desde el lugar de él, de lo que habla es de la necesidad de salir al mundo desde una pareja que no puede ser todo. No ser todo para el otro. La castración, el límite que viene a sanar.

CONCLUSIÓN

Quiero terminar este trabajo con una muletilla, que digo en los grupos de trabajo y que en ocasiones molesta; para sentirnos humanos no basta con haber tomado la posición erguida para estar en el mundo y que es inherente a nuestro grado de evolución, en todo caso se precisa de algo más; que tiene que ver con la verdad a medias encontrada por cada individuo, al reconstruir su propia historia a través de la representación de su propio escenario de vida y encontrarse con su verdadero deseo, no antes sin pasar por el duelo, la falta la escisión del sujeto para llegar a Ser. El psicodrama es una herramienta que genera un espacio mágico, donde mediante el juego se invita a cada sujeto a representar la verdad, a liberarla, ponerla en cuestión, asumir nuevas posiciones ante ella, aceptarla y llegado el caso a recrearla y transformarla. Es una reconstrucción.

Bibliografía

Anzieu, D. (1978) *El grupo y el inconsciente.* Biblioteca Nueva. Madrid.

Kissen, M. (1979) *Dinámica de grupo y psicoanálisis de grupo.* Limusa. México.

Baker, M. N.; Baker, H.S. (1995) *Contribuciones de la psicología del sí mismo a la teoría y práctica de la psicoterapia de grupo.* En Alonso, A.; Swiller, H.I. (1995).

Baudes de Moresco, M. (1991). *Grupos Operativos.* Buenos Aires. Nueva Visión.

Bion, W.R. (1980). *Experiencias en grupo.* Paidós. Barcelona.

Bleger, L.N.; Pasok, N.R. (1997) *Psicoanálisis grupal.* Tekné. Buenos Aires.

Campos, J.; Fidler, J.W.; Guimón, J.; Kaës, R. Et al. (1986). *La formación en psicoterapia de Grupo y psicodrama.* Barcelona. Argot.

Ezriel, H. (1952) *Notas sobre la terapia psicoanalítica de grupo: interpretación e investigación.* En Kissen, M. (1979) *Dinámica de grupo y psicoanálisis de grupo. Limusa. México.*

Foulkes, S.H.; Anthony, E.J. (1964) *Psicoterapia psicoanalítica de grupo.* Paidos. Buenos Aires.

Grinberg, L.; Langer, M.; Rodrigué, E. (1971) *Psicoterapia del grupo.* Paidós. Buenos Aires.

Kadis, A.L.; Krasner, J.D.; Inc., C.; Foulkes, S.H. (1986) *Manual de psicoterapia de grupo.* Fondo de cultura económica. México.

Kaës, R. (1977). El aparato psíquico grupal. Construcciones de grupo. Granica. Barcelona.

Kernberg, O. (1998). Teoría de las relaciones objetales y el psicoanálisis clínico.Mexico. Paidós.

Kernberg, O. (1999). *Ideología, conflicto y liderazgo en grupos y organizaciones.* Buenos Aires. Paidós.

Lemoine, G.; Lemoine, P. (1980). *Jugar-Gozar.* Barcelona. Gedisa.

Moreno, J.L. (1987). *Psicoterapia de grupo y Psicodrama.* Fondo de Cultura Económica. Mexico.

O'Donell, P. (1974). *Teoría y técnica de la psicoterapia grupal.* Buenos Aires. Amorrortu.

Pichón-Rivière (1977*). El proceso grupal.* Buenos Aires. Nueva Visión.

Rogers, C. (1982) *Grupos de encuentro.* Buenos Aires. Amorrortu.

Slavson, S.R. (1976) *Tratado de Psicoterapia Grupal analítica*. Paidós. Barcelona.

Vinogrodov, S.; Yalom, I.D. (1996) *Guía breve de psicoterapia de grupo*. Paidós. Barcelona.

Winnicott, D.W. (1979), *Realidad y juego*. Barcelona. Gedisa.

Yalom, I.D. (1986) *Teoría y práctica de la psicoterapia de grupo*.

Fondo de cultura económica. México.
Revista *Speculum,* número 2. (Marzo, 2012). Editorial Fundamentos.

Ponencia II congreso gestalt. Gestalt e Instituciones. Barcelona 2002.

"DE LO IMAGINARIO A LO SIMBÓLICO"

Elisa Buendía

El Psicodrama Freudiano bebe de la fuente de conocimiento lacaniano, el cuál parte de la re-visión de los textos de Freud.

Recordemos brevemente los tres registros que Lacan formuló como referencia desde la que poder comenzar a entender cualquier experiencia humana. Real, Imaginario y Simbólico; siempre se articulan entre sí, Lacan utilizó el símbolo del nudo borromeo para explicar cómo se entrelazan y como se comportan tales conceptos ya que al cortar uno de los nudos, el resto queda libre, es la propia estructura que los une lo que los relaciona.

El concepto de lo Real, no es lo mismo que lo que entendemos por realidad, pues ésta siempre está ligada al imaginario. Lo real tiene que ver con lo imposible, lo inaccesible, se nos escapa al razonamiento, a la imaginación o a simbolizarlo mediante el lenguaje o la representación. A través de lo imaginario y lo simbólico nos podemos aproximar a lo real, pero sin llegar nunca a conocerlo tal cual es.

La visión y el conocimiento del mundo, de los objetos, de otros seres y de nuestros semejantes así como la de nosotros mismos, la hacemos mediatizados por nuestra subjetividad, que va a construir una imagen del otro distorsionada, es decir, nunca vamos a tener una imagen o un conocimiento de la realidad, como decía, tal cual es, pero mediante el imaginario nos acercamos a ella.

Por ejemplo, construimos una imagen de nuestros padres, en base a la experiencia y a como procesamos lo que vemos y de qué manera nos impacta…pero no llegamos a aprehender quienes son nuestros padres en realidad, de hecho distintos hermanos tendrán diferentes imágenes de sus padres, que son los mismos, es la realidad psíquica. No llegamos a conocer al otro, solo alcanzamos a rozarlo a través de la imagen que construimos de él.

Cuanto más compromiso a nivel subjetivo tengamos con el otro, mayor dificultad tendremos para acceder a conocerlo. Lacan decía que el Yo es el punto de máximo desconocimiento del sujeto. Construimos una imagen de nosotros mismos, y eso es lo que creemos ser.

El Yo se constituye en base a nuestra imagen corporal, imagen que podemos captar parcialmente, nunca en su totalidad. Para explicar la constitución del Yo, Lacan formula la teoría del Espejo. El bebé desde el vientre de la madre forma un binomio del cual no distingue división, se vive como una prolongación de otro ser, es el mismo ser, no hay separación, no se percibe falta.

El movimiento de la vida va poniendo corte y separación constantemente, en primer lugar del cuerpo mismo de la madre al nacer, y progresivamente va constituyendo su yo en la medida que hay un otro (generalmente la madre) que le va diciendo quien es, que le va abriendo camino desde el mundo de las sensaciones, del instinto, de lo intangible, de lo Real, al mundo de la imaginación, donde el bebé va reconociendo en su mente su propia imagen.

Dice Lacan, que el bebé, entre los 6 y los 18 meses, tiene una percepción de su cuerpo fragmentado, descoordinado motrizmente. A esta edad el bebé reconoce su imagen en el espejo, una imagen que le aparece íntegra. Pronto aprenderá que la imagen que mira y que le mira tras el espejo es él mismo y este descubrimiento le provoca un gran júbilo, siempre que haya una oportunidad correrá a encontrarse con esa imagen. La mayor parte de las ocasiones, el acto de mirarse y reconocerse en el espejo se inaugura con otro que acompaña al infante y le dice "ese eres tú" señalando la imagen. Se trata, dice Lacan, de la primera identificación imaginaria, creando la matriz de posteriores identificaciones que irán constituyendo el yo.

El ser humano nace con un cuerpo real e irá constituyéndose como sujeto a partir de la fase del espejo, donde el yo se va construyendo a partir del otro, por identificación con el otro.

La introducción de lo simbólico ayuda a constituir al sujeto, a través de la cultura transmitida mediante el dominio significante del lenguaje e inserta en la experiencia del complejo de Edipo, que en último término permite al sujeto en el mejor de los casos, aceptar la ley, que establece lo que no puede ser y lo que sí, es decir, aceptar la castración.

El Psicodrama Freudiano se basa en el "Fort-da" ó "juego del carretel" que observó Freud en su nieto de 18 meses, quien al ausentarse su madre, gustaba de lanzar un carretel tomando el extremo del hilo verbalizando un sonido oooo (Fort), y luego de haberlo lanzado, tiraba del hilo y el carretel regresaba a sus manos, expresando satisfacción (Da).

Este juego de separación y retorno, es clara muestra de "nuestro juego en psicodrama". El niño simboliza la partida de la madre, en este caso lugar que ocupa el carretel, el cual puede manipular para, con un gesto suyo, hacerlo regresar, lo cual le permite sublimar la angustia, renunciando a la omnipotencia y aceptando la falta. Si el niño no logra simbolizar se encierra en el imaginario, en el fantasma que revela su angustia.

El grupo en Psicodrama Freudiano es un grupo imaginario. Siempre se mueve en este plano. A través de lo imaginario el sujeto puede aproximarse a lo real, donde se halla atrapado, momento de fusión con la madre, tiempo de completud, donde ocupa un lugar de goce, de percibirse como objeto de deseo del otro.

El Psicodrama pretende reducir el imaginario para poder despegarse de ese lugar gozoso que engancha ¿de qué forma lo opera? A través de distintos momentos que se suceden en psicodrama, como es la elección de la escena, la elección de los yo auxiliares, el cambio de rol y la representación.

Lacan apunta que en el decir es posible algo nuevo y que lo nuevo aparece como fenómeno inesperado. El psicodrama convoca a los participantes en primer lugar a que hablen, de lo que les pasa, de lo que les preocupa, de lo cotidiano o de algo que recuerdan... alguien comienza a hablar de sí, traslada en palabras lo que está en su imaginario, esta traslación aporta algo diferente a lo que está en su mente.

Cuando el discurso pasa de ser un relato a un hablarse a sí mismo, dirigiéndose a otro, dejando entrever una cuestión, una demanda (repetición), el animador rescata ese momento para representarlo. La escena que se juega es imaginada, es la repetición de una escena vivida en el pasado, reciente o lejano.

Lo importante no radica en que la escena sea exacta a la acontecida realmente, sino que sea fiel al recuerdo que conserva el sujeto. Es en este lugar de repetición donde la secuencia imaginaria fracasa, surge algo distinto, nuevo, que señala la falta y nos reubica en nuestro deseo.

Los sueños sí se representan, ya que son formaciones del inconsciente, se consideran como escenas vividas. En la medida de lo posible, no se eligen escenas fabuladas, esto es que no se hayan producido nunca, las cuales son fantaseadas para desembocar en el puro goce, lo cual conduce a lo contrario de lo que pretende el Psicodrama Freudiano, alimentan lo imaginario, por ejemplo, representar ir a recoger un Oscar o ser músico de la orquesta sinfónica de Viena nos producirá una satisfacción momentánea que desaparecerá al poco tiempo y no nos conducirá más que a alimentar un sueño que está lejos de lo que sí es posible (absténganse grandes actores y músicos).

Otro ejemplo, si siempre quise que mi padre me diese un abrazo pero nunca ocurrió porque murió, el recrear una escena donde este desenlace suceda, ¿a dónde me lleva? ¿Qué puedo obtener más allá de regodearme en un goce que me deja cristalizado en una imagen idílica e inalcanzable? El psicodrama freudiano apuesta precisamente por lo contrario, por romper con la repetición.

Una cosa es lo que sucedió en la realidad, otra la que el sujeto captó, de la que se impresionó, de esa imagen es la que deriva el relato que cuenta, que señalará algo diferente al transformar la imagen en palabras y otra distinta a todas la que resultará al representarla, al repetirla, donde fracasará y el imaginario se hará añicos.

La escena elegida convoca a unos personajes, y el protagonista escoge de entre los miembros del grupo a los "yo auxiliares" que vienen a representar a los personajes reales: padre, madre, hermano, hijo, marido, etc.

Todos los integrantes del grupo se convierten en fuente de ideales e identificaciones para los otros.

Así cualquiera del grupo podrá hacer de abuela, de hijo, o recién nacido, los jefes dejan de serlo en el grupo, no hay categorías o distinciones sociales y nos llamamos por nuestro nombre de pila.

El protagonista elige a los auxiliares en base a sentimientos reales que le inspiran confianza o no, ternura, miedo, etc.

Es necesario que al elegir se nombren los rasgos con los que identifica al personaje cuyo papel va a tomar el yo auxiliar, identificación que transfiere a un sustituto, "el que viene en lugar de". A través de los yo auxiliares que encarnan los distintos personajes de la escena, el protagonista se dirige a su madre real, a su jefe, a su abuelo fallecido, etc.

No hay elementos como muebles, disfraces o gestos que convoquen lo real, todo es imaginado, cuando se come, se duerme, se muere..., siempre es un "como si".

Una regla fundamental del psicodrama para facilitar que el grupo se mantenga en el plano imaginario es la de no mantener relación fuera del grupo, cuanto menos conozco del otro, más imagino acerca de él. Imaginamos cómo fue nuestra vida y así es como la contamos.

Existe una compulsión a la repetición y el Psicodrama es un lugar donde se repite re-presentando escenas nimias, que resultarán fallidas, lo que proporciona otra lectura de los acontecimientos que logrará poder romper con la repetición. Lo que se pone en juego es la conjunción del cuerpo, la palabra y la imagen, expuesta a muchas miradas.

En el grupo psicodramático hay muchos espejos donde mirarse, se busca poder identificarse, encontrar una respuesta a quién soy para el otro, qué quiere de mí...pero en un grupo es imposible sostener tantos deseos y no se obtiene la respuesta esperada, comienza a quebrantarse la imagen y por tanto las identificaciones primarias.

El sujeto se desidentifica para volver a identificarse en presencia de la mirada de los otros. Los terapeutas se desmarcan de esa zona imaginaria, el sujeto buscará la mirada, el reconocimiento y la valoración en ellos, al no hacerlo, el sujeto dirigirá la mirada hacia el grupo y hacia sí mismo.

El objetivo del Psicodrama es ir reduciendo el imaginario, a través del juego se modifica lo que cuento, los yo auxiliares figuran el carretel, es decir, vienen en lugar de otro que está ausente para hacer un "como si" que aportará además la riqueza de su propia subjetividad, hará de espejo del propio deseo del protagonista, que escucha su discurso en boca de otro.

A través del cambio de roles el protagonista puede reconocer su deseo en el otro. Al jugar y actuar lo que imaginamos, me encuentro con lo que falta, con la castración, así reducimos el imaginario y pasamos de lo que imagino a simbolizar, renunciando al goce, a la completud, aceptando la castración, la falta...y si hay falta hay deseo, que permitirá al sujeto sacudirse de la repetición para aceptar lo que no puede ser y permitir el acceso a lo que sí es posible.

Comienza la sesión...

Carmen dice: "soy un iceberg" hay una parte de mí que se ve, pero una mucho más grande que no se ve, que está por dentro, el grupo me ayuda a sacar lo que llevo dentro, mis sentimientos, lo que pienso, a veces hablo y me sorprendo porque no sabía ni yo misma lo que llevaba. Refiere escenas que ha trabajado en el grupo, ha comenzado a escribir poemas.

Carla: yo tengo sorpresas no muy agradables esta semana. Mi hija pequeña va fatal en el colegio, por mucho que la amenacemos. Yo no sabía nada, lo que más rabia me da es que me mientan. Mi hija y mi amiga me lo han ocultado porque saben cómo reacciono. A mi marido no le he dicho nada porque se pone agresivo. Salgo muy poco, solo lo justo y necesario. En otro momento me hubiera tomado las pastillas.

El grupo le devuelve que no soluciona nada con eso.

Carmen: tendrás que cambiar tus reacciones

Carla: en otro momento me hubiera tomado las pastillas o la hubiera estrangulado

Belén: tienes que hablar con tu hija. Yo he ido todos los días al instituto de mi hijo.

Luisa: todos te ponen mal, solo piensas en lo mal que tú estás (refiriéndose a Carla)

Carla juega una escena en la que habla con su hija al regresar del instituto de una reunión con el tutor y el psicólogo del centro. Se recuerda muy enfadada.

Elige a Carmen para que haga de su hija de trece años, la elige porque a veces aparenta que todo va bien y luego le pasan cosas.

En la escena Carla no muestra emoción, como autómata le dice a su hija lo que tiene que hacer, estudiar, hacer los deberes...Ante la respuesta con tono de rebeldía de la auxiliar ¿para qué? Carla vacila, le cuesta mantenerse en su papel, comienza a contar lo que su hija le diría. Se propone un cambio de rol.

Esta vez la auxiliar, haciendo de Carla, tinta su papel con la emoción de enfado, le riñe, le repite las cosas que escuchó en el instituto, le pregunta qué le pasa y le dice que quiere que le cuente las cosas. Carla, en el papel de su hija se excusa. La auxiliar repite "pero tienes que contarme las cosas" y la protagonista se calla, por momentos se hace silencio.

Ante el cuestionamiento del terapeuta sobre qué le pasa, ¿qué pasa que no le cuenta a su madre que no le va bien en el instituto? La protagonista contesta en el lugar de su hija que no puede contar con ella, se ha tomado las pastillas tantas veces que ya no me fío.

Carla continúa con su discurso pero algo cambia, ya no responsabiliza solo a su hija "cómo me puede hacer esto". Incorpora que su hija no le va a contar nada porque sabe cómo reacciona (encerrándose, tomando pastillas)

Si yo le cuento algo a mi madre y ésta intenta quitarse la vida ¿cómo voy a contar algo?

Luisa dice que le dan ganas de zarandear a Carla...al cuestionarle dice que le recuerda algo suyo. Cuenta que engaña a su psicóloga. Luisa no tiene ganas de nada, le cuesta mucho salir de casa, y la psicóloga le dice que tiene que salir, que es bueno para ella, y le pone el ejemplo de lo que hace ella por las tardes. ¿Y esto para qué? La semana que viene voy y le diré que estoy bien y que estoy saliendo, lo hice la última vez (hace tres meses) y me dijo que me daría el alta si sigo bien.

T: ¿qué es lo que quieres zarandear?

Luisa: no lo sé. Mi casa me agobia. Habla de que cuando sus hijos eran pequeños tenía ilusión pero ahora todo le da igual, se mueve en función de lo que necesitan de ella. Si mi madre me llama porque está enferma pues voy a su casa, pero su casa la agobia...

El iceberg, del que comienza hablando Carmen toma presencia, y sirve como significante que encadena escenas.

El Psicodrama viene a cortar el discurso locuaz, palabras, símbolos que ayudan a hacer un constructo mediante el verbo de un lenguaje que se vuelve más ligero en la mente, que es capaz de armar castillos de un grano de arena, que si bien poder hablar de lo que uno lleva dentro ayuda a acotar lo imaginario, y el iceberg, del que hablaba Carmen, va subiendo a la superficie y va tomando otra forma, es comprometiendo al cuerpo en la actuación (acto-acción) del recuerdo, de lo que se repite, exponiéndose ante la mirada de los otros, cuando el sujeto puede hacer un pasaje a lo simbólico, encontrándose con lo que le falta.

El sujeto recuerda la escena tal y como quedó impactada en su ser, afectos y secuencias que son reactivados por significantes que desencadenan asociaciones que van abriendo puertas a lo des-conocido, o lo que creemos conocer, saber y entender, y que sin embargo al comenzar a contar revistiendo al afecto y el recuerdo con la palabra, vamos dándonos cuenta de que hay algo que no podemos asir, y sobre todo al incorporar los elementos del juego, la escena, el discurso que vehiculiza formaciones del inconsciente, los otros auxiliares que hacen como espejo y que aportarán nuevas imágenes, el encuentro fallido con lo que esperaba, la escena que se juega resulta otra.

Carla cuenta el acontecimiento como lo recuerda, pone palabras a la secuencia imaginativa que quedó en su memoria, resalta que le fastidia la mentira, no enterarse de lo que le pasa a su hija, el círculo podría eternizarse en palabras que cuentan, que se enlazan y que no conducen a ninguna parte si no interviene una escucha analítica que abre cuestiones. Al jugar la escena, eso que le molesta tanto y que la enfada no aparece, no muestra sentimiento. Cuando la auxiliar se muestra enfadada, Carla se calla, asiente, y da cuenta de algo nuevo, logra ver al otro y a sí misma.

Dora se incorpora al grupo, habla de que tiene un problema que la angustia, es la relación con su hermana menor, con la que se lleva 19 años. Siempre habían mantenido una buena relación hasta que ocurrió un suceso que lo cambió, tenía que ver con un asunto de herencia de una tía. Se remite a una escena en la que estaba su tía en el hospital en un proceso terminal.

Allí estaban ella, su hermana y su hija. Dora recibe una llamada telefónica de su hijo y dice que va a la habitación con un notario. Dora recuerda el hecho como algo que le hizo llorar sin parar. Se juega la escena. Elige a los yo auxiliares: para hacer de su hermana elige a Carmen por su mirada fija y expresiva (curiosamente Carmen en su familia es la hermana menor, donde también se lleva 19 años con una de sus hermanas con la que tiene una estrecha relación); para hacer de su hija, elige a Gloria porque la ve "paradita" y simpática; a su hijo Ernesto lo encarnaría Manuela, porque tiene genio, se impone; elige a Carla para hacer de notario porque es seria y a Silvia para hacer de su tía moribunda, porque al escucharla la notaba triste y decía que había que aguantar.

Dora está en la habitación con su tía, al pie de su cama. También están su hija y su hermana. Recibe la llamada de su hijo avisando de que sube con un notario. Dora se lo comunica a las presentes y salen de la habitación para recibirlos, es entonces cuando la hermana se altera y dice que cómo era posible que hicieran eso, no se lo podía creer. Al cambiar de rol con el de la hermana, el terapeuta le cuestiona qué es eso que no puede creer. Desde el rol de su hermana, la protagonista dice que quiere a su hermana pero es como si no la conociera, no se cree que puedan ir a por el dinero. Le produce desconfianza.

Tras la escena, ya en círculo, llama la atención la cara estupefacta de Dora.

Dora: en la escena sentía ganas de traquetear a mi hermana. Es egoísta y mimada. Siempre fue más una hija que una hermana, la crié yo.

Silvia: si yo quiero una cosa, ¿por qué tiene que venir otra persona a decirme lo que tengo que hacer? Hay que aguantar el chaparrón.

Carmen: me ha parecido mágico que me eligiera para hacer de su hermana pequeña con la que se lleva 19 años, porque en mi familia, yo soy la menor y me llevo también 19 años con la mayor. En la escena me he sentido mal porque no hubiera sido capaz de reclamar en caso de que pasara algo así.

Érica: yo también tengo una hermana que siempre la he tratado como si fuese mi hija...pero no es mi hija.

En la siguiente sesión, Dora comienza diciendo que lo que le pasó en la escena la hizo reflexionar. Hasta el momento no paraba de hacer cosas para que su hermana vuelva a tener una relación con ella de confianza, y ve que no lo consigue, así que ha optado por no hacer nada.

Eso no significa no llamarla o interesarme por ella pero de otro modo, porque siento que se me va la vida en ello.

Dora se sorprende de encontrar algo diferente a lo que esperaba, "creía que no iba a dejar de llorar durante la escena", pues era lo que recordaba, y al jugarlo encontró a una hermana que "fue más hija que hermana", no es lo mismo la relación con una hermana que con una hija, ¿qué es capaz de poder reclamar cada una? El imaginario tiene también que ver con la rivalidad que se juega en la primera y segunda fase del espejo, donde pensamos que el otro no somos nosotros, es un rival.

Dora conecta con una emoción, que según comunica no había sentido hasta el momento, "rabia y ganas de zarandear", que estaba adormecida bajo el fantasma imaginario de la agresividad.

Articular en palabras el imaginario va reduciéndolo, renunciando al goce, que como dice Lacan, es un derecho de propiedad. Y un paso más allá que conduce a liberarse de lo que se repite compulsivamente, ponerle barrera, es pasar a la acción, llevar el imaginario al escenario de las identificaciones, para volver a presentar lo que quedó incrustado en nuestra vivencia imaginaria y descubrir que se trata de un encuentro fallido, lo que pensaba que era no es, se trataba de un espejismo que se difumina, pudiéndose desidentificar el sujeto, para identificar algo diferente, no desde la fusión con el otro, sino aceptando lo que no puede ser, el límite, la falta, posibilitando otra mirada, otra posición, otro movimiento.

Enrique Cortés, en su libro Apuntes de Psicodrama, recoge una secuencia clínica donde se muestra claramente el psicodrama como un espacio que propicia la ruptura de la repetición, introduciendo con ello algo novedoso.

Primer momento o de la fijación imaginaria. Ser el deseo del otro.

María se lanza en el discurso comentando un pequeño descubrimiento acontecido el fin de semana durante un trabajo terapéutico: "Tengo necesidad y me cuesta pedir, sobre todo a los hombres"; a esto asocia un recuerdo en el que ella está frente a su padre y un amigo de este, para quien ella era su favorita; María baila y canta ganándose el aplauso de ambos.

Ante la imposibilidad de darse permiso para representar la escena, le viene a la mente otra secuencia, en la que ella está en un rincón mientras su madre le dice que tiene que tener cuidado con los hombres ahora que tiene la regla.

En la representación María le dice a su madre que no entiende porque le dice eso y que no piensa seguir sus indicaciones; significantes estos novedosos que le permiten llevar a cabo la escena antes prohibida, conectando así con su propio deseo. María baila y canta ante los hombres, se muestra deseante y no se siente mal por ello.

Segundo momento. De lo imaginario a lo simbólico. Encuentro con el propio deseo.

Unas sesiones después María nos comenta que hace unos días que se siente mal cada vez que va al trabajo.

Ella trabaja por la mañana de secretaria y por la tarde en su gabinete de psicología; esto le hace reflexionar sobre si realmente quiere seguir trabajando de secretaria o dedicarse a la psicología por completo. Interrogada por ello, se remonta a sus años jóvenes cuando ella hacia el papel de secretaria del padre, para agradarlo y de cómo a él no le pareció bien en un principio que ella estudiase psicología.

Sesiones más tarde nos cuenta que ha hablado con su jefe para comunicarle su marcha del trabajo. Para la representación elige a Mario para que ocupe el lugar de su jefe, "porque es serio pero detrás hay un buen hombre"; ella le dice que se marcha, que quiere dedicarse a la psicología y le pide su ayuda. Al finalizar dice sentirse bien, libre y con la sensación de haber roto con algo.

Me vienen pensamientos incongruentes, dice María, pienso en mi padre, le diría gilipollas, cabrón...he estado sujeta a él; pero también estoy feliz, lo quiero. Siento que he triunfado...yo siempre me he sentido así, pero cuando hice la carrera de psicología me cerré.

Ante la pregunta de si ve alguna diferencia entre la escena del baile y esta otra; María responde que "antes triunfaba para el otro y ahora para mí, aunque estoy asustada".

Tercer momento. Desenlace transferencial.

"Últimamente estoy somatizando, dolor en el estómago, y tengo sueños, en los que me despido de ti, te digo que siento tu frialdad y que quiero despedirme, no es del grupo sino de ti como terapeuta".

En la representación añade algo nuevo, ya verbalizado con relación al padre; "muchas veces he querido alejarme de ti, pero no sé por qué he continuado, (atadura que la retenía como la retenía el deseo del padre) es como que algo ha caído".

Luego dirá que siente que es una etapa terminada y que tiene que empezar otra.

Lacan en su seminario "las formaciones del inconsciente" dice así: "*la verdad es múltiple y el error uno*"; cometemos siempre el mismo error, el error de llevar lo simbólico a lo imaginario.

"*La experiencia analítica se desarrolla bajo el signo de la repetición, siendo la palabra la que posibilita que algo nuevo asome, apareciendo como fenómeno inesperado. En la técnica psicodramática será en la representación donde lo nuevo va a surgir, será allí donde lo imaginario se haga añicos, gracias a la simbolización de la escena, hasta entonces imaginaria*".

IV.   LOS PILARES DEL PSICODRAMA FREUDIANO

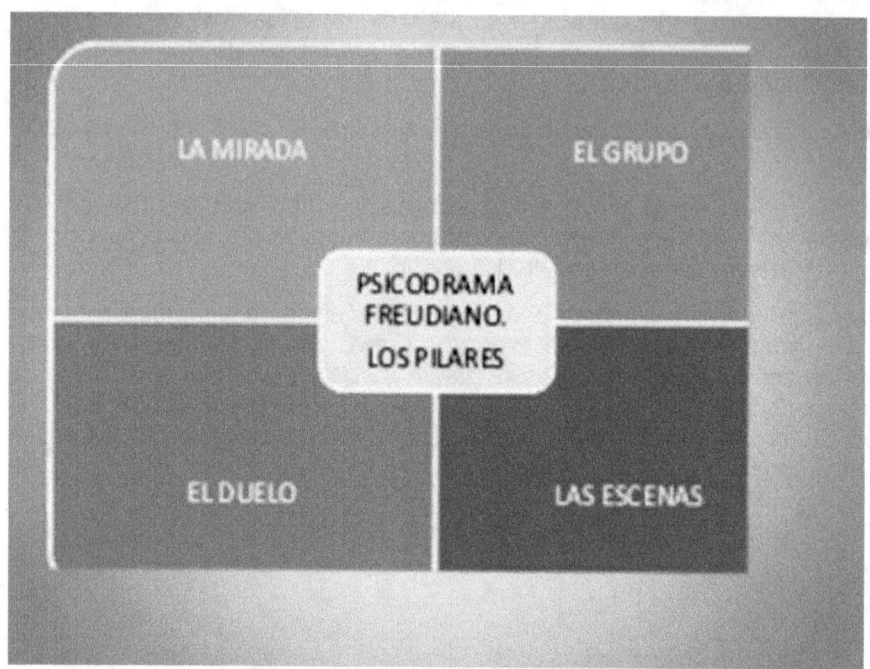

VI.1 LA MIRADA (Carlos Carrasco)

VI.2 EL GRUPO (Andrés Herrera)

VI.3 EL DUELO (Francisco Marín)

VI.4 LAS ESCENAS (Ascensión López)

LA MIRADA EN PSICODRAMA

Carlos Carrasco

¿Qué es eso del psicodrama? ¿Para qué valerse de un grupo en lugar de hacer una sesión individual? ¿Qué ventajas podría tener para cada uno de los analizantes del grupo, para cada uno de los interesados en saber qué es eso que les pasa? Si ya hago psicoanálisis, ¿para qué hacer también psicodrama?

Eso me he preguntado cada vez que le he enumerado las ventajas del psicodrama freudiano a aquellos que aún lo desconocen.

Debería señalar primero que la acción de la cura psicoanalítica puede compararse con la rotación de un espejo plano que modifica la posición del sujeto en lo simbólico.

De otra parte, la práctica del "Análisis en Grupo," como también se ha venido llamando al psicodrama freudiano en Argentina desde que acuñó el término Gennie Lemoine en "Jugar-Gozar," no es contraria a la del psicoanálisis, si bien tiene una serie de particularidades.

Ya desde el encuadre plantea elementos que descolocan al sujeto: la presencia de los otros y especialmente la del psicodramatista que lleva la sesión y que no es mera presencia sino que dirige al grupo de forma activa. Debido a esto, las transferencias: de un lado los otros del grupo (trasferencia horizontal) y de otra el psicodramatista (trasferencia vertical) posibilitan la aparición de las identificaciones.

EL GRUPO

Sin duda, una de las principales ventajas del psicodrama frente a otras terapias es la "nueva visión" que aporta la mirada de los otros analizantes o "yo auxiliares" del grupo sobre aquel analizante que habla y se expone.

La mirada en psicodrama ocupa un lugar fundamental pues es el otro al mirar el que significa al sujeto que se mueve en un proceso de identificación y espejo. A su vez los otros miembros del grupo también están expuestos a la mirada, constituyendo otros yoes y espejos entre todos ellos, creando una dinámica de identificaciones que es el motor mismo del grupo y el psicodrama en un juego de identificaciones. El grupo de psicodrama es un grupo imaginario. Es evidente por tanto que al otro no le vemos nunca de forma objetiva sino imaginaria. Cada uno reconoce en el otro sus propios atributos y así los significantes circulan en el discurso.

Es a través de la mirada como se inicia el proceso identificatorio: yo veo a otros, pero cuando otros me miran, yo no me veo, y es esa mirada del otro la que provoca la identificación. Desarrollado en el capítulo: "El estadio del Espejo".

"A nivel psicoanalítico, Freud nos describe la identificación diciendo, "identificarse es querer ser aquello que no se puede poseer" y Gennie Lomoine en *"El Psicodrama"(...) Hay que partir de que el sujeto desea siempre al Otro (...) La alternativa del amor es poseer o ser... cuando no puede poseerlo ya sea por imposibilidad (incapacidad física en el niño) o por prohibición (cuando el sujeto ya es mayor) el sujeto se organiza para ser el otro, por identificación".* Como decíamos al inicio, la identificación es el motor del grupo, tiende a unir".

Es en este punto donde se apean las psicoterapias grupales, dejando al individuo en su lado más amable, identificado al otro, al menos durante el tiempo que duren sus efectos. Pero el analizante de psicodrama freudiano no correrá esa suerte, será interpelado a ir más allá, a simbolizar ese significado fijo y repetitivo, imaginario, eslabón que no corre de la cadena significante para ir a algo nuevo, pasando por la castración. Es ir a ver allí donde un pasado se repite.

El psicodrama es el mejor dispositivo para jugar del significante, precisamente porque partiendo del Imaginario individual se juega el momento asociado al significante del relato.

Lacan cita a Sartre: *En tanto que estoy bajo la mirada ya no veo el ojo que me mira, y si veo el ojo, es entonces la mirada la que desaparece."*[1]

Precisamente la mirada en psicodrama puede aportar algo muy distinto de la identificación: el efecto sujeto, verse dividido por un lado la parte del yo que es mirado como objeto por el grupo y de otra la otra parte del yo que está viendo la mirada, es esta la parte del yo que queda como escotoma, como punto ciego.

EL ANIMADOR

El animador o psicodramatista se muestra en acción, dirige, interpela, ya no está en una relación dual como en el análisis: escucha a todos pero uno a uno con atención flotante, señala, se levanta y pregunta a uno, propone escenificar, todo ello en grupo.

Desde su mirada y desde su escucha, para cada uno, el animador subraya las formaciones del inconsciente, mostrando la emergencia de los Sujetos del Inconsciente para llevar al juego aquello que ha privilegiado de la narración del sujeto y que viene siendo señalado de forma inconsciente por los Otros del grupo: el significante.

Entreabre esa cadena significante, para que las asociaciones continúen deslizándose por los otros eslabones. De este modo es como el significante corre, siendo recogido por cada uno de los inconscientes particulares.

"El psicodramatista en posición animador es, para mí, un arquitecto cisterciense. Construye los puntos de pasaje de un espacio a otro, permitiendo al sujeto poner en esos diferentes lugares, siempre la misma cuestión bajo diferentes registros. Todavía es necesario que no olvide esta regla del campo escópico. Hay Nada que ver: entonces circule. En estas circunstancias el sujeto puede advenir"[i].

LA ESCENA

La escena presenta una imagen que al ser reemplazada por las palabras del sujeto, le posibilita tomar conciencia primero y después hacerse responsable de la estructura de su fantasma, que no es otra cosa que la relación fundamental de un ser hablante con su Otro. Este será sin duda un momento de comprender, pero previamente ha de ver a partir de la identificación y la transferencia horizontal, eligiendo el sujeto de entre el grupo a quienes van a representarle a él y a sus Otros de la escena.

¿Qué es eso de representarse algo? El símbolo es algo que viene en lugar de otra cosa, proceso característicamente humano que nos permite la presencia en la ausencia, y que tiene su origen en el juego del carretel infantil. La simbolización en psicodrama se produce al traer a la escena aquello que ya no está, porque al traerlo siempre es de forma fallida y por lo tanto al encontrarse lo que no esperaba, lo que retorna es otra cosa, surge algo nuevo.

La escena va a posibilitar una mirada a la otredad, ver al otro en su singularidad inasimilable porque no puede asimilarse mediante la identificación, el Otro como lugar (como localidad psíquica) inscribiéndose en el orden simbólico que media la relación con ese otro sujeto.

Como dirá Enrique Cortes sobre la paradoja de: *identificarse para poder distanciarse; y por lo tanto también poder acercarse sin angustia.*[ii]

JESÚS se lamenta de la última de sus innumerables discusiones con su pareja, otro chico que también se llama Jesús, pero que no es "salvador" de nadie, no pareciéndose más que en el nombre, aclara en forma de reproche, aparentemente es el único rasgo en el que se identifica. ¿Por qué siempre me ataca? ¿Qué me quiere? Llegará a preguntarse tras describir la escena y su angustia. Se le invita a representarla.

Solamente para elegir quién va a hacer el lugar de su pareja le lleva su tiempo porque como él dice: "No se parece a ninguno de vosotros". Cuando juega el lugar de Jesús (pareja) dice que está enfadado y frustrado con sus propios problemas en el trabajo, que simplemente discute porque es quien tiene ahí delante. Que es fácil que entre al trapo.

Retorna a su propio rol para preguntarse en un claro lapsus que no puede por menos que escuchar: ¿Qué me estoy haciendo?

El animador cierra ahí la escena para preguntar al sujeto dividido de forma evocadora: ¿Te das cuenta…?

JESUS responde doble salto mortal: ni me ve, ni me veo. ¿Para qué me quedo ahí?

Objetivo esencial del psicodrama es que el sujeto se desprenda de representar un rol fijo, que pueda vivir la escena desde otro punto de vista y por ello se recurre al cambio de roles. El sujeto va a poder asomarse a verse desde el otro lugar y a ver la dimensión de la falta en el Otro, ver que el deseo es el deseo del Otro...

El sujeto en las elecciones de quien va a interpretar los papeles de su imaginario elige de forma inconsciente para que interprete a ese Otro que le es enigma.

"El pequeño otro no es realmente otro sino el reflejo y proyección del "Yo". En el "esquema L, es simultáneamente el Semejante y la imagen especular, de esta forma el "pequeño otro" está totalmente inscrito en el orden imaginario.

ESQUEMA L:

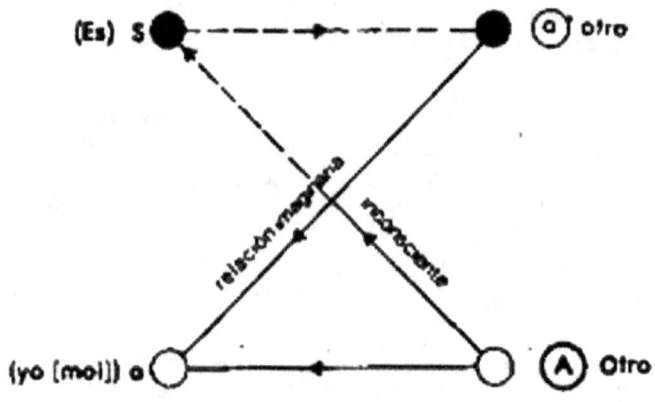

El esquema L dispone el circuito de la palabra en un cierto orden a partir del Gran Otro; el sujeto S no está en el origen sino en el recorrido de esta cadena significante que atraviesa un eje simbólico AS y un eje imaginario, del que Lacan habla en El estadio del espejo, entre el yo [moi] y la imagen del otro, el semejante. De este modo, el inconsciente en tanto discurso del Otro atraviesa el filtro imaginario aa' antes de llegar al sujeto.

CLARA: Tiene una hija adolescente de catorce años que va a pasar unos días en el mismo pueblo donde ella pasaba los veraneos. Sabe que aquello nunca ha sido un entorno peligroso objetivamente. La escena que relataba era de prohibición radical de ir al pueblo ante la posibilidad de que seduzca a algún chaval del pueblo como ella reconoce que hacía.

En los hechos relatados se producía una tensa bronca en la que le cuesta reconocerse y sin embargo elige a una chica muy alegre para hacer de hija, alguien que ha reconocido en el grupo que le cuesta discutir.

Pero también puede elegir a un yo auxiliar para cuando se produzca el cambio de roles, verse interpretado de un modo alternativo, conocer qué solución le daría. De este modo tendría una imagen edulcorada de sí misma como madre y al tiempo se ve la identificación a su hija cuando tenía la misma edad: a_____á

Reconoce que se siente pegada a su hija y que la hija comienza a rechazarla. Al terminar de representar la escena y haber interpretado el papel de su hija dice: no me extraña que esté tan enfadada conmigo, es una chica más responsable de lo que lo era yo. Entonces, ¿por qué no la dejo ser ella misma?

OBSERVADOR:

Rostro cerrado y labios cosidos, son las bazas, según Lacan, con las que cuenta el analista para jugar de muerto. Jugar, que no estar, y mucho menos aun ser, y jugar indica presencia y acto.[iii]

Lacan en el seminario XI nos recuerda que: *"La mirada en cuestión es presencia de otro como tal".*

El observador es la función del Gran Otro. Es presencia simbólica que se sostiene al margen del círculo grupal, callado y en la escucha sin participar en ningún momento hasta finalizar la sesión.

La presencia es ese soporte de ese fenómeno del análisis que venimos en llamar transferencia, y es como proveniente del Otro de la transferencia que toda palabra será escuchada (Matilde Enríquez)

Es el garante del lugar tercero y encargado de devolver a cada participante del grupo como ha corrido el significante desde el discurso de sus inconscientes, desde el efecto de sujeto, rompiendo el juego de identificaciones

Desde su mirada (inconsciente) subraya las formaciones del inconsciente, los cambios entre lo relatado inicialmente y lo representado en las escenas y las interpretaciones aportadas durante la sesión.

El efecto de las devoluciones a cada uno de los inconscientes se manifestará en la producción que irá surgiendo tras su palabra.

Señala Enrique Cortes (Apuntes de Psicodrama Freudiano) *"La palabra No debe ser reveladora sino develadora, esto es, que sus palabras no producen significado sino que van a operar como articuladoras de significaciones y desde ahí el sujeto entra a formar parte de la cadena significante no obturada sino todo lo contrario, desobturada, lo que le va a llevar a la desidentificación"*[iv]

SEVE en el transcurso de la sesión se ve obligado a hablar según reconoce porque siempre le dan el rol de "silencioso" en todas las escenas de sus compañeros que interpreta.

Esto le trae el recuerdo infantil con unos nueve años, en el que no jugaba en el patio con los otros niños porque según dice era "un manta" pero las pocas ocasiones en las que jugaba lo hacía de árbitro (lugar vacío en el contexto de un recreo infantil)".

Para los demás es como si no existiera si no jugaba o se sentía observado como un bicho raro, como un palo en el terreno de juego. Representa la escena y cambiando en el rol de un otro (de los que si jugaban) disfruta, se ríe incluso se preocupa por la marcha del juego. Cuando finaliza la escena le pregunta el animador, que sientes ahora que has jugado?

SEVE responde con una amplia sonrisa y aun jadeante por el esfuerzo: Me siento visto, pero de otra manera, me siento uno más.

El observador en la devolución final muestra el significante al grupo "Nadar y guardar la ropa" en alusión a que en el grupo ninguno se la quería jugar, nada querían perder. Mirando a Seve le dice: "Esta vez has jugado y te han visto. Solo ganas algo si pierdes un lugar tan fijo, ¿para qué ser un manta o un palo pudiendo ser uno más que disfruta?"

ESTADIO DEL ESPEJO

"Esa mirada que me sorprende, y me reduce a una cierta vergüenza, no es en modo alguno una mirada vista, sino una mirada por mi imaginada en el campo del Otro."[v]

¿Por qué decimos imaginada?

Porque precisamente es a través de la mirada que se desarrolla la dimensión Imaginaria en el sujeto humano, a través del proceso que se ha dado a llamar en psicoanálisis "Estadío del Espejo" el cual describe la formación del YO a través del proceso de identificación primordial.

La constitución del Yo implica que previamente no había sujeto. El pequeño infans como lo llamaba Lacan al neonato, nace en un estadío más inmaduro que cualquier otro animal.

Ello exige que el ser humano necesite de los demás en un modo absoluto para subsistir, generalmente de la madre, de ahí que se denomine al cuidado "función madre". El bebé, que carece de coordinación y no reconoce ni los bordes de su propio cuerpo, sin embargo tiene su sistema visual relativamente avanzado, lo que le otorga la capacidad de mirar y ver.

Se le llama a esta etapa prematura hasta los seis meses aproximadamente "estadío del espejo" porque el bebé comienza a reconocer su propio movimiento en el reflejo de su imagen.

El advenimiento de la mirada del Otro se da generalmente con la mirada de la madre en cuyos ojos se refleja, o bien señala la imagen del espejo y le dice al pequeño: "ese eres tú". Ante la insuficiencia orgánica llega la imagen que le permite anticiparse y dominar al mundo y a sí mismo.

Lacan plantea que "el Yo es otro" que la imagen que el niño asume como propia es el resultado de una ilusión que proviene del Otro, es función del deseo de la madre.

Asumir esa imagen es una identificación y uno de los hitos de la constitución del sujeto.

El yo surge por tanto de una ficción, desde el mismo momento de su constitución, se aliena a la ilusión de algo que aparenta completitud. De este modo el pequeño sujeto entra en el orden imaginario: la ilusión de querer ser algo completo como lo es en el reflejo del ojo materno. Pero también se da la apertura a la dimensión simbólica, presente en la figura del adulto que le sostiene, ese Gran Otro que ratifica su imagen.

La madre es el primer Gran Otro, es incluso lo que le permite el sentimiento mismo de SER-en-el-mundo, arranca de la cualidad de esas primeras miradas, "si me miras existo" y por lo tanto "si no me miras no me siento existir". Es constitutivo de la función del yo.

Es en el reconocimiento donde se introduce el otro, donde el yo del bebe se subsume para alcanzar el deseo del otro y comienzan sus esfuerzos para ser mirado por el otro y que le diga: Sí, tu eres esto que quieres mostrar. Ser mirado, reconocido, que le den "el lugar privilegiado". Ser el deseo de la madre, ser el falo imaginario.

EDUARDO tenía nueve años en la escena primaria que trae a la sesión. La relación de los padres está muy deteriorada y el niño lo sabe. En su discurso previo a la escena habla en plural refiriéndose a lo mal que se porta el padre, nunca se le ve, ausente mucho tiempo encerrado en su estudio: eso "nos afecta" haciendo un frente común con la madre contra el padre.

Se juega la escena y en el lugar del padre Eduardo dice: y a este enano ¿quien le da vela en este entierro? Por qué se mete en los problemas que yo tengo con mi mujer?

Desde su propio rol siente de un lado el malestar de los padres, pero también el goce de ser mirado por la madre desplazando al padre y colocándose de falo de ella.

Afortunadamente sale de esa posición fija cuando los padres, pasado un tiempo vuelven a mirarse y Eduardo se ve abocado a hacer sus propias amistades.

Dirá Pues Lacan en el Seminario 1 en la Clase sobre el Ideal del Yo y Yo-Ideal:

El estadio del espejo como formación del yo: *"desde una imagen fragmentada del cuerpo hasta una forma que llamaremos ortopédica de su totalidad, y a la armadura por fin asumida de una identidad enajenante, que va a marcar con su estructura rígida todo su desarrollo mental".* [vi]

Con la diferenciación que aporta la traducción de la palabra "Yo" en francés, diferencia entre el "je" (sujeto de la acción con un carácter simbólico) frente al moi, (sobre el que recae la acción), de carácter imaginario, diferencia el "Yo ideal" del "Ideal del Yo".

De la presencia de ese "je" y de ese "moi" en un mismo sujeto da buena cuenta la representación de una escena cualquiera, en la que un sujeto actúa: "je" y se ve visto a si mismo "moi".

El Yo ideal (*moi*: imagen unificada en el espejo) sería la imagen virtual, la promesa de síntesis futura que pretende el yo: es del orden de lo Imaginario.

El Ideal del Yo (*je*) es el ideal del sujeto. Parte del ideal del Otro, ya que el deseo siempre es el deseo del Otro. Es un plan internalizado en el que opera la ley, que le orienta la posición del sujeto en el orden simbólico.

El yo no puede constituirse solo desde lo imaginario precisamente porque la mirada de la madre aporta algo de su deseo.

Pero el niño ve como la madre mira al padre y el niño en su fantasía le cree propietario del falo. De este modo, con la irrupción en escena del padre, descubre en ese Otro (A)que es la madre, su Falta. Descubre al Otro Tachado por una barra: El Otro barrado. El mítico A no existe, ha sido solo una construcción del sujeto que queda dividido.

Pero el sujeto no quiere saber nada de la castración ni del Otro ni de la propia y hará todo lo necesario, colocándose como objeto del Otro, para "taparla", primero la de la madre en el primer tiempo del Edipo y más tarde también la del padre.

PAULA recuerda ser testigo con unos diez años de cómo su padre agobiado por la falta de dinero recurre a su propio progenitor para pedirle un dinero prestado.

El abuelo rehúsa ayudar económicamente diciéndole que debía ser responsable de sus gastos y de su familia y acto seguido le intentará dar un dinero a Paula sin que el padre lo vea, pero ella lo rechaza.

Paula en su discurso dirá del anciano que era un chulo y cuando cambia al jugar la escena con el rol del padre no cambia mucho su punto de vista, se siente necesitada y agobiada en el rol del padre.

En cambio, cuando representa el rol del abuelo ve como siendo un pensionista se le pide que cubra los "agujeros" que su hijo dejaba por ser gastar más de la cuenta. Ve que la niña aunque se posicione contra él, es inocente de todo eso y por eso le da el obsequio. Ve la falta del Gran Otro que es su padre y de la que no quería saber nada.

JORGE recuerda una escena hablando de a quien elige en su vida de cuando era muy pequeño. En un evento familiar que no sabe ubicar en Su madre le dice que sus primos por parte de padre no son buenos para relacionarse con ellos, que mejor juegue con el hijo de su hermana.

Al representar la escena diferencia tres tiempos claramente, uno en el que juega con todos los niños sin importarle los parentescos, otro en el que la madre le dice "lo que es mejor para él" o su propio deseo y un tercer tiempo en el que el resto de los niños siguen disfrutando y el mira a la madre y comienza a jugar con su primo por parte de madre.

El deseo se consolidaría de forma externa pero en lo más íntimo y profundo del sujeto, en su mismo centro. Sería un agujero por donde pasa el otro. Lo denomina "extimio" algo exterior que consolida lo interior.

Por eso Lacan dirá "El deseo es siempre deseo del otro".

ALICIA narra primero y después representa una escena en la que a ella a sus trece años, su padre le hace un presente de forma espontánea, le da un dinero que rechaza de forma automática aunque reconoce que le hubiera venido muy bien. Ve tras representar la escena que no tiene más motivo para decir que no al sincero ofrecimiento de su padre que identificarse a lo que ella creía era el deseo de su madre, en actitud hostil hacia su marido.

Evidentemente aunque la madre no estaba presente en la escena, lo estaba y mucho en la mente de la joven.

El niño en el atravesamiento del complejo de Edipo, pasa del estadío del espejo al narcisismo primario, a la relación social y se posicionará frente a la novela familiar. Ira reprimiendo al perverso polimorfo que aún es y subordinándose a la cultura a través del núcleo de poder más cercano al sujeto: la familia.

Será gracias al Ideal del yo (je), a la castración, a la ley que acceda a su deseo.

Aunque, *¿No es precisamente porque el deseo se instaura aquí en el campo de la visión, por lo que podemos escamotearlo?* Nos dirá Lacan en el Seminario sobre los cuatro conceptos fundamentales del psicoanálisis.

KIKE cuenta como le ha costado siempre elegir. Sale a colación una escena en la que siendo muy pequeño, con unos cuatro años delante de una heladería no se decide por ningún sabor en concreto y los quiere todos y como finalmente fue castigado sin ninguno.

Al representar la escena que se ve con claridad, más propiamente interpretando el rol de su padre, cansado ya de que su hijo lo quiera todo y le da un ultimátum: "solo puedes elegir uno y si no te quedarás sin ninguno". Entonces el pequeño ansioso quiere el de su hermano. Se quedó sin ninguno y salió llorando, pero Kike reconoce que a partir de ese momento siempre eligió en todas las heladerías a las que fue más rápido que su hermano.

Implícita a toda elección va una renuncia y solo renunciando a la totalidad en la (castración) y en la aceptación de la ley (en la mediación: no puedes hacer esto, pero si este otro), puede acceder el sujeto a su deseo.

Bibliografia de Consultas

Seminario 11 de J. Lacan; Seminario Los cuatro conceptos fundamentales del psicoanálisis. Clase 7. La Anamorfosis. 26 de Febrero de 1964

Teoría del psicodrama. Gedisa. Gennie y Paul Lemoine.

Laplanche, J. y Pontalis, J.B., (1993) Diccionario de psicoanálisis. Paidós. Barcelona.

Seminario 11 J. Lacan. Clase 7

Teoría del picodrama. Gedisa Gennie y Paul Lamoine

Kaufmann, P. (1996) Elementos para una enciclopedia del psicoanálisis. El aporte freudiano. Ed. Paidós.

Teoría del psicodrama. Gedisa. Gennie y Paul Lemoine.Freud, S. (2004).

Más allá del principio del placer. Psicología de las masas y análisis del yo (1920-1922). Obras completas. 18. Ed. Amorrortu. Buenos Aires-Madrid.

Masip, R. Art. La re-presentación. Cuadernos de psicodrama. Revista de la asociación de psicodrama freudiano. (N° 23).

Nasio, J.D. (1988). Enseñanza de 7 conceptos fundamentales en psicoanálisis. (4ª ed.) Ed. Gedisa. Barcelona.

Lemoine, P. y Lemoine, G. (1996). Cap. 1. Teoría del psicodrama. (2ª ed.) Ed. Gedisa. Barcelona.

Cortés, E. (2004). Apuntes de psicodrama (Freudiano). ECU.

Masip, R. Art. Identificación y psicodrama. Cuadernos de psicodrama. Revista de la asociación de psicodrama freudiano. (N° 5).

GRUPO Y PSICODRAMA

Andrés Herrera

A Didier, cuya partida significó para el psicoanálisis la pérdida de un trabajador incesante, para el fútbol un apasionado y para quién lo recuerda ese amigo que creyó en él.

"En un frío día de invierno, una manada de puercoespines se junto para resguardarse de la helada gracias a su propio calor, amontonándose unos encima de otros. Pero sucedió que se pincharon entre ellos haciéndose sangre y tuvieron que separarse rápidamente, con lo que otra vez sintieron frío. Así entre el peligro de morir de frío o de hacerlo por el dolor que se infringían mutuamente con sus espinas, acabaron encontrando la distancia correcta: la que no pide ni intimidad ni alejamiento, la que no nos convierte en solidarios a la violeta ni nos lleva a desentendernos por el dolor de los otros."

*Arthur
chopenhauer*

¿Grupo?

¿Qué hace que un psicoanalista, cuya práctica se desenvuelve fundamental en un campo que podríamos llamar individual, se interese por ese fenómeno social que llamamos el grupo? La primera respuesta la podríamos hallar en Freud cuando en psicología de las masas y análisis del yo (1930) afirma:

"En la vida anímica individual, aparece integrado siempre, efectivamente, «el otro», como modelo, objeto, auxiliar o adversario, y de este modo, la psicología individual es al mismo tiempo y desde un principio, psicología social, en un sentido amplio, pero plenamente justificado."

Así pues podemos pensar que lo inconsciente objeto del psicoanálisis y lo subjetivo como lazo que une al ser humano a otro, tienen un lugar en lo grupal, es decir que no podemos pensar un ser humano sin una otredad, cuya complejidad se encuentra precisamente en una realidad que posee un carácter grupal.

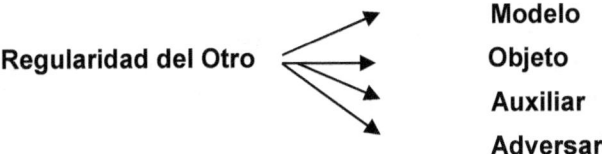

Regularidad del Otro

Modelo

Objeto

Auxiliar

Adversario

El espíritu gregario, fue necesario para la organización humana como cultura, y la estructuración de instituciones sociales que regulen los vínculos entre semejantes, (la religión, la política, la familia) el origen lo halla Freud en el mito de la muerte del Padre de la horda primitiva, de ese protopadre castrador que podía acceder a todas las mujeres, hecho que lleva a sus hijos a efectuar su muerte, encontrando como efecto el caos, la culpa y la necesidad de resarcir el acto y reparar la falta cometida instaurando al Padre real muerto por un padre simbólico que se presenta ahora como ley, ley que prohíbe: 1) el parricidio (No matarás) y el incesto (no desearás la mujer de tu prójimo), estas leyes constituyen lo que establece Claude Levi Strauss como estructuras elementales del parentesco.

El grupo, endogámico hasta entonces, se abre a la exogamia a partir de la prohibición de ciertas relaciones entre parientes, (incesto) y los grupos familiares se agrupan en tribus totémicas, diferenciadas y particularizadas a partir de la figura de un animal, el animal sagrado sustituto del padre asesinado. Esto explica porqué cada religión presenta como patrón el ritual en el que un animal sagrado, en el mundo católico es el cordero de dios, es sacrificado, protegido, divinizado.

El grupo familiar deviene entonces como el encargado de proporcionar objetos a la pulsión, objetos primarios que sirven de fundamento a la posterior socialización del pequeño humano, el cual será llevado del narcisismo primario y esencial al vínculo con el Otro, al encuentro con el grupo, en primera instancia el grupo familiar:

"Las relaciones del individuo con sus padres y hermanos, con la persona objeto de su amor y con su médico, esto es, todas aquellas que hasta ahora han sido objeto de la investigación psicoanalítica, pueden aspirar a ser consideradas como fenómenos sociales, situándose entonces en oposición a ciertos otros procesos, denominados, por nosotros, narcisistas, en los que la satisfacción de los instintos elude la influencia de otras personas o prescinde de éstas en absoluto."

La humanización no puede entonces ser comprendida sin el Otro grupal, Otro con mayúscula, que evoca a Lacan y su definición de inconsciente como "el efecto que tienen las palabras del Otro en el sujeto", el gran valor que asume el Otro, en la vida del humano obedece a las condiciones de desamparo y dependencias propias de su prematurización universal, y es enunciado por Freud de la siguiente manera:

"En estas relaciones con sus padres y hermanos, con el ser amado, el amigo y el médico, se nos muestra el individuo bajo la influencia de una única persona o todo lo más, de un escaso número de personas, cada una de las cuales ha adquirido para él una extraordinaria importancia."

La familia es pues, por excelencia, el lugar en el cual el sujeto establece lazos fundamentales que le permiten nacer como sujeto, como sujeto simbólico, la familia es si se quiere , una estructura social que transmite la estructura del lenguaje al pequeño humano y esto se halla preñado de consecuencias, quizás la más importante es que este pequeño humano tendrá una aparato significante en lugar del instinto y en ese sentido tendrá un inconsciente.

El inconsciente, el grupo familiar y el grupo terapéutico

El sujeto del inconsciente es pensado por Freud a partir de complejos familiares, el complejo de destete, el complejo de intrusión, el complejo de castración y el complejo de Edipo, resumido por Lacan como la sustitución del Deseo de la Madre por el Nombre del Padre, determinan la lógica a partir de la cual la bola de carne se hace a un significante que lo representa para otro, la inserción del sujeto en el discurso y con ello la posibilidad del vinculo social.

En la familia se establecen los fundamentos inconscientes que subyacen y que soportan tanto las marcas, como los impases, también las posibilidades y potencialidades que constituyen la ex-sistencia del sujeto. Ulteriormente se configuran otras realidades grupales de suma importancia, religiosas, socioculturales, laborales, artísticas, deportivas etc. Que dan cuenta de la vasta relevancia que tienen los grupos en el acontecer humano. Por otro lado, surge en algún momento de la historia de la humanidad, un nuevo grupo, parece que Jacobo Moreno es pionero en el uso del término, el grupo terapéutico.

Se abre pues a partir de la invención de Moreno, el psicodrama, una nueva manera de abordar el sufrimiento subjetivo y la verdad de los seres humanos, pero ¿Cómo definirlo? Enrique Cortes nos enseña que "el psicodrama se debe entender como un método para sondear a fondo la verdad del alma a través de la acción.

Y que frente a la psicología más tradicional, la cual pone el énfasis en las explicaciones verbales, el psicodrama es una técnica que integra el cuerpo, las emociones y el pensamiento. "

Esta definición pone de relieve por un lado el método, el camino por medio del cual se llega ese objeto tan oscuro que es el alma y la verdad y por otro lado una técnica, un saber hacer que apunta a integrar elementos del ser humano que sin duda tienden a ser separados a la hora de tratar de comprender la naturaleza de este, y es quizá este punto el que llama al psicoanalista a salir de su consultorio, y dirigirse al grupo escuchar lo singular del sujeto en el grupo, la manera como cuerpo, lo imaginario y la palabra, lo simbólico se anudan dando lugar a un real, el real del psicodrama .

A lo largo de su desarrollo, el psicodrama ha adquirido diversas versiones, aun dentro del mismo psicoanálisis hay divergencias sutiles o radicales, si bien pueden perfectamente apuntar a algo similar, un "estar mejor", En el mundo del psicoanálisis inaugurado por Freud pensamos que saber de sí, especialmente de aquello que quisiera no saberse es " estar mejor ", nuestro "estar mejor" es eso; Saber del inconsciente, el psicodrama otro camino.

El psicoanálisis y el grupo psicodramático

Por mi parte, como psicoanalista, sólo puedo afirmar que el psicodrama es un escenario de lo inconsciente y un potencial despliegue del discurso del analista en un dispositivo grupal, nunca desautorizado por Lacan, el cual a su vez trato de acercar el discurso del analista al grupo en ese dispositivo que nombro como cartel.

En el psicodrama los psicoanalistas, por lo menos los que no cedemos ante el deseo de buscar otros caminos, encontramos el fenómeno clínico que Freud denominó transferencia, escenario del inconsciente, cuyo motor es el Sujeto Supuesto Saber.

Encontramos la transferencia en dos niveles uno vertical y otro horizontal; la primera recae sobre quien se halla en lugar de "más uno" y la otra se despliega hacia los pares, ambas valiosas fuentes de saber.

También existe en el psicodrama la repetición, incesante de la pulsión, la representación dramática posibilita un escenario para la realización de la pulsión, solo que por la vía de la sublimación, en un acto creador, que permite repetir de otra manera (al fin y al cabo las representaciones son repeticiones imaginarias y simbolizadas de lo vivido).

El psicodrama nos enseña por un lado como los sujetos viven la pulsión, por otro lado, nos ofrece una manera de arreglárnosla con su carácter mortífero el juego dramático y en ese sentido extraer de una nueva experiencia pulsional, en tanto que implica el cuerpo y sus formas de satisfacción parcial (la mirada y la voz), un saber, un saber que no se sabe, o que se sabe no como saber sino como repetición inconsciente, como síntoma que no se levanta, como destino, un saber que no se sabe pero puede ser interpretado y por efecto lateral, piensa Freud la cura.

De tal manera que reafirmo lo dicho por Gennie Lemoine en relación al psicodrama y el psicoanálisis que lejos de excluirse, pueden complementarse en el tratamiento del paciente"[9]

El grupo psicodramático y el inconsciente

---

[9] G yP Lemoine, Jugar Gozar. Ed Gedisa.

El ejemplo nos lo da la casuística, pues el psicodrama le da cuerpo y acción a mucho de lo que aparece en el nivel de la palabra en la clínica individual, lo que podríamos pensar como el destino, el inconsciente, esta indudablemente marcado por cadenas significantes y estos encadenamientos discursivos se inscriben en la caja de resonancias que es el sujeto como oraculares, como lo evidencia cada caso en ese fenómeno simbólico que Miller denomina enunciado romano o mandato inconsciente, enunciado fundamental que nace en el seno de la familia y adquiere un peso de hierro , enunciados del tipo: "tú serás siempre" o " tú nunca podrás", marcas provenientes de quienes encarnan el Otro con mayúscula, Papá, Mamá, Hermano, Hermana, etc.

Que permanecen ajenas a la consciencia, como destino inevitable.

Las viñetas

Traigo a colación la siguiente viñeta, propia de un encuentro psicodramática, entre muchas otras, muestra el poder que en el inconsciente tienen los dichos del Otro Familiar. Una mujer expresa lo siguiente:

"Siempre he tenido el problema de que en mi familia, mis hermanos mayores y mi sobrino y la familia por parte de papá, me dicen todo el tiempo que soy una bruta, y eso me martilla en la mente y es tanto que me toca esforzarme en mis estudios para aprenderme algo, porqué no logro sacar esa palabra de mi cabeza y a veces son otras palabras y por eso he tenido problemas en mis estudios al aprenderme algo y este problema viene desde la niñez con ellos."

Al escenificarse en el grupo psicodramático, el peso de este enunciado recae sobre el cuerpo, que ante la repetición artificiosa de la escena, retorna el afecto al cuerpo y lo que se hallaba como un martilleo en la mente se desplaza al cuerpo como un afecto que se tramita, pues en la escena aparece no la mujer que recuerda, sino más bien la niña que resuena en la mujer.

Otra mujer encuentra a partir de representar su nacimiento, momento crucial de la existencia, donde según le relata su hermano, sus padres en medio de la confusión, es decir pensando que el otro se había encargado de recogerla, la dejan en la clínica para luego verse en la penosa situación de devolverse por ella. Al representar esta escena la mujer dice: " con razón siempre me he sentido por fuera de mi familia" parece ser que no era consciente del efecto de ese acontecimiento narrado por el hermano y confirmado por sus padres. Su elaboración no es sin efectos en el auditorio y en quienes la acompañaron como compañeros de reparto, al ella dirigirse a "su madre" (compañera de reparto o a "su padre" (compañero de reparto) para expresar afectos inhibidos, no dejaría de producir en sus compañeros de escena afectos despertados por el juego de identificaciones y que abren paso a elaboraciones de cada uno.

Una conclusión

El psicodrama de orientación psicoanalítica, como cualquier otro grupo es receptáculo de las identificaciones que se forjan en la familia, el escenario de las transferencias que establecen los sujetos en su relación con los otros; Solo que a diferencia de otros grupos , el psicodrama está orientado por una escucha analítica hacia el saber sobre dichos fundamentos desconocidos para el yo.

El grupo psicodramático se erige en el lugar vacio en el que los ecos fantasmáticos en los que el sujeto se halla opreso, encuentran un recinto para ser elaborados como un saber y no como una repetición ciega, las elecciones son interrogadas, las escenas reelaboradas y bajo la transferencia en sus modalidades de vertical y horizontal, los conflictos y complejos re-editados, el psicodrama se superpone a la familia para producir en el sujeto en términos de los Lemoine "el No al deseo de los Padres para dar lugar al deseo propio."[10]

Pensar en el grupo psicodramático es pensar, a mi forma de ver, en la ética.

Sobre la ética en el psicodrama

La ética del deseo es la ética del psicoanálisis y del psicodrama de orientación psicoanalítica, esto puede pensarse en dos vías, la vía del deseo que orienta, el deseo del psicoanalista en grupo, llamado psicodramatista y por otro lado está la via del que participa, el cual no sabe que desea y es la experiencia orientada por otro lo que le permitirá saber de aquello tan enigmático que es su propio deseo, su deseo inconsciente.

El psicodrama es una técnica psicoterapéutica de carácter grupal que consiste en elaborar un saber sobre la subjetividad por medio de la representación dramática, si el psicodrama del que se trata tiene una orientación psicoanalítica, como es el caso del psicodrama que en este momento trato de transmitir el saber del que se trata es aquel que Freud descubre como inconsciente y la clínica que se efectúa se inspira en el método analítico de Freud, nuestro eje orientador.1

La elaboración se da en el proceso psicodramático a partir de la representación de escenas vividas por el sujeto y el uso de diversas técnicas de carácter dramático y representativo. Sin embargo, tal y como lo señala Miller en su texto introducción al método psicoanalítico[11], no hay, cuando se trata del abordaje de lo inconsciente, un problema técnico que no sea un problema ético.

---

[10] G yP Lemoine, Jugar Gozar. Ed Gedisa.

[11] Miller Jacque Alain introducción al método analítico. Ed Paidos.

Esto quiere decir que al ocuparnos de un hacer, lo cual nos remite a patrones o estándares, si se quiere a etiquetas, no podemos desligarnos de la reflexión ética en relación a dicho hacer. No es lícito estar desprovisto de principios, de principios éticos que orienten dicha práctica.

¿Cuales son entonces los principios bajo los cuales se rige la experiencia del psicodrama de orientación psicoanalítico?, ¿Cuál es la justificación de esta práctica? , es decir ¿Qué fundamentos tenemos para pensar que hay otra forma de abordar el inconsciente, la repetición, la pulsión y la transferencia desde un dispositivo que no sea el psicoanálisis como tal?

En su gran mayoría quienes nos hemos dedicado a aplicar los conceptos, los principios del psicoanálisis a experiencias de carácter grupal, tal como lo es el psicodrama, lo hemos hecho empujados por la necesidad en pensar y actuar en instituciones o grupos, donde la aplicación del psicoanálisis como tal presenta limites y dificultades, también está el interés en lo grupal, el deseo de saber sobre las lógicas que rigen los lazos sociales y la subjetividad en lo colectivo.

Ha sido si se quiere una elección forzada, que sabemos no exime de responsabilidad, la responsabilidad de dar consistencia teórica, lógica y práctica a lo que hacemos, de justificarlo permanentemente, como una práctica no sin efectos y aún de demostrar que de alguna manera sabemos lo que hacemos, aún cuando nuestro hacer tenga que ver con un saber que no se sabe.

Surge en este punto una pregunta interesante, cuando hablamos de ética hablamos de preguntas, ¿Qué saber autoriza a quien hace psicodrama? Como en el análisis, después de la intervención de Lacan en el mundo psicoanalítico, la autorización parte del analista a partir de su propia experiencia.

En el psicodrama también es necesario para la autorización del psicodramatista una experiencia propia del psicodrama y si la orientación es, la que considero conviene, la psicoanalítica, se requiere que el psicodramatista tenga una experiencia en tanto analizante, una experiencia del inconsciente propio que le permita producir el deseo que abre las puertas al inconsciente de otros. Al fin y al cabo hay saberes que solo se conquistan por el camino del dolor, del trauma que produce ver la luz de la verdad al salir de la caverna, para hacer alusión a Platón y su ilustrativo mito.

En psicodrama la caverna es el fantasma, esa construcción imaginaria y simbólica que determina en el sujeto el marco, el guión, la pantomima con la que dramatiza su vida. Encontrarse con eso no es fácil, nada nos obliga a levantar el velo, o el telón en términos psicodramáticos y constatar que detrás de lo que nos estructura no hay nada, sin embargo por otro lado no hay experiencia más liberadora para un ser humano que hallar la causa que lo constituye como tal.

A manera de ejemplo recuerdo esa escena representada, ese caso que me enseño recientemente, en el que una mujer joven, universitaria, en una sesión de psicodrama relata cómo se sintió paralizada ante un grupo de niños que estaban a su cargo en su práctica como estudiante de psicología.

Dice: "Me sentí incapaz, paralizada, impotente, chiquita". Yo la invito a que representemos la escena, a que dé el paso que la hace protagonista, elija un reparto y repita esa escena vivida en un contexto artificial, experimental, investigativo, el contexto psicodramático.

De tal manera que se decide. Elige representar, elección que implica a mi modo de ver una posición ética, elige entre sus compañeros, aquellos que representan el papel de niños traviesos, otro representa el psicólogo que viene en su auxilio, los partenaires aceptan el reto, y la escena se desarrolla en ella se repite lo ocurrido,. Ella trata de dictar su taller y el pequeño grupo de perversos polimorfos, sabotean su labor, gritan, se tiran papeles, se montan a las sillas, etc. Ella no solo actúa sino que repite en el cuerpo la sensación, una vez concluida la acción le pido que cierre los ojos y que se ubique en ese momento y exprese todo aquello que se pase por su mente, una pequeña asociación libre a la manera de un soliloquio.

En ese soliloquio repite además un significante dice:" siento que no soy capaz, me siento "chiquita". Yo en calidad del que escucha e interpreta, subrayo el significante de la repetición y le transmito a manera de breve construcción: "chiquita, chiquita, cuando eras chiquita te sentiste así". Acto seguido recuerda otra escena que se repetía en su niñez, con lo cual se confirma el carácter infantil del fantasma, los severos castigos de su madre, ante los cuales ella se paralizaba.

Se abre el telón de nuevo para representar la escena detrás de la escena. Elige de nuevo reparto, elige una compañera como su madre y se representa la escena primaria, en la cual su madre la azota con una correa, acto que se despliega, por razones tanto técnicas como éticas en el plano imaginario, es decir, la compañera no le pega, sino que hace "como sí", como si le pegará, la madre, representada por su compañera la reprende y "le pega" y ella queda perpleja, paralizada sin saber que hacer o decir. Luego de esto le propongo el uso de un silla vacía, que ubique allí a su madre y le hable, ella vacila pero luego le expresa lo que siente y lo que piensa, con titubeos, con afecto, con dolor.

Este acto le produce una liberación y al mismo tiempo una localización, una identificación de la causa, inconsciente hasta ese día de una inhibición, más que de una incapacidad, inhibición que se había convertido en una constante en su vida, en la cual ella se fijaba, en distintas escenas, e distintas escenas a partir del miedo, la fobia y la parálisis. Luego de esto se exploran ecos en aquellos que la acompañaron en calidad de reparto y también de aquellos que estuvieron como espectadores, el auditorio.

Cada uno de ellos hablo desde una posición ética que llamamos la primera persona, es decir cada una de ellas en su enunciación se interrogo en su propia persona y en su propia historia como esa escena los había tocado. He de decir que no pocos   se identificaron a su vivencia, algunas compañeras no pudieron evitar el llanto, otros lo supieron contener según escuche a posteriori, una de ellas recuerdo me demando un tiempo y un lugar para representar el recuerdo vivido que la dramatización vista había despertado, yo respondí, por supuesto.

Cada uno carga a cuestas una escena que determina el destino, aquello que tiende a repetirse sin cesar y sin que el sujeto se percate de ello. Ese momento de nuestra infancia que nos dejo una marca indeleble, que puso una línea divisoria en nuestra historia entre un antes y un después.
Me parece que es una responsabilidad ética no ceder ante el no querer saber nada de eso que el fantasma puede producir, pues sabido es que el fantasma implica un problema ético y es que contradice los ideales del yo, más morales que éticos, con los cuales un sujeto se presenta ante el mundo.

Me parece que conviene al sujeto dejarlos caer, para que emerja el Bien Decir que abre el camino al deseo, para que salga de la caverna el sujeto ético, aquel que sabe sobre las coordenadas que lo determinan y que por lo tanto puede decidirse a ser libre, a entregarse al encuentro con otra manera de estar en el mundo, a reescribir su historia, a volver a nacer, el grupo psicodramático es un buen lugar para hacerlo.
Siempre que podamos considerar este mundo como   una ilusión o un fantasma, podremos considerar todo lo que nos sucede como un sueño, algo que fingió ser porque dormíamos. Y entonces nace en nosotros una indiferencia sutil y profunda hacia todos los desaires y desastres de la vida (...) y nuestro propio sufrimiento no será otra cosa que esa nada. En este mundo dormimos sobre el lado izquierdo y oímos en los sueños de la existencia oprimida de nuestro corazón.

Fernando Pessoa

DUELO Y PSICODRAMA.

Francisco Marín

¿Qué puede doler si lo tengo todo?

El duelo es un proceso que comienza como reacción ante el dolor que se experimenta ante la pérdida de un ser querido o un objeto amado y culmina, en el mejor de los casos, con la aceptación de esa pérdida.

¿Si el narcisismo viene a taponar esa perdida, existe un ser querido mayor que nuestro yo?

Ese otro amado constituye un excitante de nuestro deseo; lo que creemos que nos llena y nos colma, nos devuelve a ese estado de plenitud fantaseado.

Es el deseo de la madre el que precipita nuestro deseo.

Visualicemos la escena de una mamá amamantando a su bebe. En esta escena la mama mira a su bebe y el bebe mira a su mama, los dos se "nutren", se completan, el deseo recorre esa distancia. Es cuando el bebe observa que su madre dirige la mirada a otro lugar (un tercero) que se pregunta que tiene el otro que yo no tengo para completar a la madre. Es a esto a lo que nos referimos cuando decimos que el deseo de la madre precipita el deseo del hijo.

El bebe dirige su mirada hacia el lugar al que dirige la mirada la madre, identificándose con él, originando así el yo ideal. Querer ser ese otro para poder estar en ese estado de completud.

El nacimiento del sujeto pasa por la muerte del Otro; muerte simbólica, ligada a la castración. El otro no es todopoderoso y sus limitaciones nos hablan de impotencia.

Luis en un trabajo grupal habla de sus miedos, en un tono melancólico recuerda su infancia, en la que dice que no los tenía de esta manera. Uno de los miedos a los que hace referencia en la actualidad es a viajar en un vehículo que no es conducido por él.

Al ser interrogado por el animador recuerda una escena en la que viaja con sus padres en el coche y lo seguro que se sentía de ir con su padre conduciendo. Se representa la escena, elige a la persona que hace de su padre porque le transmite seguridad, lo siente cariñoso y sabe lo que es mejor en cada momento. Se propone un cambio de rol por parte del animador y Luis pasa a representar el papel de su padre, el animador pregunta cómo se siente y Luis en el papel de su padre se muestra nervioso, se siente responsable de la seguridad de su familia, duda y teme que sus hijos se lo noten. Al volver a la silla Luis comenta, *"ya no soy un niño, siento que si las cosas no se hacen de una determinada manera no sirven, sentir a mi padre como lo he sentido me acerca más a su persona".*

En la devolución del observador al final de la sesión se escucharon estos cuestionamientos, ¿Qué es ser un hombre? ¿Para quién?

Decíamos que el nacimiento del sujeto pasa por la muerte del Otro; paradojal ya que el niño se aferra a Otro sin fisura, un Otro que nos de seguridad.

El efecto terapéutico del Psicodrama podría definirse como el resultado de un proceso de duelo; es decir, aceptación de la pérdida y liberalización del deseo.

La diferencia vital del psicodrama freudiano con respecto a otras técnicas es la aceptación de la castración, vivir con la falta, asumir que todo no se puede tener. En el psicodrama freudiano de lo que se trata es de que se pueda atravesar el duelo, la perdida, lo que no hay, lo que no puede ser.

La castración designa una experiencia psíquica compleja y que es decisiva para la asunción de la identidad sexual. Lo esencial de esta experiencia radica en el hecho de que el niño reconoce por vez primera, la diferencia anatómica de los sexos. Hasta ese momento, vivía en la ilusión de la omnipotencia.

La diferencia anatómica más evidente es el pene, Freud utiliza el término pene cada vez que tiene que designar la parte amenazada del cuerpo del varón y ausente del cuerpo de la mujer.

Pero el elemento organizador de la sexualidad humana no es el órgano genital (pene) sino la representación construida sobre esta parte anatómica del cuerpo del hombre y que con Lacan denominamos falo.

En la concepción lacaniana la castración se define fundamentalmente por la separación entre la madre y el hijo. La castración es el corte producido por un acto que secciona y disocia el vínculo imaginario y narcisista entre la madre y el niño.

La madre en tanto mujer coloca al niño en el lugar de falo imaginario, y a su vez el niño se identifica con este lugar para colmar el deseo materno. Entendamos imaginario como lo que creemos que nos completa. El yo ideal.

El falo simbólico representa y recuerda que todo deseo humano es un deseo sexual, no un deseo genital. Para Lacan el falo es el significante del deseo y esto nos hace recordar que todas las experiencias, todos los deseos humanos estarán siempre marcados por la experiencia crucial de haber tenido que renunciar al goce de la madre y aceptar la insatisfacción del deseo.

El corte al que nos referíamos anteriormente al hablar de la castración, según Lacan, es realizado por el nombre del padre o función paterna. Una función que hace de tercero y que viene a desquebrajar ese vinculo alienante madre-hijo.

El acto de castración no es la acción de una persona física, sino una operación simbólica.

Una ley que viene a decirnos que no todo vale, que padre, madre, hijo, están sometidos a ella.

La historia de Edipo nos enseña que la prohibición del incesto se basa en la palabra. Edipo vive feliz mientras desconoce su origen.

El complejo de Edipo es algo a tener presente cuando se está dinamizando un grupo, el complejo de Edipo es seguido al complejo de castración, toda escena remite a como el paciente se maneja en su proceso edípico.

Según Lacan las tres etapas teóricas del Edipo son las siguientes:(evidentemente muy resumidas en este caso)

Primer momento: el niño desea ser deseado por su madre, desea su deseo. (Este primer momento se puede pensar como sin deseo. Madre y niño forman una única célula narcisista)

Segundo momento: la madre desea al padre debido a que depende de él en relación con un objeto del que ella carece. A la madre le falta algo. El objeto se encuentra en poder de otro, a cuya ley ella se somete.

Tercer momento: es el de la humanización de la ley. El padre deja de ser el que priva y aquel al que se teme. Mantiene con la madre una relación de deseo recíproco. Ella tiene el poder de castrarlo cuando le niega la satisfacción de su instinto sexual, digamos que le impide realizar su deseo edípico de ser hombre. El padre permite que el niño o la niña abandone el mundo carnal materno y acceda al orden de la ley.

Patricia aproximadamente a los 6 años de edad, estaba en la playa bañándose con su padre. El padre la tenía entre sus brazos, no había mucho oleaje, había muy poco, añade en su relato.

En una de esas en las que las olas son un poquito más grandes su padre la separa de su cuerpo aunque la mantiene cogida con sus brazos, ella le dice: "por lo que más quieras no me sueltes papa" a lo que su padre responde: "lo que más quiero eres tú". Ella entra en angustia y se quiere salir del agua. Recordar esa escena la sigue angustiando.

El animador la invita a representar el papel de su padre. Es desde ese lugar en el que ella descubre la carga libidinal que ha puesto en esa escena al sentirse objeto de goce del padre. En la escena y en el lugar del padre no siente las palabras de este en su calidad real; lo que hace que ella pierda el lugar privilegiado imaginado para su padre lo que le posibilita alejarse de la angustia ante su acercamiento.

Al desidentificarse puede dejar de ser objeto para ser sujeto y responsabilizarse de su deseo.

En psicodrama se pone en juego el deseo y por eso implica la presencia de varias personas. Poner en juego el deseo es afrontar la castración. El cambio de roles nos permite descubrir que el deseo es el deseo de Otro.

En el "dolor" entendido como sufrimiento moral, tristeza o malestar físico está siempre la otra cara de la moneda: el placer, el gozar, incluso la indiferencia, cuando se convierte en algo mantenido en el tiempo. Dice el estribillo de una canción de Vetusta Morla "fue tan largo el duelo que al final, casi lo confundo con mi hogar".

Leo en cuadernos de psicodrama un artículo de Rosa Masip, que enuncia; para "hacer el duelo" hay que arriesgarse a perder el "dolor".

El psicodrama posibilita el paso del "dolor" al "duelo". Es un duelo simbólico y un dolor imaginarizado.

Las limitaciones de "los otros" nos muestran nuestra propias limitaciones, es por esto que los mecanismos de defensa inconscientes tratan de negarla, de eternizar las situaciones, de evitar la insatisfacción del deseo, negar la falta, colmar el vacio, repetir.

Gracias al juego el sujeto siente de cerca eso que inmoviliza su deseo. Nos exponemos a afrontar la castración en lugar de quedarnos ilesos. El psicodrama freudiano desvela la alienación, confronta al "otro" de la identificación.

¿Cómo se hace para romper con esa repetición?

En psicodrama el lugar del carretel es ocupado por el yo auxiliar: Él es el ausente al que el protagonista hace volver. La diferencia con el carretel es que el yo auxiliar responde y esa respuesta rompe con la repetición.

Desempeñar roles es liberar fuerzas vivas, recuperar la espontaneidad. Cuando se está jugando el que comprende ya no es tanto el protagonista como el yo auxiliar: inducido por los momentos de detención del animador, anticipa el reconocimiento de sus dudas y angustias.

En la elección de los personajes, y en la representación de las escenas, se producen actos fallidos, lapsus, etc. Al ser fallidas uno se da cuenta que no encuentra lo que esperaba, esto conlleva algo que se rompe y algo nuevo.

El juego se caracteriza primero por el retorno, pero un retorno que nunca es el esperado y por lo tanto hay un duelo, de lo no encontrado. Retorno y duelo son necesarios para la curación.

Veamos un ejemplo, es un caso clínico del libro de los Lemoine "teoría del psicodrama".

Dice uno de los participantes; Jean, que su hermana volvió de la India y trajo hachís, ella fuma y habla con ese lenguaje que no se le entiende.

El terapeuta sugiere que se represente la escena. Jean describe a su hermana: es alta, linda, de pelo castaño, pero la droga la ha llevado a construir un sistema paranoico, todo un mundo astrológico fuera de ella.

Antes del regreso de su hermana, Jean había soñado que se abrazaban durante largo tiempo; pero en realidad cuando ella volvió de la India no tuvo ninguna actitud tierna para con él.

Para el papel de la hermana Jean elige a Solange.

- Jean.- (en el personaje de su hermana).- vine para deciros que estáis amenazados por la India, vais a perder vuestra cultura, vuestra originalidad

- Solange.- tú estás tan amenazada como nosotros

- Jean.- tienes que seguir fumando

(Cada uno retoma su rol)

- Jean.- (aparte) tengo ganas de que se calle

- Solange.- tengo una misión

- Jean.- tu hija llora, tendrás que ir a consolarla

- Solange.- No puedo ocuparme tanto de ese bebé

(Jean solicita retomar el rol de su hermana)

- Jean.- las ondas comunican, las fuerzas del mal vencen

- Solange.- esto no tiene nada de mágico

- Jean.- yo creo en los maleficios, en las personas que los lanzan. La droga me permite ver la génesis del mundo. ¿Por qué dices que lo que yo veo no es cierto?

(Jean retoma su rol y responde a su hermana)

- Jean.- lo que tú sabes a mi no me dice nada (llora). He perdido a mi hermana

La escena ha concluido.

En el sueño Jean lloraba su perdida y la abrazaba durante mucho tiempo. Esperaba que ella le hablase y ella solo decía un discurso delirante, como en otra época, cuando él tenía un año y ella nueve y no la entendía. En realidad se negaba la posibilidad de haber perdido a su hermana, de verla lejos como entonces la veía y no sabía cómo acercarse a ella.

Es posible que a partir de comprender, Jean, pueda reencontrar a su hermana. ¿Hay otro camino?

LAS ESCENAS

Ascensión López

Si cogemos un diccionario de la Lengua Española, podemos encontrar algunas definiciones de escena:

1. Parte del teatro u otro lugar destinado a la representación de un espectáculo ante un público.

2. Parte de una obra dramática durante la cual permanecen los mismos personajes.

3. Situación o suceso de la vida real que es visto desde fuera, como en un espectáculo.3

Palabras como "drama, representación, mismos personajes, también en la vida real, no solo en el teatro", son las que se ven reflejadas en las definiciones. Serían como parte de nuestra vida, el drama representado por los mismos personajes.

En "Jugar Gozar", Gennie y Paul Lemoine, a la escena la nombran juego o representación.

Por otra parte, al hablar de juego, Winnicott nos dice que el individuo muestra su personaje a través del juego, tanto un niño como adulto nos dicen quienes son en el juego y descubren su persona cuando se muestran creadores.

También comenta que el juego es universal y que facilita el crecimiento y la salud.

En nuestros grupos de psicodrama la palabra circula y esta es acogida entre unos y otros a través del significante. La escena comienza con el relato del analizante que va haciendo presente el material inconsciente. Un componente del grupo arriesga a narrar aquella situación que se le repite en su vida, tal vez su dificultad de hablar en público, en cualquier caso aquella situación donde asoma un conflicto, ahí donde la angustia aparece. Siendo esta la escena escogida para ser representada.

El coordinador al mantenerse al margen del grupo, escuchando sin dirigir la trayectoria del discurso, lo facilita y lo sostiene.

Al finalizar la representación se recoge el eco que el juego ha suscitado en los yoes auxiliares y en los demás miembros del grupo, relanzándose el discurso a otras escenas de los demás participantes. El juego ha empezado.

En la escena no solo hay narración, también se actúa. El participante tiene la oportunidad de volver a ver y también de inventar o reconstruir aquello que olvidó o las partes que faltan en la escena. La representación en sí misma conlleva un riesgo y una pérdida intrínseca en sí misma.

En el juego, el espacio y el tiempo cambian. Lo que en el relato es pasado, pasa a ser presente a la hora de jugar, en la acción. El espacio es aquel en el que se está. Se vuelve a re-presentar una vivencia, volver a hacerla presente, donde se amplifican los sentimientos, se moviliza el cuerpo y se dan vida a personajes ahora ausentes.

La representación, reproduce el modelo infantil del juego, donde tú eres el papá, tú la mamá, tú el médico, etc. Las escenas escogidas se refieren a sus principales esquemas, reduciéndose a sus escenas familiares, es decir, cualquier escena reproduce otras escenas ya vividas, a partir de las cuales se produce la repetición.

Se trata de poder simbolizar el discurso inicial (imaginario), a través del juego, como en el juego del carretel, del Fort Da, donde el carrete es el yo auxiliar. Juego que va a posibilitar este paso a lo simbólico precisamente porque la escena imaginada, pasa a verse desde fuera en el acto de representar, desde ahí se retorna a una ausencia o falta, que se aparece y de la que se hace el duelo posibilitando la interrupción de la repetición.

Se trata de una evocación imaginaria donde la importancia no reside en el hecho de que sea exacta, sino que sea fiel al recuerdo. Es necesario crear el efecto de algo ya vivido, de lo contrario será una escena nueva y vacía.

Muy importante para nosotros será la elección de los yoes auxiliares, que se hace a través de una cohesión íntima, partiendo de un rasgo identificatorio, que bien puede ser una mera sensación.

No se trata de que haya abreacción, sino de aislar un significante y de él arrancar una cadena de significantes antes bloqueada.

El protagonista, en la escena se va a mostrar no solo con la palabra, también con el cuerpo, siendo este el que delata lo que es evitado y dando a conocer la falta de la que no se quiere saber. Al ponerse el cuerpo en movimiento, a través de sus gestos, sus posturas, sus reacciones, sus síntomas... es expuesto a la mirada de los otros, mostrándose.

Mediante el juego el deseo asoma dejando entrever la falta de la que no queremos saber, lo que nos lleva a la repetición. Pero ahora nuestra propia escena nos enfrenta con nuestra propia castración. Juego y duelo se dan de la mano.

En la medida que las resistencias se debilitan, los gestos y los actos delatores nos sorprenden, algo que sin ser buscado aparece como algo revelador. Un lapsus o un acto fallido que obliga a detener el juego, al decir lo que no se quiso decir.

Aparece el saber que se ignoraba.

En el momento en que una escena se propone hay un cambio, ya en el discurso. La escena al construirla, al revivirla, no es lo misma, hay cambios. La escena ya es otra.

Los yoes auxiliares, al intervenir en la escena, van a aportar cambios, ya que al hacer retornar al personaje ausente, debido a su intervención, aportan algo de sí. Alguien que no cumplió con su rol adjudicado, o que se olvidó lo que tenía que decir, e incluso aunque se ciña al papel dado, será suficiente para que el protagonista se dé cuenta de que es un diálogo interno que vuelve hacia él.

Nunca la escena representada es la escena vivida anteriormente, ni el tiempo, ni el lugar, ni lo relatado, ni lo dicho, ni los protagonistas.

El resto del grupo participa también en la vivencia interna de la escena la cual puede ser compartida o no, lo que puede dar paso al juego de otra escena. El grupo hace eco, un eco que lo lleva a un punto de su propia historia y que sirve como respuesta a la escena observada, siempre a través de su propia vivencia.

Si bien el protagonista va en busca de su verdad el juego lo va a confrontar con el punto faltante, al mismo tiempo que le aleja del instante engañoso del goce. El juego edípico se instala en el escenario. Siendo este uno de los motivos por los que nosotros no elegimos escenas fabuladas.

En Cuadernos de Psicodrama nº 20-21, en el artículo "¿Hace la función a la intervención?", de Adriana Bergallo, se relata una escena donde el protagonista habla de sus dificultades para terminar sus estudios de veterinaria. Si no rinde en cierta cantidad de materias en poco tiempo, tiene que cambiar de estudios. Dice: "Además no sé qué voy a hacer si llego a ser veterinario. No sé bien para qué. Pero voy a terminar la carrera porque cuando Irma (su mujer) estaba embarazada de Domi (su hija) me prometí terminar; cuando Domi nació le prometí que iba a obtener el título". El animador pregunta por lo que está diciendo, pero no añade nada más relevante.

Esta es una particularidad en su discurso, las palabras en algunos momentos no fluyen naturalmente, apareciendo una "mudez transitoria" (así define a este síntoma, que aunque ha mejorado, tiene desde los 12 años) y trata de escapar dando razonamientos que al volver a ser puntuados dice no saber bien que está diciendo. Se siento confundido. Como no es fácil escapar del inconsciente el animador le deja hablar. Al no tener una puntuación continua del animador, sigue hablando, se suelta y dice: "Eso es algo que mi papá siempre quiso tener, una granja con muchos animales: gallinas, cerdos, caballos". Es aquí en donde lo interrumpe el psicodramatista y le pregunta "¿Entonces Ariel, para quién es el título?, éste responde: "en principio para mi papá".

En este relato no se juega la escena, al hablarla van surgiendo los cortes del inconsciente y la dificultad de mantener un relato a través de la palabra y de sus asociaciones para llegar a un lugar aclarador.

En otra escena la protagonista cuenta de su eterno enfado con su madre y de como siempre les decía a sus hermanos y a ella lo mala que era su abuela, que acaparaba a su padre..., esto se repetía constantemente, empezando la protagonista a tener una imagen de su abuela muy sesgada.

En la escena la madre está hablando mal de la abuela. El animador le pregunta qué cosas en concreto decía su madre. La respuesta de la protagonista es que la abuela quería que su hijo fuera a visitarlo, lo que él hacia todos los días cuando salía del trabajo y antes de ir a su casa. En ese momento el animador le pide que recuerde una escena, a lo que la protagonista dice, en principio, no recordar ninguna, acabando no obstante representando una en la que mientras el padre está visitando a su abuela; ella, sus hermanos y su madre están cenando solos en casa.

La escena se va construyendo con el material que la protagonista dice ir recordando, tal cual como ella creía que sucedía. Ella tendría 4 años.

"Estaba en casa con mis dos hermanos y mi madre, mientras mi padre va a ver a mi abuela". Al jugar la escena quien hace de madre, le dice al padre: *"no te vayas, quédate hoy".* La protagonista narra: *"me quedo escuchando estas palabras como si fuese la primera vez que las escuchara".*

En ese momento el animador le invita a que haga de su madre; diciendo: *"tu padre nunca está en casa, tu abuela lo tiene dominado".*

Al terminar la escena la protagonista se queda triste, sin moverse, el animador entonces le pregunta qué le pasa, a lo que ella responde: *"mi padre nunca ha estado".*

El deseo puesto en las palabras del otro, de su madre, las nombra el yo-auxiliar: *"quédate hoy en casa";* deseo que no se cumple. La rabia hacia su madre, su pelea con ella tapa la tristeza de la falta con su padre, lo que le impide manifestar con palabras su verdadero deseo.

En otra escena, la protagonista cuenta que a los 15 años se dijo a si misma que iba a cambiar cosas que no le gustaban de ella para no estar sola y ser querida, (construcción del disfraz femenino).

Estas palabras la llevan a una mesa en donde tiene dificultad para hablar de lo que siente, porque su hermano la hace sentir ridícula, quitándole el valor, al mismo tiempo y paradójicamente ella siente que él llevaba la razón dijera lo que dijera, ante lo que se defendía llorando y sintiéndose poquita cosa.

Para el papel de su hermano elige a un auxiliar, por ser grande y porque la impone, *"me cuesta decir lo que pienso, es la autoridad, es un Dios, tiene la razón".*

Para el papel de su madre, elige a un auxiliar, *"porque es como un bloque al que me cuesta acceder."*

En la representación la protagonista dice que le asalta el deseo de ser importante, de ser vista, pero se topa con la imposibilidad de acceder al interior y expresar su deseo.Ya iniciado el juego la madre le dice a su hijo que es muy gracioso, muy divertido, que está muy contenta...

En el cambio de rol y al ocupar el lugar de su madre dice divertirse con el hijo tan graciosos que tiene, sin hacer caso a las palabras de su hija.

Al volver a su rol, la madre empieza a decir lo bien que lo hace todo su hijo, a lo que la protagonista dice: "no me gusta la comida".

"Siento envidia por mi hermano y no lo expreso"

Al expresar la envidia, aparece la falta, lo que le posibilita apostar por el deseo. Apuesta que, como todas, corre con el riesgo de la pérdida...

En otro momento, una madre dice que le gustaría trabajar para ver lo que le pasa con su hija, ya que a la hora de levantarse de la cama le cuesta mucho, no aceptando las normas, *"gasto mucho tiempo, tengo que trabajar mucho para ello"*. Alguien le dice que es falta de autoridad.

Su hija María tiene dos años y medio, es cabezota, es pilla y graciosa, es como su padre (hace una mueca con la cara). El animador le pregunta si con él le pasa igual. Como respuesta cuenta una escena: Llega el viernes a casa, piensa que va a relajarse mientras ve una película; pero cuando llega a casa con sus dos hijos estaba el padre en casa. Ella comenta: *"cenamos juntos, me puse a darle de cenar a los niños y Julia se puso a tocar la comida y su padre se puso a gritar –aquí no hay quien cene tranquilo, me voy al salón- yo me callé y después cuando los niños se fueron me fui para él y le dije, que delante de ellos no hablara así"*.

Al representarse la escena, describe a Ángel, su marido, como alguien que le falta inteligencia emocional, empatía. El animador le señala que parece ser que de su marido piensa que le faltan muchas cosas. Elige al auxiliar de su marido porque es un sargento como él.

Al construir la escena e ir a colocar las sillas, se le olvida la suya, (falta su sitio).

Al comenzar a jugar la escena, Lara, la protagonista, juega con sus hijos para que se coman la verdura y su marido dice *¡basta ya! Ya está bien de jugar, aquí no se puede estar, me voy al salón.*

Al preguntarle el animador, Lara dice que ella sigue jugando con sus hijos, que no acepta su exigencia, *"como con mi padre"*, de quien no soportaba ni su exigencia ni su rigidez.

En ocasiones la escena nos lleva a otras escenas, que son entorpecedoras, despejadas estas se suelen aclarar situaciones reales y más presentes, la protagonista se encuentra, en este caso, con lo inesperado produciendo esto un efecto de sorpresa que deja traslucir la Verdad.

VII: LA REPRESENTACIÓN

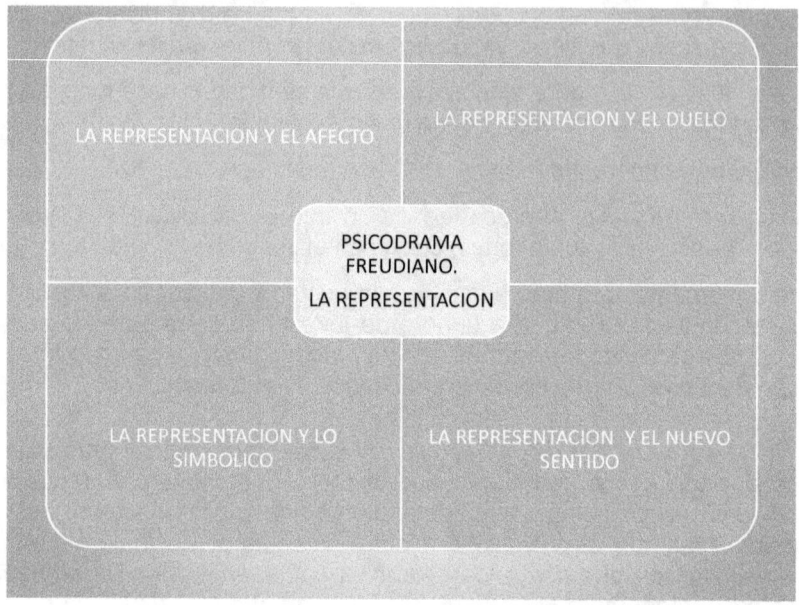

VII. 1 LA REPRESENTACIÓN Y EL AFECTO (Paula Marín, Lidia Feijoo e Iris Juárez)

VII.2 LA REPRESENTACION Y EL DUELO (Verónica Acinas)

VII.3 LA REPRESENTACION Y LO SIMBOLICO (Digman Aguilera)

VII. 4 LA REPRESENTACION Y EL NUEVO SENTIDO (C. María Fenoll)

REPRESENTACION Y AFECTO

Paula M.- Lidia F.- Iris J.

I.- Pulsión

"Desear es buscar la misma percepción que en un tiempo primero condujo la satisfacción"

La pulsión es inconsciente y se manifiesta mediante el representante psíquico de la pulsión. La palabra representar, por un lado, es utilizada en el sentido de ("estar en lugar de") y, por otro lado, alude a una representación como idea, contenido ideico, una figuración. La pulsión necesita aparecer ligada a una representación tanto para expresarse en la conciencia como para encontrar su lugar en el Inconsciente, y además parece que se ubican como sinónimos representante y representación.

La represión que entra en juego en la dinámica psíquica consistirá en disociar aquellos componentes de la moción pulsional: representación y afecto, los cuales encontrarán destinos independientes.

¿Qué ocurre con el afecto cuando una moción es reprimida? Freud planteará tres destinos posibles: ser sofocado, mudarse en otro afecto (en particular angustia) o permanecer en la conciencia. Sin embargo, Freud planteará que al divorciarse la representación y el afecto, éste último desligado de la representación corresponderá a una cantidad, una posibilidad de planteo, sólo pasible de ser leído en términos económicos.

Caso de Omar.

Omar tiene 60 años, está separado y desde hace 15 años, coincidiendo con el divorcio, hace un uso abusivo del alcohol, sobre todo estos dos últimos años a raíz de un accidente de tráfico que le incapacita y le obliga a abandonar su "gran pasión" que es el ciclismo. Tiene una hija con la que tiene poca relación actualmente. Viene a recibir tratamiento acompañado por su madre y diciendo: "tengo un problema con el alcohol", "pero estoy aquí porque mi madre me trajo".

Durante el tratamiento, tiende a tener un discurso repetitivo autocompasivo y de queja constante, hablando de sus dolores físicos y la soledad que siente. Comenta en una sesión grupal su malestar hacia un compañero tras una sesión abierta con más pacientes, "ese hombre no me hace ni puñetero caso". Tras preguntarle el terapeuta por quien no le hace caso, lo enlaza con su padre "se iba a un rincón y pasaba olímpicamente de mi" mientras la madre le abofeteaba.

En anteriores sesiones comentaba que su madre sólo le pegaba cuando el padre no estaba delante, "Mi padre casi nunca estaba". (**No Afecto**)

En la siguiente sesión, habla de la relación con sus compañeros de grupo, uno de ellos especialmente muestra queja sobre el discurso y la actitud de Omar en las sesiones y finalmente abandona el tratamiento. Ante este movimiento del compañero, él comenta "yo le he hecho algo y no sé lo que es" "le he servido de excusa" y añade cometiendo un <u>lapsus</u> "Me molesta que <u>no me quieran</u> (crean)".

Unos días después comenta en la sesión que <u>se siente sólo</u> al marcharse el compañero del centro y añade que el fin de semana tuvo visita de su madre y su hija. No esperaba la visita de su hija, aunque sí la de la madre, "mi hija vino porque mi madre se lo dijo". Aparece el **enfado** y le pregunto por qué está <u>enfadado con su hija,</u> "Es una ladrona". ¿Qué te robó Omar? "Le presté dinero, no me lo ha devuelto" "Le pregunté cuando me lo iba a devolver cuando me visitó y se hizo la loca". ¿Por qué te pidió dinero Omar? "Supongo que le hace falta, con el niño, su pareja sin trabajo..." Se emociona y dice, "lo que ella decida, bien está". ¿Qué pasa Omar? Romper a **llorar**... "él no se merecía eso", ¿quién?... y comienza a hablar sobre la **muerte de su padre**.

A posteriori se plantea cómo es él como padre y dice "estoy en un mar de dudas", comienza a hablar de la relación con su hija y va desmontando el enfado que mantenía la relación distante.

Tal y como dice Andrés Herrera en uno de sus artículos:

"existe una dificultad de saber qué hacer con el deseo una vez se sabe de él... hay pulsiones de deseo, a partir de las cuales el sujeto decide hacer un alto y preguntarse ¿qué deseo?, lo cual ya es un paso adelante aunque no una salida satisfactoria, pues el Otro cuenta con total regularidad. Y esa pregunta por el deseo, que en el sujeto es su verdad, su causa final, su esencia, no hallará respuesta sino es en la **escena compartida con Otro"**.

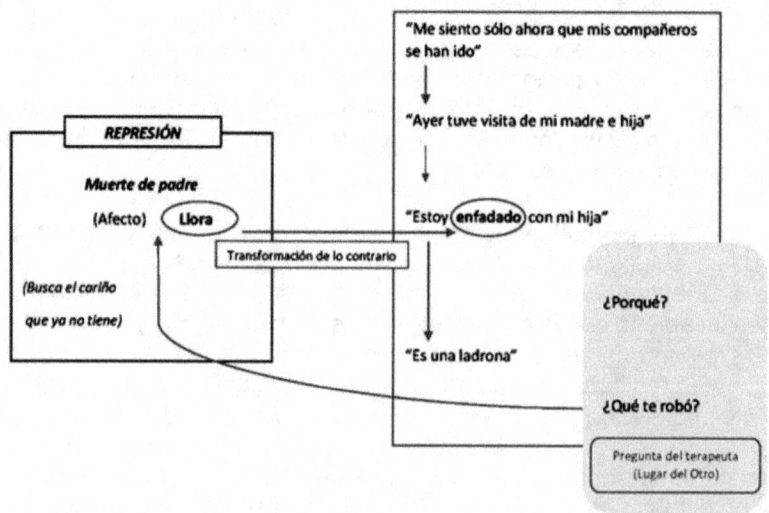

La intervención del terapeuta va a venir desde el **lugar del Otro,** operación posible gracias a la relación transferencial, lo que posibilitó que la cadena de significantes se detuviera permitiendo anudar el significante al significado o, el afecto a su representación. Esto se conoce como *el concepto puntada* entendido como una técnica de tapicería mediante la cual el tensado de un hilo anuda una serie de botones posibilitando que la masa del relleno no se mueva. El hilo sería el afecto, la cadena de significantes la cadena de botones y el relleno el significado.

II.- Proceso de represión. Caso de Federico:

El proceso de represión se genera cuando una situación resulta insoportable para el sujeto. El displacer que siente el sujeto será la consecuencia de un monto de energía pulsional incapaz de ser regulado por el psiquismo. Regulado en el sentido en que no se le puede dar salida mediante un acto motor, como la palabra por ejemplo, y quedará relegada así al inconsciente.

Al no saber gestionar el displacer, aceptar la situación, asumirla, es cuando trata de defenderse de la misma reprimiéndola, "sofocando lo incómodo". No consiste en aniquilar la representación en sí, sino en impedirle que se haga consciente, "no quiere saber de ello". Pero desde el inconsciente dará buenas pruebas de su existencia (ayudándose de síntomas, de sueños, entre otras formaciones).

Este proceso se desarrollaría en dos fases o tiempos: en la primera fase de la represión a la agencia representante psíquica (la representación) se le deniega la admisión en lo consciente, pasando así a quedar en lo inconsciente. La representación quedará *fijada; y* a partir de ese momento persistirá inmutable y la pulsión seguirá ligada a ella.

En una segunda etapa, se da la *represión propiamente dicha.* La represión cae sobre toda la cadena de significantes que se genera a raíz de la representación (t1), pero por otro lado también de los afectos que se han ido asociando a ellas como representantes de las pulsiones generadas. A causa del vínculo que mantienen, las representaciones experimentan el mismo destino que lo reprimido primordial (la t1). Allá donde haya un suceso que al sujeto le genere atracción o repulsión, seguramente haya relación con lo reprimido en el inconsciente.

En el caso de la neurosis, ese algo que sucede genera incremento de energía psíquica, acumulada, y el sujeto debe equilibrar de nuevo, para que su organismo vuelva a su estado natural, al no tener recursos para gestionar el hecho traumático, es sujeto trata de defenderse reprimiendo, separa la representación psíquica del afecto como veíamos en el proceso de la represión, y busca nuevas representaciones (significantes, los representantes de las representaciones), también de manera inconsciente, donde ese afecto ira a "pegarse" para poder descargar el exceso de energía.

Tras la represión el sujeto encontraría una especie de calma, pero esta no durara mucho, pues la huella mnémica que deja este proceso siempre empuja para volver a la conciencia.

Lo que conocemos como *monto de afecto*, corresponde a la pulsión en la medida, como decíamos, en que esta se ha separado de la representación y ha encontrado una expresión proporcionada a su cantidad de energía en procesos que el sujeto registra en forma de sensaciones como **afectos**. Desde ahora, en los casos que explicaremos en los que se dio represión, tendremos que rastrear separadamente lo que fue de la representación, por un lado, y lo que fue de la energía pulsional (afecto), por el otro. La pulsión es sofocada por completo, cuesta mucho descubrir lo que fue de ella, a menos que salga "a la luz" como un afecto coloreado, o se mude en angustia.

Las dos últimas posibilidades nos ponen frente a la tarea de discernir como un nuevo destino de pulsión la *trasposición* de las energías psíquicas de las pulsiones en *afectos y* muy particularmente, en *angustia*.

El afecto en este proceso puede sufrir destinos diferentes al de la representación, los tres destinos pulsionales en el proceso de represión serian:

- Subsista tal cual

- Que sufra trasformación → genera angustia

- Reprimido y desarrollo sea impedido

La represión exige un gasto de fuerza constante por parte del sujeto; si cejara, peligraría su resultado haciéndose necesario un nuevo acto represivo. Mantener la cadena de significantes en el inconsciente supone un dispendio continuo de fuerza.

Podemos saber a través del síntoma lo que fue de lo reprimido, como un intento de retornar a la consciencia, pero solo es posible que el sujeto tome conciencia de los estados represivos, y de sus afectos cuando está en análisis y desea escuchar y saber acerca de lo que le ocurre, sino las barreras de la represión caerán de nuevo. Un modo de análisis será el psicodrama, análisis en grupo, en el cual tanto los terapeutas como los compañeros, servirán desde el inicio para devolverle al sujeto todo aquello que no quiere ver. Será gracias a los afectos que puede saber de la representación reprimida, pues el sujeto suele encontrarse con emociones que no pertenecen a la escena jugada, o se generan situaciones incomprensibles, lapsus, etc., que son la pista para llegar al inconsciente.

La represión no es un mecanismo de defensa presente desde la infancia en el ser humano; de hecho no podrá generarse hasta que no se de una separación nítida entre actividad consiente y actividad inconsciente, y se adquiera madurez sexual.

Pero aun así, los niños también se encuentran con situaciones desagradables, que provocan displacer y que "no saben gestionar". El juego, ofrece un modo de poder conectar con ese afecto, y poder hacer el duelo de la situación que le angustia, como vemos en el siguiente caso:

CASO DE FEDERICO.

Federico es un niño de 7 años. Sus padres se están separando y él se encuentra en un momento de rabia y enfado casi constante en el colegio y en casa. Está contestón, se pelea mucho con la hermana, discute con la profesora... No entiende nada de lo que ocurre a su alrededor.

Viene a tratamiento para que le acompañemos en el proceso de separación de sus padres y encuentre un lugar y un tiempo adecuado para soltar y gestionar ese enfado y esa rabia.

Estamos jugando a fútbol. Nos chutamos el balón mientras hablamos. De repente chuta fortísimo saltándose una de las normas de este juego, y le da a una mochila (del Barça). Al preguntarle que le ha pasado contesta:

P - Odio el Barça.
T- ¿Tú de qué equipo eres?
P- Del Madrid.
T- ¿Y tú papa?
P- Del Barça.
T- ¿También odias a tu papa?
P- Sí.

En esta viñeta vemos como el niño no puede decirle a su padre que lo odia, no puede decírselo ni a la terapeuta, así que usa la mochila para poder hacerlo. Se otorga permiso de golpear el escudo como representante de lo que sería para él la imagen de su padre, y dice, "odio al Barça", algo que puede permitirse, socialmente estaría aceptado, más aún si él es del Madrid. La cosa cambia siendo su padre a quien odia, y con quien está enfadado en estos momentos.

El odio y el amor son las caras de la misma moneda, por lo tanto, poder jugar el odio que siente en este momento por su padre puede permitirle que lo exprese y en un segundo momento se acerque a su padre de otro modo, jugar el odio a su papa le acerca en lo emocional a él.

Como vemos, también se da la represión de lo displacentero en los niños, la dificultad de poner palabras, y por lo tanto también nos encontramos con significantes, representaciones y afectos.

El significante de esta viñeta sería la mochila, o el equipo/escudo del Barça en sí mismo.

El afecto seria el odio hacia su papá que siente en este momento de separación.

La representación seria el juego de chutar, el modo en que lo pudo expresar.

III.- Enlazar el afecto al verdadero origen. La repetición de diferentes representaciones (y diferentes significantes) el mismo afecto.

CASO DE DAVID:

La repetición empujada por el afecto / pulsión... busca nuevas representaciones para hacer consciente lo inconsciente.

Cuando se me plantea la posibilidad de escribir sobre representación y afecto en psicodrama desde casos conocidos o vivencias experimentadas, tengo claro que, pese a no darse en un grupo de psicodrama, el caso de David, a continuación detallo, podría hacernos visualizar muy fácilmente cuando un afecto se desprende del significante que llevaba consigo y se fija en representaciones sustitutivas hasta acabar fijado con la representación psíquica que le corresponde. Haciendo consciente lo inconsciente.

En este caso, el hilo conductor que hizo que el paciente se permitiera ir desplazándose en distintas representaciones fue el afecto que emergió como angustia.

Me gustó mucho una frase de Paul Lemoine en el libro de jugar- gozar: "cuando el afecto se desprende de los significantes que lo llevaban consigo, se lo ve vivir por su propia cuenta y con toda la libertad" y eso es, precisamente, lo que pudimos ver, no solo los profesionales que trabajamos con David, sino el propio paciente que pudo ir asociando por él mismo y verbalizar al final de un sesión "esto es como magia".

David es un paciente de 42 años que ingresa en la clínica donde trabajo para hacer un tratamiento de desintoxicación de opiáceos, más concretamente Fentanilo, sustancia que consume desde hace dos años coincidiendo con su decisión y la de su mujer de ser padres y el abandono de su ciudad de origen. En las primeras sesiones grupales el paciente comenta que el problema de las drogas viene desde hace dos años únicamente, aunque anteriormente había tenido consumos esporádicos de cocaína. Nos habla de una infancia y adolescencia que él define como normal y destaca una vivencia con su madre, que no sabía por qué, le había marcado mucho y le había acompañado durante toda su vida. Recuerda que con 17 años su madre le cuenta que estando embarazada perdió a sus padres y esto le provocó tal sufrimiento que miraba su barriga y se preguntaba "Dios mío ¿qué va a salir de aquí?". Esta pregunta David no sabe por qué pero le impacta. Hablando de su madre también, hace referencia a como le molesta que **minimice** sus problemas, sobre todo con las drogas.

Nos comenta que es una persona que nunca dice lo que piensa porque para él todo está bien y si algo no está bien, se lo calla para complacer a los demás. Motivo al que él asocia el inicio de su consumo de Fentanilo. No le dije a mi mujer que no era feliz en la ciudad a la que nos habíamos trasladado por no decepcionarla. ¿Por qué tu deseo puede decepcionar al otro?

Tras una semana de ingreso el paciente se dispone a leernos su historia de vida, ejercicio en el que tiene que relatar los acontecimientos de su vida más relevantes empezando por su infancia. Vuelve a destacar que su infancia y adolescencia fueron muy normales aunque empezó con el abuso de drogas y alcohol a los trece años.

Nos describe algunas *gamberradillas* como él las definió a hacer bulling a algún compañero de clase, pequeños hurtos e incluso una detención, quemar un coche y papeleras, y alguna noche en el calabozo por robar en una tienda discos.

La imagen que David nos dio al principio de sí mismo no tenía nada que ver con esta nueva imagen que veíamos de él. ¿Quién es el verdadero David? En realidad todos son el mismo David pero con el disfraz, pensé yo, y empieza a destaparse porque empieza a poner palabras.

En psicodrama podemos saber de la verdad a través de las escenas que repetimos porque no es más que nuestro intento por recrear los disfraces con los que pretendemos tapar la verdad, reprimirla. Pero ¿qué repite David?

Tras la sesión en la que nos habla de su historia de vida David se presenta algo molesto tras una discusión con su pareja. Habla acerca de ese malestar y acaba diciendo de nuevo que le da rabia que su madre **minimice** sus problemas. No era la primera vez que mencionaba esto cuando hablaba de su madre "me molesta que minimice las cosas importantes y de las que no lo son, haga un drama".

Cuando se le pide que concrete y nos detalle una situación con su madre en la que sienta que se ha dado esto, nos relata un acontecimiento que se da en su adolescencia. Un día enfrente de su casa estaba conduciendo su moto y se cae. No fue nada en realidad nos dice él.

Me levante, levante la moto y me fui a casa. Cuando entré mi madre me debió de haber visto y estaba montando un drama. Mi padre me dijo: mira lo que les has hecho a tu madre,*(esta escena se enlaza con la escena en la que sus abuelos mueren y su madre embarazada de él se pregunta que saldrá de aquí)*y yo acabe consolándola, en lugar de ella a mí. Pero si no te hiciste nada... ¿de qué querías que te consolara? De la caída que tuve. Pero tú mismo dijiste que no fue nada, entonces... ¿De qué querías que te consolara? Al final de la sesión grupal se le devuelve que le hemos oído en muchas ocasiones quejarse de que su madre minimice sus problemas pero él también lo hace cuando se presenta en la clínica **minimizando un problema** de drogas, minimizando los problemas que tuvo en la adolescencia, minimizando lo que él siente para agradar al otro... "tu minimizas también", le dice la terapeuta.

Tras esta sesión, David dice no sentirse bien. Dice haberse sentido enjuiciado por la terapeuta pese a saber que ella solo volvió a decir las cosas que había dicho él en su historia de vida pero se siente mal, incluso se pregunta qué le pasa a él con esto de sentirse enjuiciado. Ese malestar que sintió David es el afecto que emerge provocado por la intervención del terapeuta en una representación secundaria y que en los días que se sucedieron se pudo ligar a la representación psíquica que le correspondía.

A la mañana siguiente David empieza el día contando que ha tenido un sueño. Leía en el libro de jugar - gozar al respecto del sueño que era casi una norma que los participantes de un grupo llevaran sueños al grupo la mañana después de una sesión intensa de psicodrama. Tras leer esto y que el sueño es el "camino real del inconsciente" me preguntaba si no tendría que ver con que efectivamente, lo que había ocurrido el día anterior con David era la emergencia del afecto y el levantamiento de la verdad reprimida. Ahora la frase "el afecto busca representaciones para hacer consciente lo inconsciente" comenzaba a tener sentido para mí.

David nos cuenta que el sueño se desarrollaba en el hospital de Elche. De repente se encuentra allí y cuando entra todo es caótico. Se le pregunta si tiene alguna relación con el hospital de Elche puesto que es enfermero en el hospital de Elda. Dice que nunca trabajó allí pero que en ese hospital nació su hijo. Se le pregunta por ese día y dice que fue un día precioso para él y que cada vez que pasa por el hospital lo recuerda con cariño. Cuando se le pide que cuente como fue el día del nacimiento de su hijo, relata que, pensando que sería la última vez que tomaba Fentanilo puesto que nacía su hijo, David consumió antes de llegar al hospital, y otra vez esperando que naciera.

Tras el parto, su mujer tuvo un grave problema de sangrado relacionado con la placenta. Recuerda como el médico le da en sus brazos a su hijo recién nacido y sin decirle nada más espera durante más de cuarenta minutos en una sala, colocado, con su hijo en brazos y pensando que su mujer se iba a morir. Nunca había hablado de esto con nadie porque para él era un secreto, sentía mucha vergüenza y culpa.

Si pensamos que la vergüenza está directamente relacionada con la sexualidad… nos preguntamos ¿por qué aquí siente vergüenza? Porque se está jugando el deseo, ¿quizás su deseo de ser padre? Quizás en David, el afecto que aparece, no es más que la angustia definida por él mismo cómo "malestar tras sentirme enjuiciado". La angustia es un afecto a través del cual la pulsión sexual se manifiesta. Ante algo que deseo, aparece la angustia. Como no quiere saber de su deseo, **minimiza** y la angustia la ha estado reprimiendo por medio de la adicción. Tal vez por eso puede aparecer ahora, lleva sin consumir dos semanas y además por medio de la palabra, el deseo está quedando al descubierto

Con el sueño, vemos como David vuelve a **minimizar** una situación que en su inconsciente se manifiesta como caótica, definiéndolo en un principio como un día precioso para él.

Nos habla de que tiene la sensación de que ha "desenterrado" un secreto y de que en su vida siempre ha tenido la sensación de que escondía algo. "Le pedí a mis padres una bicicleta y cuando me la regalaron, no la pude disfrutar porque tenía la sensación de que no me la merecía". Tras esto, habla de cómo le ha costado siempre relacionarse con los demás, sobre todo con las mujeres. Agrado siempre y me callo todo lo que me molesta por miedo a que descubran como soy, <u>a que me enjuicien</u> (relaciona él mismo lo ocurrido con la terapeuta en la sesión anterior). Incluso nos cuenta que consume ante eventos sociales con gente no muy conocida porque en ocasiones tiene la sensación de que esconde algo y al hablar, el otro lo puede descubrir, "consumía para aliviar la tensión y poder ir a la reunión".

Recojo aquí lo escrito por Andrés Herrera en El psicodrama una cura por la verdad: "ante la verdad, el sujeto neurótico genera síntomas para denegarla una vez se presenta, se entrega sin medida al empuje pulsional, al goce desenfrenado y no raras veces autoagresivo con tal de no saber ni de ella ni de su imposibilidad de ser completa, busca en su lugar silenciarla con el mayor peso de la represión y pagar el alto precio de la enfermedad", en el caso de David, la adicción.

Ante una verdad de la que no queremos saber adoptamos roles, disfraces para taparla. Pero esa verdad empuja por salir y lo hace a través de la pulsión. La pulsión nunca puede pasar a ser objeto de la conciencia, sólo puede serlo la representación de la pulsión, y del lado de la representación tenemos otro elemento que es el afecto. Para Freud toda pulsión se manifiesta en los dos registros: el de representación y el del afecto.

El afecto puede transformarse y no se halla necesariamente ligado a la representación, es susceptible de seguir un camino diferente de la representación que le corresponde. De la pulsión solo podemos saber a través de la demanda o a través del síntoma mediante el cuerpo o mediante los estados afectivos y a través de la emergencia del afecto en una representación sustitutiva que nos indica el desvelamiento de lo reprimido. El afecto irá buscando representaciones a las que pegarse para hacer consciente lo inconsciente.

En el caso de David no fue por medio del psicodrama, pero bien podría haberlo sido representando la escena en la que quiere que su madre le consuele porque se ha caído de la moto, fue en sesiones grupales donde se permitió expresar su demanda y encontrar aquello que repetía (minimizar) y ¿para qué lo repetía? Para tapar su verdad.

Tras alguna sesión más, en la que comparte lo que él define como secretos enterrados y que todos le llevan a sentir culpa y vergüenza, y con la pregunta de qué le pasa a él cuándo se siente enjuiciado, comparte que ha vuelto a tener otra pesadilla. Sueña que está dentro de su mente, atrapado psicológicamente entre dos mundos. Al despertar y tras su sesión deportiva, vuelve diciendo que se siente mal y que necesita contar algo: "tengo que contar esto, porque si no seguiré atrapado y no podré avanzar". Ese día cuenta que cuando tenía 12 años, habiendo ya descubierto la masturbación, vio detrás de la puerta del aseo a su madre desnuda.

Se excitó y tras esto se masturbó pensando en los pechos de su madre e incluso cogiéndole ropa interior.

Esto se repitió durante casi un año". Pensé que era un monstruo, que había hecho algo horrible y que no tenía perdón. Nunca había contado este hecho a nadie, ni siquiera a amigos que le contaban historias parecidas que habían vivido por miedo a que le descubrieran y le enjuiciaran. "Siempre quise pedirle perdón de manera simbólica a mi madre". Es a raíz de poner palabras a esto que toma conciencia de cómo le condicionó siempre la culpa y la vergüenza a la hora de relacionarse con los demás, sobre todo con su madre, la que cuando intentaba se amable o ayudarle, él contestaba de malas maneras.

El sentirse enjuiciado en esta representación cobra su sentido porque es él mismo quien se enjuicia tras lo que hizo. El afecto queda ligado a la representación que le corresponde. Quizás ahora cobra sentido por qué aquella frase de su madre le impacto tanto ¿Qué va a salir de aquí? Él ya tenía la respuesta, un monstruo. Y quizás lo que pretendía hacer **minimizando** era tapar al monstruo.

Él mismo dijo: "ahora entiendo de que quería que me consolara mi madre y la sensación constante de no merecerme nada".

El afecto emergió allá donde la escucha puntuó una manifestación del inconsciente, haciendo que se encontrara con aquello que repite y para qué. Si él usaba **minimizar** como su disfraz para reprimir su verdad, en el momento en el que se le puntúa "tú también minimizas" se le desprende el disfraz, como he pensado yo muchas veces durante mi propio análisis "te pillaron el disfraz".

IV.- Psicodrama, representación y afecto.

En psicodrama de lo que se trataría es de seguir el rastro del significante de la representación, de los nuevos objetos, hasta llegar al origen, y poder hacer el duelo. El significante de la representación cambia, pero el afecto sigue adherido a él. El afecto va acompañado de los significantes del pasado.

Hay cuatro formas de emergencia del afecto (desfasado, adherido, diferido y provocado), pero todas ellas requieren de una provocación del acontecimiento a posterior, un suceso que hace emerger de nuevo el afecto reprimido, sin la atención a enlazar el afecto con su verdadero origen es imposible que se produzca ningún comienzo de análisis.

En psicodrama, gracias a las transferencias laterales, el afecto puede emerger solo con una mirada, o con una palabra, ya que las representaciones formarán parte de un tronco afectivo común, es lo que conocemos como el eco grupal.

En psicodrama, el acontecimiento es el afecto, la representación de un hecho vivido, al que se vuelve a sentir como presente. (El afecto es el que hace surgir el tiempo segundo). Modifica el tiempo del relato y permite revivir el pasado como presente (resurgimiento de sentimientos y emociones), el cuerpo vibra nuevamente. Se siente palpitar el corazón, sudoración... en escenas nimias, que sorprenden al protagonista, es entonces cuando nota, siente que ese afecto no pertenece a esa escena, es un afecto que se coló desde lo inconsciente, para enlazarse con el verdadero origen.

Las miradas o el contacto con los yo auxiliares, o incluso simplemente con el hecho de estar sentados en semicírculo, sin escenificar, desencadenan las conductas de repetición inconsciente ligadas a ellas (proyecciones). Al borrarse de la conciencia, las experiencias pasadas que le subyacen, el afecto correspondiente, experimentado y vivido como presente, se revertirá, sobre el que provocó su resurgimientoel participante, le bastaba para ello con aparecer. La proyección de recuerdos y el movimiento de repetición son inconscientes, evanescentes, solo el afecto es actual, a través suyo entonces todo recomenzara en el grupo.

Al representar la escena el afecto es experimentado de un modo que nunca podía haberse experimentado ya que tratamos de reprimirlo, allí en psicodrama te permites jugarlo, y al liberarlo, liberas "la ley exterior" esa que es interiorizada como sentimiento de culpa. La liberación de lo reprimido se desarrolla en el plano de lo simbólico, en psicodrama, poniendo a jugar los afectos, actuándolos.

Psicodrama permite poner en juego gracias a la representación de las escenas, exponiendo así los significantes, y algo que ocurrió en el pasado se puede vivir como si fuera del presente:

CASO DE JUAN:

Juan recuerda como a la edad de cinco años y tras la muerte de su madre, y no pudiéndose hacer cargo de él su padre, lo trasladaron a Murcia, ellos vivían en Madrid, a casa de una tía para que se hiciera cargo de él.

Recuerda que allí se sentía como un extraño, aunque todos estaban pendientes de él, sobre todo una de sus primas: "me acompañaba a la escuela, iba a las reuniones con los profesores y me compraba la ropa".

En una sesión de psicodrama freudiano, Juan es elegido como yo auxiliar. La escena trata de una madre gravemente enferma donde la protagonista y él, en calidad de hijos van a visitarla. Al finalizar y ante las preguntas del animador; Juan dice que le salió EL CARIÑO (afecto), pero que entonces pensó que tal vez al otro le podía molestar.

"¿Cómo puede molestar una muestra de cariño?", le pregunta el animador.

En la siguiente sesión nos cuenta, que a la salida del grupo sus piernas lo dirigieron sin rumbo fijo; de pronto se dio cuenta que se estaba dirigiendo hacia la casa de su infancia; la casa de su tía. De nuevo recuerda como no se permitió sentir el CARIÑO que su tía y sus primas le dieron, "ni siquiera me dejé sentir CARIÑO por esta ciudad".

"¿Por qué mi tía me abrió las puertas de su casa?, ella me trató como a un hijo, cuando yo no le era..." "nunca le he dado las gracias; el otro día cuando salí del grupo fue el primer día. Mi tía tiene alzhéimer, cuando llegué a su casa estaba durmiendo y no quise despertarla, porque no hacía falta; la acaricié, su pelo olía muy bien".

"Recuerdo la última vez que vi a mi madre (representación t1 lo reprimido); ella nunca quiso decirme que estaba enferma y que iba a morir. Ese día la puerta de su habitación estaba entornada, me quedé mirándola mientras ella se ponía la peluca y un poco de colorete, para disimular su enfermedad; cuando me llamó, yo entré y tuvimos una conversación normal; me preguntó por el colegio, por los amigos; tuve que reprimir toda mi emoción; me hubiera gustado preguntarle por su enfermedad, por cuando se iba a curar. Pero no se lo podía decir, porque ella no sabía que yo sabía que estaba enferma y yo sentía que mi pregunta la podía **incomodar**".

En la escena Juan se encuentra con el afecto del CARIÑO; incluso en una escena que ni siquiera es la suya y con una pregunta: "¿cómo puede molestar una muestra de cariño?"

Luego sus piernas le llevan a la escena original, a esa escena en la que sus muestras de CARIÑO tuvieron que ser reprimidas y ya en lo sucesivo a lo largo de su vida.

En esta ocasión fue la pregunta del animador la que ayudó a Juan a recuperar un afecto que estaba estrangulado, en otras ocasiones es la escena misma o algún comentario de los yoes auxiliares...

Cada vez que aparecía una escena en la que venía a sentir cariño, lo reprimía como en esa vez en la que vio a su madre enferma, y por cariño a ella, no le quiso preguntar por su enfermedad, para no hacerla sentir incomoda. Vemos claramente como el afecto se ha pegado a la representación de su tía.

En este caso el afecto emergió desfasado pues requirió del señalamiento del terapeuta, "¿Cómo puede molestar una muestra de cariño"?

Con niños: Los niños no representan escenas reales.

Los niños no representarían escenas en psicodrama hasta los 12 años, así pues, solo podrían conectar sus afectos con el origen de la situación displacentera reprimida por mediación del juego (dibujos, baile...).

Viñeta 1: Una niña, le pegan en el cole. Tiene 2 años. No puede ni sabe defenderse, cuando llega a casa pone a sus juguetes cara a la pared y les pega.

Viñeta 2: Los niños de "se abre el telón" (actividad psicodramatica infantil) proponen un teatro de superhéroes. Uno de ellos nunca quiere hacer teatro, pero esta vez dice que si lo hará.

Uno de ellos es "Superbatman", el otro es "Capitán América". Ambos son buenos, pero luchan entre sí porque en otro momento uno le rompió al otro un objeto de mucho valor y el otro mató a un amigo suyo.

Al rato, dejan de luchar uno contra el otro, y cada uno lucha con su enemigo. En este momento "SuperBatman" luchará contra "DareVader" con el deseo de matarle. A "Superbatman", como le ocurre a Federico, sus padres se están separando, y está muy enfadado con su padre, quiere matarlo para quedarse él con su madre en una galaxia exterior.

En el dibujo que realizan al terminar la siguiente sesión, el niño que representó a "Superbatman", fue capaz de dibujar su angustia (un dibujo de él mismo en el que estaba atrapado entre arenas movedizas y en la tela de araña, ambas cosas se las había hecho su madre), al matar al papá, y al quedarse solo con la mamá, porque como el mismo pudo decir quiere que sus padres vuelvan a estar juntos.

"En el psicodrama el objetivo es que la representación se vuelva a enlazar a su afecto correspondiente".

En el psicodrama, el juego es un hecho real, que permite el inicio del fin de la repetición y la corrección de sus consecuencias actuales.

G. Lemoine nos dice que la cura apunta al acto, en tanto representación. Un acto es una representación y un corte, una escansión, un final y un comienzo en la vida del sujeto, del orden del duelo. Duelo del yo, cuyas identificaciones van cayendo escena tras escena, como máscaras de lo que fue.

En una sesión de psicodrama, el sujeto lleva su tragedia, la escenifica, la protagoniza. Sus más íntimas contradicciones las pone fuera.

Puesta en escena, de manera rememorada y repetida, representada de lo vivido, invitando a cada sujeto a representar su verdad, liberarla de la manera más espontánea, ponerla en cuestión, asumir posición ante ella, aceptarla y llegado el caso a recrearla y transformarla.

Bibliografía

- Freud, S. (1915) Obras completas. Lo inconsciente. Amorrortu Editores.

- Freud, S. (1915) Obras completas. La represión. Amorrortu Editores.

- Lemoine, P., Lemoine, G. (2009) Jugar gozar: Por una teoría psicoanalítica del psicodrama. Gedisa.

- Chairo, L. (2010) El psicoanalítico. "El Afecto un enigma perturbador". Recuperado: http://www.elpsicoanalitico.com.ar/num3/clinica-chairo-afecto-enigma-perturbador.php.

- Cortés, E. (2010) Seminario: partiendo del trauma: Psicoanálisis para psicodramatistas. Casos clínicos. Autor – Editor.

- Alcaraz, P. (2011) "Significado – significante: una relación". Speculum n°1.

Audios:

Desangustiar con el psicoanálisis por José Antonio naranjo
www.ivoox.com/63515

El caballo del pensamiento Miquel Bassols
www.ivoox.com/1154667

REPRESENTACION Y DUELO

Verónica Acinas

Sales a escena y ya nada va a ser como lo tenías en mente. Tu realidad psíquica empieza a desvanecerse al tiempo que una nueva realidad apunta en el escenario. Arranca el psicodrama y el duelo existe en cada escena, es parte de la representación.

Señala Gennie Lemoine (1) "La eficacia del trabajo en psicodrama consiste en que el sujeto se halla dividido entre el sujeto enunciado y el sujeto de la enunciación; porque no dice lo que tenía la intención de decir, y no es entendido como él se escuchaba.

Más bien, en cuanto él habla, él se escucha, pero él escucha al Otro que habla en su lugar, ese Otro que los pequeños otros le devuelven y que es el inconsciente"

Por si alguien se acerca a estas líneas desde otros lares, quizás alguno acercándose al Psicodrama por esa "drama", aclarar que lo que se dramatiza no es algo que siga un patrón fiel, ni aunque uno así lo quiera.

En el psicodrama se va a intentar dramatizar (en el sentido de salir a escena) el discurso imaginario ya aprendido, de lo que uno cree que ocurrió; pero en el escenario nada es como se esperaba; he aquí la representación.

La Representación es por tanto una herramienta básica del psicodrama; tanto, que se convierte en elemento diferenciador con respecto a otras técnicas de trabajo grupal (tanto por su presencia como por la manera en que es animada y observada)

La representación, junto con la mirada, el discurso del grupo y el tipo de escenas van a conformar los cuatro pilares teóricos del Psicodrama freudiano.

Lo que se juegue, lo que se represente, no podrá ser cualquier cosa, no vale cualquier tipo de escena. Escenificamos la pérdida, lo que no pudo ser, por tanto no hay cabida para las escenas fabuladas (ya que no han ocurrido) y tampoco para las escenas altamente cargadas de emoción (por su efecto catártico), ahora bien si valen los sueños y las fantasías, en tanto que forman parte de la realidad del sujeto.

Y del mismo modo, es lógico entender que no haya lugar para escenas restitutorias, donde se transforme el final en busca del final deseado. Puro goce cuyo objetivo es esquivar la castración y alejarse del duelo por lo perdido.

Serán objeto de representarse aquellas escenas nimias, donde la repetición se hace presente, al igual que se hace presente el encuentro fallido.

En psicodrama, a través del juego de la representación, el protagonista vivirá un nuevo duelo; ya no es el que relata en su discurso, sino que algo no será como él lo recordaba, como era para él en su realidad psíquica. Un gesto de un yo auxiliar, una palabra nueva o una palabra no dicha, las devoluciones posteriores, el significante moviéndose en el grupo...hará que la persona pueda verse ante algo nuevo y por lo tanto ante la pérdida de aquello a lo que había estado aferrado hasta entonces

En la representación, de esa realidad que la persona trae, algo se pierde, algo faltará, falta que puede ser aceptada o negada. Como decía Winnicot solo a base de pérdidas es que el ser humano crece; y es que esta pérdida no ha de ser vista como una situación para menos, en la que se resta. Sino que a través de la aceptación de esta pérdida se abre una puerta a lo que sí se puede, la puerta de lo que sí puede haber "es el tercer momento del Edipo, el realmente productivo" nos dirá Lacan.

La representación posibilita un nuevo sentido, un posible cambio subjetivo, pudiendo empezar entonces a relacionarse uno con los objetos, con el otro, desde otro lugar.

Y es que es el duelo la base sobre la que se asienta toda la teoría del psicodrama lacaniano. A través del juego del carretel o Fort-da, Freud nos lo dibuja magistralmente, mediante el cual su nieto tras experimentar la ausencia de la separación de su madre logra, a través de un juego, simbolizar, representar a ésta y la separación para con ella, asumiendo, lo que más tarde Lacan denominará "castración simbólica".

El duelo está presente de forma constante y desde un primer momento, entendiéndolo como algo literal, un momento inicial en nuestra infancia, la pérdida del objeto, la pérdida de la madre entendida como objeto pulsional, y momento desde el cual nos veremos en una búsqueda incansable del objeto perdido. Que no existe y que nunca existió como tal.

Un primer duelo por la pérdida de lo que creyó tener y dejó de tener: Ser el falo de la madre. Poder manipularlo, poder jugarlo a través del carretel, le permite no quedarse sólo en lo imaginario sino poder aceptar la separación, poder aceptar la castración, lo que posibilita el poder hacer algo nuevo con "eso".

"Duelos edípicos" dicen los Lemoine "¿acaso hay otros?" el Edipo supone el duelo al que de una u otra forma volvemos de manera constante.

El duelo es pues nuestro objetivo. Atravesar el duelo de lo perdido, de lo que ya no está, nos posibilita avanzar en lo nuevo, ver otras posibilidades y construir otros escenarios. Posibilitará, por tanto, que la energía que invertimos en el objeto faltante, pueda ser depositada en un objeto sustitutorio (bien sea el trabajo, a nivel afectivo o a nivel social)

Para atravesar el duelo la persona ha de aceptar la falta que con la que se encontrará a través de las representaciones.

En un grupo de psicodrama, un miembro del grupo narra su sentimiento de exclusión con respecto a la relación que siente que mantienen su madre y su hermana.

Se representa la escena que aparece en el discurso, siendo la protagonista la representante de ese sentimiento que a su vez la embarga; en el cambio de roles con la hermana aparece el sentimiento de que el interés esta puesto en la protagonista, mientras que no repara en la madre.

En el cambio de roles con la madre, sin embargo, siente que no sabe como relacionarse con esa hija, que le está señalando continuamente sus fallos.

Se rompe pues el relato inicial y aparece el sentimiento inconsciente, también siempre sabido, pero al que no se podía acceder. Esto produce un inmenso cansancio y desconcierto en la narradora, que no entiende lo que ha pasado.

El duelo tendría que ver con la aceptación y la claridad que produce esta, no la confusión que tendría que ver todavía con un estadio anterior de compresión y comienzo de asunción de la realidad que hubo

El duelo daría cuenta del momento final de un proceso en que uno acepta la falta en el otro y por extensión en uno mismo, que al final, es el lugar en que no quisiera recaer en ningún caso (2)

Por el camino de negar la falta, no se llega a ese tercer momento del Edipo, no se aceptaría la castración y por tanto no hablaremos de duelo, sino que la energía invertida en negar esa falta generará una rabia y un circuito por el momento cerrado.

Podemos encontrarnos con obstáculos que nos dificulten la elaboración del duelo. (3) Si el discurso del duelo está inhibido por el remordimiento, la culpabilidad o el odio, o incluso por un amor demasiado sexualizado hacia un progenitor, el duelo no se puede cumplir.

Una serie de mecanismos se ponen en funcionamiento ante la angustia que genera el encuentro con la falta; así pues la represión, la negación, la forclusión son los mecanismos que utilizaremos para defendernos de esa castración.

En el ejemplo anteriormente descrito, nos encontramos con la negación como mecanismo que dificulta el aceptar la falta y elaborar su posterior duelo. Habría que entender pues, a qué fines está respondiendo la negación, para qué le está sirviendo, qué ganancia imaginaria tiene el sujeto de mantenerse en esa historia en la que es excluida, cuando es ella quien se excluye y descubrir o procesar porqué.

Hacer el duelo, desbloquear el afecto, liberar el afecto, es la mejor prueba del levantamiento de dichos mecanismos defensivos.

En el psicodrama también nos vamos a encontrar con duelos reales e incluso con duelos anticipatorios.

El padre de Harry al final de su vida padeció una afasia y quedó completamente mudo. Harry soñó que estaba con su madre y que su padre había desaparecido. De pronto se acercó a un armario y lo abrió. Dentro estaba su padre, vivo pero casi catatónico, psicótico, sin pronunciar palabra.

Al representar el sueño Harry mira largamente al yo auxiliar que, inmóvil y mudo, interpreta al padre acurrucado. De pronto el yo auxiliar se incorpora y, contrariando el texto del sueño, llama: "Harry, sácame de aquí!"

En el psicodrama, cuanto más intensa sea la transferencia, la intervención del yo auxiliar, al desempeñar el rol del muerto, asegura su resurrección sobre la escena. Obligando al protagonista a superar el encuentro fallido y vivir un presente desconcertante pero que le cambia de plano.

Los Lemoine (4), recogen el Duelo anticipado refiriéndose a la oportunidad que el psicodrama ofrece de poder cumplir el paso al duelo, bien a través de una declaración aparentemente trivial pero que para el protagonista posee de un valor; o bien a través de la inscripción del Edipo en el duelo:

"¿Qué pretendo de esta vieja señora con la que no tengo nada en común?", se pregunta Josephine. Podríamos responderle: "Nada en común salvo este padre". Josephine ha amado a su padre con tanta pasión como odia a su madre.

En la escena que se representa, Josephine recibe de su madre un anillo muy costoso dado en otro tiempo por su padre. Este gesto aplaca su odio. "Me ha reconocido como su hija." El análisis hecho en psicodrama gracias al juego le permitirá descubrir que se ha restablecido un eslabón. Hasta ahora había buscado robarle el padre a su madre, pero ahora su madre se convierte en un intermediario entre ella y él. Josephine recobra su lugar en el triángulo edípico".

De la misma manera que el discurso del otro puede dar acceso al sujeto al duelo anticipado, la ausencia de palabra puede llevar a un duelo estancado, un duelo interrumpido y que no puede hacerse, tal y como recoge la historia de Daniele, por no haber recibido una palabra de su madre.

(1) Lemoine "La eficacia de la representación en Psicodrama":

(2) Aportación Ana Guardiola y Carmen Ripoll

(3) Lemoine " El afecto y el duelo" Jugar y Gozar

(4) Lemoine "El psicodrama y su función en el duelo" Jugar y Gozar

    Lemoine "Teoría del psicodrama"

    Enrique Cortés "Apuntes de Psicodrama (Freudiano)"

LA REPRESENTACIÓN Y LO SIMBÓLICO

Digmar Aguilera

"Que es necesario salir de la isla para ver la isla,
que no nos vemos si no nos salimos de nosotros"

José Saramago. El cuento de la isla desconocida.

En el psicodrama freudiano el abordaje del malestar psíquico empieza en el trabajo que se realiza a partir de las identificaciones en la representación sobre el plano imaginario que el protagonista trae al escenario, y de allí el pasaje a la elaboración en el registro simbólico.

En el momento en que el protagonista pisa el escenario y empieza su representación, hace su apuesta, arriesga, cree ver en la espalda de los dos presos un circulo de color que le da el pase para actuar, como en este juego "procedente del libertinaje francés del siglo XVIII" (SlavojZizek, 2015)y que propone Lacan para introducirnos al tiempo lógico; notamos en el acertijo que la mirada y el tiempo son apremiantes, así también en el psicodrama donde la mirada precipita la respuesta del otro, y con esto el apremio empuja un continente de asociaciones que se irán desplegando y construyendo a medida que el discurso sea devuelto desde este Otro en las escenas, de tal manera que se vayan descubriendo los intercambios simbólicos.

La representación como puerta abierta desde la cárcel de las identificaciones alienantes hacia la simbolización, está dispuesta a abrirse.

En la representación el protagonista es movido por un deseo que, en primera instancia cree conocer, pero conforme va representando se le vuelve difuso, se paraliza, pierde el guion, el sentido del tiempo; ante la mirada de los demás participantes precipita una respuesta, la palabra que vehiculiza el discurso del Otro, el protagonista pierde los papeles, resbala y es llevado a responder, a asociar, a representar, a encontrarse con su lapsus, a darse cuenta, a notar en sus posturas corporales la incongruencia, a pasar de este plano imaginario, donde la mirada y palabra se conjugan, a encontrarse con los significantes que lo alienan, que lo nombran y a los cuales ha quedado identificado.

Se representa desde el registro imaginario, lo que el individuo trae, que lo atrapa, que lo incomoda y que hace síntoma cotidiano, de lo que no quiere saber. El protagonista hasta cierto punto, no sabe lo que representa en la escena; esta capturado por el anudamiento imaginario, su repetición le sirve de velo para no enfrentarse a lo traumático: la sexualidad, la muerte, su posición sexuada, para no recordar.

La representación es pues una puesta en escena al servicio de la repetición, que insiste con sus diferentes atuendos y que sigue el guion básico del fantasma.

La representación se presenta como una demanda que el protagonista cree que quiere resolver, el problema que va a tratar, la narración de un duelo que va a disolver, el síntoma del cual se va a desvincular.

En la medida en que la representación se va desarrollando y las escenas se van jugando en el plano del otro al otro, esto es en el registro imaginario, desde donde se tramitara el pasaje al plano simbólico, el protagonista ubicará su posición, sus identificaciones, descubrirá realmente a que deseo se anudaba su demanda vía la asociación de ideas en el juego de las escenas, y se encontrara nombrando, explicando, modificando sus entradas, cambiando y encontrando nuevos sentidos, en resumen simbolizando.

La palabra se irá haciendo cargo de la pulsión, del dolor, de la vergüenza, de la pena, del asco; se anudaran nuevas escenas y con ello la rectificación subjetiva y la re-significación. Lacan en su Seminario sobre "La carta robada" (Escritos 1, pág., 5) afirma: "estas incidencias imaginarias, lejos de representar lo esencial de nuestra experiencia, no entregan de ella sino lo inconsciente, a menos que se las refiera a la cadena simbólica que las conecta y las orienta", y es en el trabajo sobre la representación en el plano imaginario donde el psicodrama freudiano opera este pasaje a lo simbólico.

La representación, en su función de repetición, le ira manifestando al protagonista, a partir de ir encontrándose en sus escenas, su deseo, y en la medida que va simbolizando lo que se le presenta en el "como si", sus identificaciones, que le son devueltas por los participantes; a este Otro, que es en última instancia lo que lo constituye, lo que lo habita, y que lo sorprende con las palabras puestas a circular en la boca de los otros y que se va mostrando como un guion al que vuelve una y otra vez, cual narrativa de una novela o como la llama Lacan, *"El mito individual del neurótico"* (1952)

Es obvio que para que esto suceda, el participante tendrá que sostener su partición en el dispositivo por un tiempo lo suficientemente prolongado y sobrellevar la carga transferencial de ambivalencia y ansiedad características de este pasaje por las manifestaciones de lo inconsciente a través de la palabra y la representación, pero también podrá contar con la ganancia que implica mitigar el malestar psíquico cuando es simbolizado y elaborado.

Lo que "no sabe el protagonista", y mucho menos el coordinador, es adónde va a arribar esta trama, este deseo, esta demanda articulada en palabras y que, conforme se va armando las escenas, va tomando forma, va historizando, con sus falsas entradas, sus actos fallidos, y desencuentros; utilizando la metáfora freudiana del juego de ajedrez donde afirma: "si intentamos aprender en los libros el noble juego del ajedrez, no tardaremos en advertir que solo las aperturas y los finales pueden ser objeto de una exposición sistemática exhaustiva". (Freud; 1913: 1661).

Igualmente en el psicodrama no podemos afirmar adonde arribará el protagonista con sus representaciones, solo podemos ofrecer una apertura del juego y formas de conclusión que el propio sujeto ira construyendo; de garantías nada sabemos.

La representación es una construcción mediada por la defensa, aquella que instaura la estructura, la modalidad del "no querer saber" del sujeto se hará presente, de allí que tomar en cuenta con que estructura discursiva estamos operando nos ayudará a distinguir la intervención.

En la representación imaginaria desfigurada por la defensa y anudada por la construcción sintomática, el relato emergerá con sus desfiguraciones, no como copia original, sino como el protagonista se cuenta su historia, y en la representación esta es relatada de una manera en la que él no se encuentra implicado, sino más bien sometido, donde las situaciones le suceden, le pasan, pero necesitará de un tiempo, en la medida que escuche, observe y lea sus representaciones para que entienda como está implicado directamente en esto que denuncia y de lo que no quiere saber, la insistencia del inconsciente abordado en el dispositivo grupal lo empujará al pasaje de enfrentarse a su goce y tener la posibilidad de interpelar a un Otro, de ubicarlas en su historia vital y simbolizarlas.

El psicodrama freudiano no es concebido como un vehiculizador que tiene como fin realizar catarsis de situaciones traumáticas, ya este método fue superado hace bastante tiempo, Freud en *Los estudios sobre la histeria* en el apartado titulado "psicoterapia de la histeria" (1895), nos detalla el abandono de este "método catártico" donde aplicaba la hipnosis para producir la catarsis del afecto sofocado.

El psicodrama freudiano es más bien un espacio de rectificación, de re-significación, donde el sujeto se implica en su historia tanto como efecto del Otro así como responsable de su deseo, es un espacio de simbolización, el último rincón para la humanización a través del encuentro con el otro, mediado por el cuerpo y la palabra, bordeando el discurso de un amo en la época, que ante el malestar subjetivo propone soluciones químicas, re-aprendizajes y escapismos identificatorios virtuales.

En el psicodrama freudiano el sujeto tiene la posibilidad de despegarse del narcisismo que lo apresa a la soledad de la pantalla del ordenador, a la captación hipnótica de las imágenes que le oferta el mercado.

La representación es una toma de posición del grupo hacia la solidaridad, una apuesta a utilizar la palabra hablada, a poner el cuerpo en escena, a arriesgar *in situ* para encontrarse con el duelo simbólico de la castración y salir del camuflaje metonímico de las redes sociales.

De la compulsión por comer o comprar, el grupo es una apuesta que va en contra del discurso ultra-individualista, imaginario, artificialmente conectado de la época, es una invitación a mostrar la vulnerabilidad en una civilización donde el éxito y el brillo fálico son el imperativo, a desnudar la soledad y representar el duelo, más allá de las frases cliché de una época de libros de auto superación, a encontrar una pizca de coraje para enfrentarse con el miedo ante la pulsión que avasalla en la escena, pero contenida y encausada con la presencia de otros seres en igualdad de condición, si por esto último entendemos la universalidad humana de la falta.

La representación se sustenta en la repetición, pero a diferencia de la repetición en la cotidianeidad del protagonista fuera del grupo, esta representación-repetición se presta para ser examinada, para ser recordada, para ser presentada, interpretada y simbolizada en última instancia re-significada. En el psicodrama freudiano no todas las historias están escritas en tablas de piedra.

Toda representación remite, pero no en toda representación el protagonista estará en la situación de dar cuenta de lo simbólico que recubre lo imaginario de su representación, la sesión de psicodrama freudiano no es como alguna vez el Dr. Jacob L. Moreno la concibiera, un micro proceso en el que habría que llevar al participante a una catarsis de integración donde el conflicto se resolvería a la par del tiempo que dura la sesión.

En el psicodrama que proponemos el pasaje de lo imaginario a lo simbólico no es algo automático, ni siquiera significa que en todas las representaciones será despejado el andamiaje simbólico, aquello que sustenta la representación. En el psicodrama freudiano se trabaja con el tiempo del sujeto, no del coordinador o de la sesión.

Las representaciones como dijimos, remiten, se dirigen a una o varias causas, pero en la sesión psicodramatica por lo general solo se sigue el hilo conductor de una "causa", por más que el origen de la repetición sean varias, es como mirar una silla, desde la perspectiva del que la observa, se puede afirmar que efectivamente ve una silla, pero solo la percibe desde un ángulo por más que la Gestalt le dé sentido de completud, tendrá que moverse a varios lugares para poder percibir el objeto en toda su dimensión, en el psicodrama pasa algo similar, el protagonista puede percibir su situación pero esta no se agota en una representación y el hecho de ir captándola desde diferentes perspectivas en el transcurso de sus representaciones en el grupo ya implica movimiento, simbolización, re significación y construcción de una nueva narrativa vital.

El encuentro con lo simbólico en el psicodrama freudiano no es sin efectos, efectos de sorpresa, de ansiedad, de angustia, de confusión, pero también de ubicación, resignación, pacificación y de calma; ganancia de saber.

El pasaje de la representación a lo simbólico implica un trabajo de lo cual el sujeto va tanteando, no solamente descubriendo, también construyendo y liberándose de las identificaciones que lo atan a ciertos significantes, a ciertos senderos dolorosos por los que transita una y otra vez, a descubrir su posición ante el discurso del Otro; a liberarse de lo mortificante del síntoma en la medida en que hace pasar esto pulsional reprimido por la ley de la palabra.

Una mujer de mediana edad, profesional, refinada y tranquila cuenta en el grupo haber tenido un problema de tráfico vehicular algo serio donde casi es atropellada, pero ante el cual no sabe cómo reaccionar, no responde como hubiera querido hacerlo con el conductor que casi la atropella, puesta en escena la representación se muestra como una mujer sin voz, paralizada, y aunque se siente enojada y frustrada por el actuar del conductor que no le da satisfacción de su peligroso maniobrar, más que por el susto o lo que pudiera haber sucedido, lo que más le afecta es que no puede responder, ni reclamar a la altura de la situación, y dice:
- tengo las palabras en la punta de la lengua pero no sé porqué no puedo decirlas.

Un primer cuestionamiento, una pregunta emerge, por asociación y como efecto metonímico la protagonista expresa, mi madre era una atropelladora, después de un preámbulo, la protagonista pide representar una escena donde se encuentra en una mesa con su familia, en esta escena infantil la participante quiere opinar, ante lo cual la madre la manda a callar y le dice,
- los niños no hablan ni reclaman, ¡quédate callada!

La protagonista al mirar la escena desde afuera se da cuenta de que no podía hablar, tenía que quedarse callada, no podía elaborar un reclamo, la identificación no implica que la protagonista se parezca a su madre sino mas bien que ponga a trabajar esos significantes como un rasgo propio.
Desde lo imaginario de una representación de atropello surgen los significantes, un rebote que lanza a la paciente a sus asociaciones del significante atropella, atropelladora...

¿Para quién es el silencio ante el atropello y la frustración?, ante este encuentro fallido, quién es este "mOther" atropellador? Por qué esta angustia desmedida de no poder responder.

Hay ciertos significantes a la que la protagonista se identifica, que permanecen, que no dejan responder, que toponean y se hacen presente en el incidente de tráfico, ante un conductor atropellador. En la cotidianeidad, no hay recuerdo, lo que hay es repetición. Ante el conductor lo que hay es una niña en la mesa de su madre.

La protagonista no se parece a su madre, pero los significantes que esta le impone insisten desde un lugar apartado de la consciencia, la mujer ha formado cierta identidad que apuntan a estos.

Desmantelar la posición, que incluye la renuncia a la sumisión mediante la tramitación de lo simbólico pone un límite a este goce, a esta identificación que no deja hablar ni reclamar y permite dar un paso más en la ubicación de la paciente en su decir, un abandono al goce del síntoma, en beneficio del "saber" sobre el síntoma.

Las posibilidades no concluyen aquí, el trabajo continuará, pero ha habido un giro, la representación por asociación ha llevado a examinar las identificaciones y de allí a una elaboración simbólica que no agota las posibilidades pero, algo ha sido tocado, una movilización se ha producido, ya es una vía de entrada.

LA REPRESENTACION Y EL NUEVO SENTIDO

Carmen M. Fenoll

"Bueno, ya estamos aquí de nuevo. A ver que me depara la sesión. Escuchando al compañero, me empiezo a notar nerviosa y removida, hoy quiero hablar, necesito contar como ha ido esta semana. Pero ¿qué voy a contar?, van a pensar que cuento siempre lo mismo, otra vez quejándome de lo de siempre.¡Ufff!¡Qué agobio! Para eso no hablo. No, esta vez quiero arriesgar y hablar".

El paciente se cuenta a sí mismo estas palabras mientras comienza una sesión de psicodrama. En estas palabras el paciente deja manifiesto, su imaginario, como uno se forma una idea preconcebida de lo que va a acontecer.

Vamos a empezar por diferenciar realidad de realidad psíquica. Freud diferencia entre realidad y realidad psíquica del sujeto. La realidad psíquica es una forma particular de existencia que no debe confundirse con la realidad material. Podríamos entender la realidad como la experiencia real que el sujeto vive, lo que en verdad sucede en su experiencia externa, y realidad psíquica vendría a ser lo que el sujeto dice o cree haberle sucedido, por lo que cada sujeto tiene una versión única que puede oponerse o ser distinta al hecho real. La idea de realidad psíquica va ligada a la hipótesis freudiana de los procesos inconscientes, los que no solo tienen en cuenta la realidad exterior, sino que la tienden a substituir por dicha realidad psíquica; deseo inconsciente y fantasía estarían ligados a esta realidad psíquica del sujeto.

Concibiendo la definición de psicodrama como "mente en acción", podemos entender que el psicodrama define teoría, técnicas y estrategias de un teatro que produce la representación escénica individual o grupal de situaciones vividas (recientemente o del pasado). Posibilitando así un cambio constructivo a través de la comunicación empática (entre los componentes del grupo), identificación de emociones y sentimientos, desarrollo de nuevas percepciones, reorganizando patrones antiguos de funcionamiento de la persona, con la pretensión de romper el guion repetitivo y/o estereotipado del sujeto.

Tras unos minutos M. decide arriesgar y abre su discurso quejándose de una dolencia física que le limita en su día a día, que está cansada de ella, que ha probado distintos métodos médicos y no ha cesado el dolor, que hace unos días estaba mejor pero tuvo la mala suerte de volver a tropezar. Dicho tropiezo le hace sentir enfadada consigo misma, dice que no quiere estar así siempre....le han dicho que posiblemente ya sea una lesión crónica. En el discurso que va desplegando también se queja de estar cansada de soportar cierta carga a nivel familiar, a la vez que manifiesta que siempre ayuda a los demás a solucionar los problemas que les surgen.

Con la guía del terapeuta (el animador) a través de distintas preguntas llega a hilar y asociar esto que cuenta con una escena de cuando era pequeña: *"estaba en la calle jugando con mis amigos y me caí, me hice mucho daño y no podía caminar.*

Llegué a casa llorando y estaba mi padre, él enfadado me riñe por haberme caído y hecho daño (según imagina M, le riñe por la caída). Mi padre se queja de que siempre estoy lesionada y que no va a cambiar esa situación porque soy torpe". El animador le propone representar o jugar esta escena y ella se anima a ello, *"estoy harta de tanto tropiezo".*

¿Pero qué es una representación?; es la acción y efecto de representar (hacer presente algo), cosa que representa otra. En psicodrama cuando hablamos de representación nos referimos a traer al aquí y al ahora mediante la acción y el cuerpo, situaciones, vivencias, conflictos que tuvieron lugar recientemente o en el pasado. Sería la expresión de lo simbólico y puesta en escena de lo vivido, tomando cierta distancia a esa situación o conflicto pasado posibilitamos mirar desde otro lugar la propia experiencia, acercarnos de forma distinta.

La Representación es concebida a partir del juego del carretel o del Fort-da del nieto de Freud, como matriz: la simbolización de una ausencia, evocando un objeto ausente.

El nieto de Freud siendo pequeño cuando su madre se ausentaba, realizaba una extraña maniobra o juego: atraía hacia él un carretel (Da) después de haberlo lanzado a lo lejos (Fort), el carretel ocupa el lugar de la madre yendo y viniendo, drenando así la angustia que le provoca dicha ausencia. Realidad ya no alucinada o imaginada, sino producida desde la representación. Se caracteriza por el retorno, retorno sobre el fondo de una ausencia, por lo tanto de un duelo. Retorno que nunca es el esperado, por lo que hay un duelo de lo no encontrado (retorno y duelo son necesarios para el proceso de la curación).

En psicodrama dentro de la representación, el carretel que simboliza o representa la ausencia de ese objeto (la madre en el caso del nieto de Freud) sería el yo auxiliar, ese ausente que el protagonista hace volver. Si bien a diferencia del juego del carretel, el yo auxiliar responde.

El yo auxiliar a pesar de dejarse inducir por el relato del protagonista e intentar seguir el guion establecido, sus aportaciones espontáneas, su dejarse llevar por su propio rol o los cambios que puede aportar a la escena relatada posibilita al protagonista, por un lado tomar una distancia crítica con respecto a la situación revivida y por otra que la escena no se repita tal cual sucedió.

El animador le pide información relativa a la escena. Mientras va narrando la escena M refiere que le habría gustado gritar enfadada que ella no es torpe, y le gustaría hacerlo para así sentirse mejor. Llegado a este punto ¿por qué el animador no elige esta escena para representarla? ¿Qué sentido tendría representar algo que nunca ocurrió? ¿Qué sentido tendría que M representara que se enfada con su padre y le dice que ella no es así como él dice? En psicodrama freudiano sólo se representan escenas que ocurrieron, es decir escenas reales. Las escenas fabuladas, son escenas imaginadas o fantaseadas por el protagonista que nunca ocurrieron estás son escenas imaginadas sacadas del puro goce, donde el objetivo no es otro que taponar la falta y por lo tanto bloquear el acceso al deseo propio, posiblemente fomentado la repetición. Así que al representar la escena real el psicodrama pretende lo contrario, ser consciente de esa falta, adoptar una mirada distinta, que tome conciencia del funcionamiento que estaba llevando a cabo, para dejar de repetir lo mismo, ir poco a poco tomando una nueva visión de lo sucedió, una nueva forma de actuar.

El animador le pide a la protagonista que elija de entre los demás participantes del grupo a los yoes auxiliares que van a representar en la escena a los distintos personajes que intervienen en la misma, el protagonista instruirá a los yoes auxiliares de su papel en la escena. En determinados momentos que el animador vea conveniente se harán cambios de rol con la protagonista para que vivencie desde el otro lugar y/o tome otra mirada de la situación.

M. va narrando su escena, elige a P para hacer el papel de su padre. Comenta que hace esta elección porque P le recuerda a su padre, *"P tiene un carácter fuerte como mi padre, a veces se enfada mucho, ha hecho otras escenas y la veo capaz de enfadarse conmigo como lo hacía él"*. Podemos observar que en el momento de la elección del yo auxiliar entran en juego la trasferencia y las identificaciones; momento en el que el otro es soporte de la palabra del protagonista.

Va desarrollándose la representación de la escena en la que llega a casa dolorida y el padre le riñe. En esta escena ella se calla, siente enfado con el padre pero no lo verbaliza. En un momento el animador hace un cambio de rol de la protagonista con el padre.

Ella haciendo el papel de padre cuando el animador le pregunta que cómo es que a una niña tan pequeña que llega llorando a casa porque se ha hecho daño, probablemente buscando consuelo, él reacciona enfadándose y riñéndola [...], contesta *"Es que yo no quiero que se lesione". Desde este otro lugar la protagonista toma conciencia de que el enfado de su padre en realidad no era por la caída o porque la considerase torpe como ella imaginaba (idea preconcebida) sino porque no quería que tuviera una lesión crónica como él, (el padre tiene una enfermedad invalidante) en ese momento el animador corta la escena.* Un nuevo sentido de esta experiencia ha tomado partido.

El enfado ante la lesión, podríamos entenderla como un límite físico del cuerpo, es común en ambas escenas (escena de pequeña, escena actual). Tanto ella, actualmente, y el padre en el pasado muestran enfado cuando ella se lesiona. Tras volver a su sitio, M comenta que de pequeña le daba miedo lesionarse porque luego le iban a reñir, y a veces aunque se encontrase mal intentaba dar una imagen contraria [...].

Del discurso de la paciente podríamos sacar algunas conclusiones, por un lado hay una dolencia física posiblemente una somatización de esa carga familiar de la que dice llevar encima, que nos cuenta al inicio en su discurso. Teniendo en cuenta que esa dolencia tiene que ver con el pie, con sus apoyos; por otro lado observamos la dificultad de aceptar este límite físico esto sería aceptar su falta, en lugar de ello se queda fijada en el enfado ante esa dolencia. Por otra hay un momento en el que parece identificarse con el enfado del padre, en el sentido de que ahora es ella la que se enfada cuando se lesiona o le duele algo.

En la escena el darse cuenta de que el enfado del padre no es con ella le hace bajar la angustia. En un momento, tras la escena tiene un lapsus y dice *"no sé cómo me pasa esto si yo me cuido poco"* corrige y dice *"quería decir mucho"*. El animador se lo señala: "¿cómo es que te cuidas poco?"...esto le conduce a que está más pendiente y atenta a lo que les pasa a los demás, a sus necesidades que a las suyas, y tiende a descuidarse. En sesiones posteriores M vuelve a escenificar una escena similar pero de momento actual, vuelve a aparecer su enfado ante su propia lesión y queja por la carga familiar, en la representación termina dándose cuenta de que en ese estar más pendiente del otro, en solucionar satisfacer los deseos y necesidades del otro, se pierde o no puede ver su necesidad o deseo, posiblemente necesidad de cariño y afecto en lugar de enfado.

Podemos observar varios aspectos importantes de la herramienta del psicodrama. Una escena actual da lugar a otra escena anterior y concretamente familiar con el padre, en este caso. El poder revivir la escena da lugar a que se tome conciencia de la repetición (volver a tropezar, enfadarse ante eso) y da la posibilidad de otra forma de actuar (en lugar de enfadarse la opción de cuidarse o buscar consuelo...). El lapsus, al señalarlo el terapeuta, le permite tomar conciencia de que ya no es una niña a la que le riñen o con la que se enfadan cuando se cae o se hace daño, que ahora ella es adulta y puede elegir otra forma de responder actualmente.

¿Qué es un lapsus? ¿Un acto fallido del inconsciente? ¿Un error involuntario? Cuando reflejamos el lapsus al paciente suele responder que es algo que no pretendía decir, algo que se escapa al control de la consciencia. Freud vendría a decirnos que sería la expresión de un deseo inconsciente. En el caso que estamos viendo el deseo de M se cuela entre las palabras: *"no sé cómo me pasa esto si yo me cuido poco"*; y en el deseo está la verdad del sujeto. ¿Por qué se quiere cuidar poco? ¿Cuál es su verdadero deseo? Ser cuidada por el Otro, encontrarse con un padre que la sepa cuidar y que su enfermedad crónica no sea limitante, pero hay otra opción: identificarse con la figura paterna y ser ella quien cuide de los otros.

La puesta en juego o la representación en psicodrama posibilita cierto alejamiento del atrapamiento identificante: *"ya no soy una niña"*, dando lugar así al nuevo sentido que le permita funcionar de una forma más sana para ella.

Bibliografía

Jugar-Gozar. C. y p. Lemoine edti. Gedisa

Apuntes de Psicodrama. Enrique Cortés. Edti. ECU

El psicodrama una propuesta freudiana. Enrique Cortés. Edit. Alboram

Cuadernos de psicodrama nº 14-18-20-21-23

VIII.   LA MIRADA

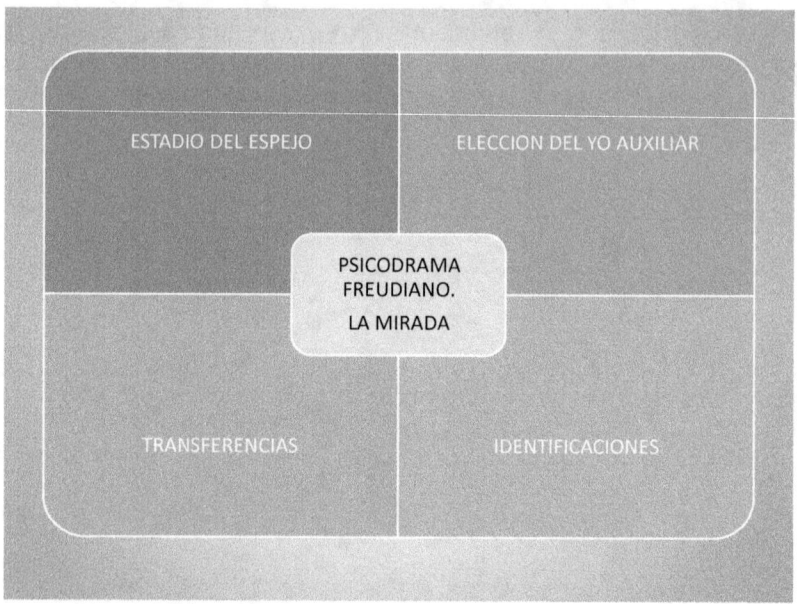

VIII. 1 EL ESTADIO DEL ESPEJO (Sibi Domínguez)

VIII.2 EL YO AUXILIAR (Mª José López)

VIII.3 TRANSFERENCIA (Teresa Hermida)

VIII.4 IDENTIFICACIONES (Sibi Domínguez)

EL ESTADIO DEL ESPEJO

Sibi Dominguez

"Todo yo es otro".   J. Lacan

¿Qué nos devuelve el espejo cuando nos miramos?

Una imagen comparada donde yo soy un lado del espejo. Al instante de mirarnos empezamos a decirnos, "no estoy como..., no soy como...., no hay manera de arreglar esto...". O nos decimos, "que guapa estoy, estoy bien,..., ¿Quién es la más guapa?,....

Esto ¿Qué significa? Que soy como *esa imagen interna* que tengo sobre mí, sobre los demás y sobre el mundo, *esa* con la que estoy acostumbrada a relacionarme.

Pero, ¿cómo surge todo esto?

El Estadio del Espejo consiste en una identificación primaria y que Lacan define como "la transformación producida en el sujeto cuando asume una imagen"

Lacan le ha dado una importancia primordial a este estadio, pero no por su cuestión "evolutiva" en el desarrollo del niño, sino que se pregunta cómo puede ser que siendo el niño "prematuro" en relación a la completud de la imagen que le devuelve el espejo, igual se reconozca y juegue en ella.

Lo que le interesa a Lacan es que esa imagen que indudablemente es la suya, al mismo tiempo es la de otro, puesto que él está en déficit respecto de ella, es inacabado.

Lacan basa su teoría del espejo[12], en la siguiente observación: la cría de hombre, a una edad temprana y superado en inteligencia instrumental por el chimpancé, reconoce ya sin embargo su imagen en el espejo como tal.

La edad en cuestión va desde los seis a los dieciocho meses, y Lacan observa que el reconocimiento va acompañado siempre de una expresión jubilosa en el niño.

A los seis meses, el niño puede ser todavía un lactante, y desde luego no coordina su cuerpo lo suficiente como para dominar su postura; sin embargo, si tiene un espejo cerca puede sentir interés como para gatear o arrastrarse hasta encontrar una posición que le permita obtener del espejo lo que Lacan llama una imagen instantánea de sí mismo.

Lacan analiza el contraste entre *la impotencia motriz y la dependencia de la lactancia*, por una parte, y *el hecho de que su imagen especular sea asumida jubilosamente*, por otra.

Analiza la prematuración biológica del niño, esto es, el hecho de que la cría del hombre nace prematura, en el sentido de que muchos de sus rasgos son al nacer y durante un cierto tiempo todavía rudimentarias, y sus consecuencias en cuanto a la duración de la situación de desvalimiento en que el niño se encuentra, mucho mayor que en cualquier otra especie, para introducir la noción de cuerpo fragmentado, que viene a describir la impotencia de coordinación motriz del niño.

Basta observar el pataleo descoordinado de cualquier bebé y pensarlo en relación con el deseo que lo anima, para encontrar el termino lacaniano.

---

[12]El estadio del espejo como formador de la función del yo [Je] tal como se nos presenta en la experiencia analítica, "Escritos". Editorial Biblioteca Nueva. Madrid, 2013

Tenemos pues un niño sumido en la descoordinación motriz, en el cuerpo fragmentado. Sin embargo cuando se mira en el espejo, se mira con sus ojos, que resultan no estar afectados por la prematuración, y, observa Lacan que *su expresión es jubilosa*. Y es que se reconoce; o mejor: reconoce su imagen como tal en el espejo. Y aquí viene el punto clave de la argumentación: aquel que el niño mira y reconoce, ese que le imita tan bien, y que tarde o temprano descubrirá que es él mismo, o su imagen. Su imagen se le aparece entera, dotada de una unidad que él no puede atribuir a la percepción de su propio cuerpo. De aquí se deriva el contento del niño.

En efecto: ese otro que le mira tras el espejo y que le cautiva, pronto aprenderá que es él, incluso se le dirá: "Mira, ese eres tú" señalándole la imagen.

Imagen entera de un cuerpo que no se percibe como siendo entero, imagen que anticipa una maduración del dominio motriz que por el momento no tiene."Eres tú": imagen pues de mí, imagen de mi yo.

La primera identificación[13], dice Lacan, imaginaria. Y, esa primera identificación ante el espejo es clave para la formación del yo, es literalmente originaria y fundadora de la serie de identificaciones que le seguirán luego e irán constituyendo el yo del ser humano.

---

[13] Ya quedó expresado en el capítulo de Identificaciones.

Sin embargo, esa primera identificación es en sí profundamente alienante:

- para empezar, el niño se reconoce en lo que sin duda alguna no es él mismo sino otro,

- en segundo lugar, ese otro, aun si fuese él mismo, está afectado por la simetría especular,

- en tercer lugar, aquel que se reconoce como yo, no está afectado de mis limitaciones, él no tiene los problemas que yo tengo para moverme.

Aquí Lacan dirá: esa es la matriz del yo ideal[14]; y eso jamás se alcanza, a ese lugar tras el espejo en el que todo va bien solo podrá tenderse, a lo sumo, por aproximación y/o semejanza.

Lacan va a subrayar la naturaleza de nuestra identidad, del yo. Pero, si el yo se constituye a partir de un reflejo en un espejo ¿Qué sucede entonces si el niño, por alguna circunstancia no se encuentra con ningún espejo en la edad en la que, según la descripción, debería pasar por su estadio?, o ¿Qué pasaría con los ciegos? Obviamente tenemos que pensar que ese reflejo que nos constituye no se trata del reflejo de un cristal, sino que ese reflejo en realidad va a ser el reflejo en el Otro.

el reflejo que nos devuelve el otro significativo, lugar y función que desempeña habitualmente la madre (función materna), reflejos fundamentalmente verbales, pese a que el primer reflejo es la mirada, pero esta mirada está inscrita en un universo verbal.

Lo especular va más allá del espejo y tiene que ver con el reflejo que a partir del vínculo se recibe de los otros.

Esos mensajes, ese discurso esos enunciados identificatorios "eres...", van conformando y configurando al sujeto.

La identidad a la que el sujeto se adscribe, es en la medida en que es para el otro, en que es alguien para el otro. El bebé, va a estar totalmente en función y dependencia de ese otro, de ese otro que le da la identidad.

Ese júbilo que experimenta cuando se reconoce en el espejo tiene que ver con que frente a esa fragmentación/desorganización/dispersión previa, a ese caos, esa imagen le da una forma que le contiene y le salva.

---

[14]. Y matriz de todas las identificaciones que vendrán luego: cualquier otro a quien yo ame en algo, aquel a quien vea con buenos ojos, narcisismo ya desde Freud, estará para mí en el lugar de esa imagen alienante

Adscribirse a esa identidad que le proporciona la madre es lo que le hace ser alguien para el otro, ser ese alguien que el otro le dice que es. Y eso nos confronta directamente con la arbitrariedad de esos enunciados. Arbitrariedad del discurso del otro, la artificialidad de esos decires, de lo subjetivo.

La identidad imaginaria tiene que ver con la imagen de la representación, pero no de la esencia.

Lacan resalta que el reconocimiento de la propia imagen especular ocurre con ayuda de... y en relación a otro semejante. El proceso que se pone en marcha aquí es el de la identificación con la imagen del semejante como forma total, lo que permitirá una "unificación imaginaria"

*Dice Lacan al final del texto[15]: *"Al hablarle a un paciente con la frase "tú eres eso" se le está revelando su destino mortal, se le encarcela no solo en una clínica, aislado de todo tipo de contacto con aquello que lo fundó, sino que se le asigna una identidad que tendrá que aceptar para readaptarse a la sociedad".*

Dos procesos deben converger:

- ✓ La suficiente maduración de las áreas del cerebro especializadas en la percepción y procesamiento de la información visual.

- ✓ Que exista un semejante[16] que le sirva de estímulo.La elaboración de la figura del otro[17]es capital en Lacan. El otro, en tanto viene a ser otro como yo, mi semejante, viene a ocupar precisamente el lugar que mi imagen ocupaba en el espejo, en el sentido de que por ser la experiencia del espejo formadora, simplemente no hay otro lugar. Explicación luminosa del aspecto narcisista de toda identificación[18], a la vez que introducción de la temática de alienación en la captura por la imagen del otro; recordemos que ese lugar es a la vez el de mi imagen y el de mi alienación y mi desconocimiento: lugar, el de mi desconocimiento, que viene a ocupar el otro. Y de ahí me vendrá, de lo que el otro es, sabe y dice, pero yo desconozco, lo que yo creeré ser, querré saber, y pensaré pensar, pensando pero sin ser, o siéndolo sin pensar.

La experiencia del niño durante la fase del espejo se organiza en base a tres tiempos fundamentales que marcan la conquista progresiva de la imagen de su cuerpo. Estos tiempos van desde los 6 a los 18 meses.

---

[15] Escritos, edición citada.
[16] Este semejante, es en principio la madre o quien cumpla la función madre
[17] Más tarde del Otro con mayúscula o gran otro
[18]Escritos, edición citada.

Primer momento.- El niño percibe la imagen de su cuerpo como la de un ser real al que intenta acercarse o atrapar. Hay una confusión entre uno mismo y el otro. Es un momento donde se pone en evidencia el vínculo del niño con el registro imaginario.

El segundo momento.- Constituye una etapa decisiva en el proceso identificatorio. El niño lega a descubrir que el otro del espejo no es un ser real sino una imagen. Además de que ya no intenta atraparla. Desde ahora sabe distinguir la imagen del otro de la realidad del otro.

Tercer momento.- El niño se asegura de que el reflejo del espejo es una imagen, y adquiere la convicción de que esa imagen es solo la suya. Al reconocerse a través de esa imagen, el niño reúne la dispersión del cuerpo fragmentado en una totalidad unificada que es la representación del cuerpo propio.

Al terminar el estadio del espejo, Lacan postula que lo que el niño conoce es porque anticipadamente ha pasado por el Otro. En esta alienación del sujeto en el Otro, el infans se identifica; comenzando entonces la circulación del deseo: hacerse reconocer, hacerse desear y desear el deseo del Otro: Imagen, palabra, alimento y cuidados, no expresan sino, el rumbo de la pulsión, en sus distintas modalidades, oral, anal, mirada y voz, a lo que se le agrega el contacto, que va dando cuenta de la inscripción de las representaciones en el inconsciente. Del sujeto sostenido en el deseo del Otro.

Entendiendo la idea del "espejo" como una metáfora, la relación de la mirada de la madre será fundamental para el niño. Allí está en juego el deseo de la madre, es decir, la castración materna, su estructura inconsciente, presente en su modo de amar al hijo.

El bebé para satisfacerse va a depender de los objetos que el grupo le proporciona y solo podrá empezar a pedirlos si entra en el código que rige al grupo.

Él, que en su indefensión primaria lo recibirá todo del otro, va descubriendo que éste no siempre está pendiente de él.

Sentir que la respuesta a sus necesidades no es inmediata le separa del otro. A medida que se va haciendo interlocutor, (cosa que solo va a ocurrir en la medida que se diferencie del otro), se hace capaz de distinguir que el grupo está formado por diversos otros.

Precisamente esa falta de atención por parte del otro será uno de los pilares de construcción de la subjetividad, paso fundamental para relacionarse con los otros.

Aquí se juega no solo a quién parecerse, sino también cómo hacer para parecerse, no solo los primeros objetos de amor y de odio sino también las maneras de querer y de odiar, no solo los primeros objetos que lo satisfacen y lo hacen sufrir, sino también sus primeras experiencias de satisfacción y de sufrimiento.

El Psicodrama apunta a sacudir ese núcleo identificatorio en el cual el sujeto está alienado. ¿Por qué alienado? Porque ese yo es el crisol de los decires de Otro, y en ese identificarse a lo que el otro te dice, uno se aliena. Así, el psicodrama (lugar de identificaciones, como ya hemos dicho) va a romper con esta alienación en el otro. Pero esto no es fácil ya que romper esa identificación es romper el vínculo con el otro, porque el enunciado identificatorio es el discurso del otro.

Cuestionar al otro quiere decir cuestionar esa imagen de hijo de puta, de salvador,... No se trata de poner verde a nadie, no es eso.

Es la idea, la imagen que tenemos de ese otro, cuestionarla, y eso es duro, y si es duro cuestionarse uno a sí mismo, más lo es cuestionar al Otro.

Frente a la concepción tradicional del Yo como enseña de nuestra identidad. Lacan va a presentar al yo como función de desconocimiento, es decir, hay algo desconocido detrás del Yo. Y, el Psicodrama nos ayuda a desvelar lo que está velando ese Yo, es decir, desvelar el vínculo con el Otro.

El grupo es un conjunto desfragmentado al que asisten individuos con motivaciones, deseos, expectativas e historias diferentes (que implican formas diversas de ver el mundo). Cada cual va con sus máscaras y trata de desplegar sus juegos imaginarios habituales.

Sin embargo, la presencia de otros pone siempre en jaque dichos juegos.

Para proteger su propia imagen yoica ante el grupo (que es vivido como una amenaza) el sujeto se encomienda al principio a una imagen grupal que les protege a cambio de anular lo genuino de cada cual, lo diferente.

El grupo en estadio del espejo está en el "somos un buen grupo, nos llevamos bien". Está replegado en una ilusión de unidad que es transitoria porque pronto aparece el deseo de cada uno y la diferencia (pues aunque semejante, también soy diferente). En este enunciado se anulan los posibles focos de diferencia y los sujetos quedan anudados en lo común.

Es tan fuerte el impulso de adhesión a esa imagen grupal que incluso cuando alguien atenta contra esa imagen narcisista del grupo, es tratado como chivo expiatorio, receptáculo de todo lo intolerable. El grupo lo deja fuera y se articula en torno a una imagen común.

En el grupo, cada cual tratará de seguir jugando sus propios juegos, pero el otro nunca responderá como esperamos. Los espejos se rompen devolviendo imágenes inesperadas.

Decimos entonces que la mirada nos viste y nos desviste. Es en la situación grupal donde la mirada de los otros pone en jaque mi imagen, dejando al descubierto al sujeto dividido. La imagen del espejo se fractura. Sin embargo, al escuchar los ecos de la escena, los espejos siguen actuando. Alguien devuelve al protagonista, que le sorprende porque desde su posición no lo pudo ver.

Todo encuentro que se realiza entre dos o más seres, el sujeto humano o bien se repliega sobre sí mismo para proteger la identidad amenazada y sus fantasías personales inconscientes, o bien pone por delante una de esas fantasías para que el otro o los otros entren en su sujeto.

Viñetas clínicas:

⚜ Una paciente nos cuenta de su enfado con una compañera de trabajo, la terapeuta le pregunta con quien lo asocia y le viene una hermana menor que ella, con la que tiene dificultades porque siente que es más mirada por la madre que ella. Surge una escena familiar en la comida, donde están los padres, ella y sus hermanos, en el transcurso de la representación, la protagonista se va encontrando con otras respuestas de los yoes auxiliares e interrumpe la escena comentando "así no fue", la terapeuta la invita al cambio de rol y ella misma tampoco puede repetir como fue e insiste "así no fue", la terapeuta la devuelve a su lugar y le va preguntando que le sucede, la protagonista no logra salir de esta encrucijada y termina la escena.

La protagonista encorsetada en una imagen preconcebida no deja entrever la ruptura especular, resistiéndose a que hayan cambios en el guión, de su vida.

Un paciente dice: "En el baile estuve a punto de sacar a bailar a una chica y no me animé... me fui". En el grupo sucede lo mismo. Le cuesta sentarse al lado de las mujeres que pueden gustarle y cuando alguien le elige se angustia. Cuando tiene que elegir, trata de evitarlo. Lo que le pasa, lo repite en la dramatización. "Por eso decimos que un número considerable de estados psíquicos anteriores reviven, no como estados pasados, sino como relaciones actuales con los integrantes de un grupo".

⚜ La protagonista ha sido yo auxiliar en la anterior escena donde se quedó esperando a que el padre la mirara. El terapeuta va preguntando sobre esto de ser mirada por el padre y relata una escena donde habla con su padre sobre una relación que ella tiene y que cuando se lo está contando no la mira. Cuando elije al yo auxiliar que va a hacer de su padre lo elije porque "no se quiere enterar"

El terapeuta le pregunta, ¿De qué? De las cosas que me pasan, de lo que no estoy de acuerdo con él.

El terapeuta sigue diciéndole: "dime cosas que tengan que ver contigo. De mis novios, que no le ha gustado ninguno, Bueno si se entera, pero no le gustan.

El terapeuta sigue: "Eso no es que no te mire". Cambio que no me mira, como que no me da su bendición.

En la representación, ella le habla en un tono de enfado y se coloca a gran distancia del padre, el padre le dice "paso de irme de aquí sin tener algo de lo que me dices más claro"

El terapeuta le plantea que ¿para qué se lo dice de esa manera? Ella se va dando cuenta que haciéndolo así mantiene la imagen interna de que el padre no la mira, sin embargo en la escena se ve a un padre interesado por lo que le dice la hija

+ En una sesión de Psicodrama. Una paciente habla de la relación entre ella y su madre, una relación con pocas muestras; más tarde fantasea que le tocan el muslo, lo que la asusta. El terapeuta le va preguntando hasta dar con una escena con la madre, una escena habitual donde ella siente ese afecto que no está. Para esta escena saca a una compañera como yo auxiliar para hacer de su madre, la escena es en la cocina, la madre está cocinando y ella llega del colegio y entra en la cocina donde la madre le dice: "Hola hija, ¿cómo te ha ido en clase?, ¿traes hambre?, enseguida estará la comida" (cuando cuenta la escena la madre no la mira ni le pregunta)

En ese momento la protagonista queda quieta mirando a la madre y dice "que bien me hacen estas palabras"

Vi hace un tiempo la película "Katmandú, un espejo en el cielo", en un momento hay una niña frente al espejo y la maestra le pregunta por su nombre; "Soy la que carga con…" le responde.

(Al nacer su hermano, ella perdió su nombre y pasó a llamarse "la que cargo con…" (el nombre del hermano).

La pérdida del nombre tiene sus consecuencias. La niña pierde el soporte simbólico que la identifica y entonces viene una especie de desestructuración/fragmentación corporal; como si acabara de nacer, ella no sabe dónde tiene el ojo, ni la boca, ni la nariz; solo es capaz de repetir frases pero sin hacerlas suyas.

Entonces la maestra le dice que se mire en el espejo y que le diga si le gusta lo que ve, ella dice que si con la cabeza y la maestra contesta: "entonces ven cuando quieras a mirarte".

Desde ese día la niña acude y se pone delante del espejo.

Un día le entrega a la maestra un dibujo y le dice: "soy yo", en el dibujo ponía su nombre.

EL YO-AUXILIAR

Mª. José López

EL psicodrama se centra en la acción y el juego de las miradas que convergen sobre uno de los participantes del grupo.

Los Lemoine en su libro Jugar-Gozar, nos dicen que el juego modifica radicalmente las dimensiones temporales y espaciales del grupo.

Lo que era relato pasa a ser acción y lo imaginado está ahí, presente; es ese un momento en el que se amplifican los sentimientos y se actualizan, por una vivencia que moviliza al cuerpo, un acto del pasado.

La representación tiene la virtud de volver actual lo tan sólo es evocado, de dar nueva vida a personajes ausentes.

El juego en psicodrama permite dar paso al deseo encubierto, poniéndolo en el otro o por mediación del otro, se ve como el deseo circula en el grupo.

Deseo que es retomado como propio en la inversión de roles. Implicando así a las demás personas de forma directa o indirecta.

Y para que estos personajes tomen vida, una figura importante es la del Yo-auxiliar, que será uno o varios miembros del grupo elegidos por el protagonista.

El juego comienza cuando el animador le dice al protagonista: "elige a un miembro del grupo para representar la escena". El protagonista elige a una persona para hacer el yo auxiliar, le asigna un papel a representar; como si el yo auxiliar supiera hacer de esa persona que representa.

Esta es la característica del psicodrama; a partir de un momento es el yo auxiliar, el que sabe, el que está siendo soporte de la palabra del protagonista. Son las transferencias laterales, las que toman un primer plano y las que permiten la elección de los yo auxiliares y la puesta en juego de la representación. También comienza la puesta en marcha del deseo, del afrontamiento a la castración, la angustia, lapsus, olvidos, actos fallidos la **apertura del inconsciente.** La elección de los yo-auxiliares es un momento del análisis en grupo. Momento en el que se juegan las transferencias e identificaciones. Para desencadenar los automatismos de repetición del protagonista, es suficiente con la presencia de algún rasgo significativo (rasgo unario) que tenga la persona, que es elegida como yo auxiliar.

"Can I have a volunteer, please."

El rasgo unario, es soporte en la elección del yo auxiliar, permite la aparición del primer momento de verdad que va más allá de lo que se "sabe", más allá de lo que se habla, palabras que caen en un mero decir en el momento del juego para dar paso a la sucesión de significantes, que permite nombrar algo de verdad relativo al deseo.

Deseo del otro, deseo por el otro, punto de fijación en las identificaciones. La identificación es el motivo por el cual es elegido un miembro del grupo y no otro.

En psicodrama el lugar del carretel* es ocupado por el yo auxiliar, él, es el ausente al que el protagonista hace volver. La diferencia estriba en que el yo auxiliar responde y los cambios que aporta el yo auxiliar son motivos para que el actor principal aprecie la distancia que existe entre el personaje que él revive y el que encarna la persona que se encuentra frente suyo y la distancia que le separaba del otro se anula. Una distancia crítica con respecto a una situación revivida y repetida.

A lo largo de la formación, en las ocasiones que me han elegido de yo-auxiliar, he sentido miedo por ser elegida y a la vez surgía el deseo de querer ser elegida. Inconscientemente surge mi deseo que está encubierto, la repetición de lo gozoso de lo deseado, el miedo a cómo realizo la acción del juego.

La mayoría de veces, cuando ha terminado la escena he sentido que lo he hecho mal, (por los comentarios y explicaciones que se hacen a la escena), si llevo a cabo la descripción que me indica el actor principal estaba mal, si me dejaba llevar y me identificaba en el rol, estaba mal. Esto me lleva a la repetición que hay en mi vida, el miedo a no saber qué espera el otro de mí y por lo tanto lo que hago está mal. En la distancia he podido apreciar, que a veces eran simples explicaciones a la escena por parte del animador, sin embargo, mi imaginario me la juega haciendo presente a mi madre con su cuestionamiento constante hacía mí.

Con este trabajo de representación del rol y su acción, he podido darme cuenta de la repetición, una repetición dolorosa. Es la culpa que siento al pensar, que no se llevar a cabo la función que realiza el yo auxiliar en la escena; el supuesto saber que el otro me otorga. Contacto con la repetición de mi cuestionamiento a mi saber, hacer bien lo que me piden. Si no respondo como se espera y tiene que ser, pienso que estoy fastidiando el trabajo al compañero.

Se dio una transferencia con el actor principal, uno rasgos que repite, su cuestionamiento como yo también lo hago.

En el último juego de escenas también me pregunté, ¿qué no hago bien cuando actúo con en el rol del yo-auxiliar? Se juega la escena de Maite que era la protagonista. Ella cuenta su escena, es una niña y se encuentra en casa de sus padres con su hermano mayor, ambos comienzan a jugar y termina la cosa bastante seria, dándose cuenta que su hermano le está pegando.

Su madre en la cocina, escucha el jaleo y no hace nada por parar la situación. Ella siente que su madre no la defiende de su hermano y como es la pequeña se aprovechan de esta situación.

*El juego del carretel (o Fort-da) es descrito por Freud para dar cuenta como el sujeto puede usar la creatividad para aceptar la falta.

Me elige como madre para la escena. Me ha elegido varias veces para sus escenas, siempre ha sido para representar el papel de su madre, una madre tajante, seria.

Este es el rasgo no hablado (esta es la actitud que yo tengo en mi vida) por el cual soy elegida para este papel. Hubo una identificación de su rasgo repetitivo, lo tajante que se muestra. Una vez acabada la representación de la escena, el terapeuta me señaló, qué me había pasado en el papel de yo-auxiliar de madre, al actuar tan rápidamente y dejar poco tiempo para que se desarrolle la escena. Le respondo: "soy muy rápida". Vuelve a puntuar, preguntándome.

"¿Qué te sucede a ti?" Le miro y siento que algo sucede en ese momento dentro de mí, me quedé bloqueada y no sabía qué responder. No puedo pensar nada sobre lo ocurrido, sólo me sale mi parte de defenderme, ante una pregunta que la vivo como un ataque, no puede responder, sentía la sensación de estar acorralada.

En mi imaginario me identifiqué con el sentir abusivo de ser reconocida y sancionada por la mirada del terapeuta y de los testigos que forman los terceros.

Pienso que los otros descubren algo mío e incluso descubrirlo yo misma, viendo como ellos me miran, rompe mi imagen y también se frustra la satisfacción de saberme mirada.

Siento la ruptura de mi buena imagen, desmoronamiento de mi yo ideal; la mirada de los terceros me señalan un atributo, que yo he arriesgado y ello me permite representarme a mí misma, en una dramatización en la que queda localizado una cadena de significantes, quedando de todo ello la repetición.

Es la misma vivencia, la misma sensación que tengo en mi cuerpo, ante las críticas de mi madre. Sin embargo en esos momento no podía ponerle palabras a lo que me estaba pasando.

Pasados unos días pude darme cuenta de lo que me sucedió en la escena de Maite; en la misma cuenta como su madre no hace nada y no la defiende cuando su hermano mayor se pelea con ella y le pega.

Me identifiqué y viví mi propia escena. Conecté con la vivencia que tuve con mi hermano mayor. Estoy en casa de mi madre y llega mi hermano que sin mediar palabra comienza a insultarme y al mismo tiempo me agrede físicamente; mi madre estaba delante y no hizo ni dijo absolutamente nada.

Era mi escena, una madre que no hace nada ante la agresión. Yo también esperaba que me defendiese. Por este motivo cuando representé al yo-auxiliar en calidad de madre, en la escena de Maite, reaccioné rápidamente sin pensar. Intervine como yo necesitaba que hubiese intervenido mi madre.

Sentí la necesidad de cuidarla, para que su hermano no le agrediese físicamente, me salió intuitivamente, quería protegerla, como yo necesite que hubiese hecho mi madre en ese momento y en otros muchos de mi vida.

La identificación me indujo e hizo que actuase rápidamente, porque la identificación en psicodrama me conecta con el deseo, una identificación al rasgo unario. Es una identificación parcial, a un solo rasgo mínimo y con una mínima significación.

Un rasgo que se le puede llamar único, porque podría estar substituido por todos y cada uno de los elementos de la cadena. El rasgo unario es lo que tiene en común todo significante como soporte. Represente según me sentí y viví el rol. Lo primero que me salió fue ir a defender a la niña, que era yo también, defenderla de su hermano mayor que le pega, me identifiqué.

La identificación reside en el cuerpo de la persona, en lo que se siente. Ahí salió mi propia escena. Es lo que ocurre a   veces, los yo-auxiliares introducen sus propias escenas.

La explicación que dan los Lemoine, en su libro Teoría del Psicodrama, sobre los yo- auxiliares, es que estos se encargan de representar un rol, el rol descrito por el protagonista pero, en ocasiones, los auxiliares se dejan llevar por su propio rol, como me sucedió a mí, en esa escena y en otras, los yo- auxiliares nos dejamos llevar en ocasiones por nuestro propio rol y su acción.

Los   Lemoine hablan de dos formas de representar: basarse en la descripción del actor principal que sería la imitación o vivir la relación tal como la siente el yo-auxiliar, que se trata de la identificación. Siguen comentando los Lemoine, que de esta manera los auxiliares no sólo van a ayudar al protagonista en la puesta en acto de su drama, sino que van a articular su división.

La división que surgió en la escena de Maite, fue al comprobar que estaba siendo defendida por su madre y esto le extrañó y se quedó parada, no supo que decir, es una situación   nueva para ella, se rompió su repetición. Comenta que su madre en la vida real no la defiende.

La representación produjo un corte en la repetición, en la vivencia de Maite, al no vivir la misma situación, no ser defendida por su madre. Sino que surgió otro personaje, que le permite explorar otras posibilidades diferentes a las que caracterizan la relación con la madre.

El rol del yo-auxiliar, permite que el actor principal, el protagonista, aprecie la distancia que existe entre el personaje que él revive y el que encarna la persona que se encuentra en frente suyo. La distancia que separa del otro se anula, y la angustia de ser el otro desaparece cuando puede sentir en su cuerpo el rol del otro, y esto es la identificación.

Un yo auxiliar puede equivocarse (palabra mágica para mí, o sea puedo equivocarme siendo yo- auxiliar), o dar la réplica con la intención que le atribuye el actor, sin afectar por ello a la representación dramática. Si el yo auxiliar no responde como conviene, el cambio del rol permite rectificar la situación. La inversión de roles denuncia y libera, permitiendo reconocerse, diferenciarse permitiendo la asunción de una identificación progresiva.

Existen circunstancias en el transcurso de una representación donde conviene invertir los roles. Esta es una de las tareas del animador:

a) Cuando el protagonista no está satisfecho con la representación del auxiliar porque considera que se separa mucho de lo acontecido.

b) Cuando el protagonista pronuncia una palabra o una frase importante que debe responderse él mismo o imaginar cómo respondería el otro.

c) Cuando se desea explorar desde otro punto de vista, por ejemplo, cuando se desea que el protagonista comience la dramatización en el papel de otro.

d) Cuando la energía de la representación decae, puede facilitar un resurgimiento del drama.

El cambio de rol permite poder decir desde otro lugar, lo que no podemos decir desde el propio. El sujeto cambia de rol pero sigue hablando de sí mismo, aunque lo haga desde un supuesto otro.

Después del cambio de rol el protagonista ha de terminar en su lugar y no en el del otro.

Reflexiono y pienso que detrás del deseo de no conseguir hacerlo bien, parece que a veces hasta me esfuerzo para conseguir que salga mal, está el castigo y con ello la recompensa de conseguir la mirada de mi madre. Ahora poder tener todo esto presente me hace darme cuenta, que la mirada importante es la mía hacia mí misma.

Bibliografía

Gennie y Paul Lemoine, Jugar-Gozar

Gennie y Paul Lemoine, Teoría del Psicodrama

Lacan, "Los cuatro conceptos fundamentales del psicoanálisis.

LA TRANSFERENCIA EN PSICODRAMA FREUDIANO

Teresa Hermida

En psicodrama, y en transferencia, es fundamental preguntar y preguntarse, por ello comenzaré con una interrogación, preguntándome a mí misma, y a otros, esos que tienen un saber,

¿Qué es la transferencia?

Siguiendo las huellas de Freud, diremos que la transferencia es en sí misma la repetición del pasado olvidado que vuelve una y otra vez a aparecer en la vida presente.

Hay un pasado olvidado, por tanto, se trata de acceder, a través de la transferencia, al recuerdo de lo vivido. Y es una repetición. Repetir es una manera de recordar, porque lo que no se recuerda y se pone en palabras, se actúa, y el actuar permite entrar a lo reprimido inconsciente.

Así, se está abordando en el presente un recuerdo, algo que está reprimido, depositando, a través de la transferencia, los afectos inherentes a él en otra persona. Pero eso no es sin resistencias. Ha de ahondarse en las resistencias que el sujeto no conoce, elaborarlas y dominarlas, dice Freud, siguiendo la regla analítica fundamental, para llegar a conocer de esta manera, los impulsos instintivos que la alimentaban.

Por su lado, Lacan aborda la transferencia a través del amor.

Siguiendo el desarrollo de "El Banquete" de Platón, habla de dos posturas contrarias: amante o amado, que jugarán su papel en la relación transferencial. El terapeuta, en el lugar de aquel al que se le supone el saber (un saber socrático), sin muestras de más deseo que el otro reconozca el suyo propio, responde desde el vacío a la demanda del otro, dejando que, en ese lugar de vacío, emerja la falta y su deseo. Además le señalará que este no va dirigido a él sino a otro. De esa manera, aquel, de querer ser amado, se convertirá en amante.

En análisis, la transferencia ha de ser manejada por el analista para que aparezca lo reprimido, eso que el inconsciente del sujeto oculta. En psicodrama no es necesario provocar ni manejar la transferencia, puesto que la situación de grupo la favorece. Quizá baste con estimularla un poco, teniendo en cuenta que, a veces, cualquier acto del terapeuta, incluso sin haberse iniciado la sesión, hace que se entre en ella. Veamos:

El día de inicio de un grupo, el terapeuta llega presuroso, y antes de comenzar formalmente la sesión, comenta algo sobre una canción de amores y desamores que venía escuchando, y dirigiéndose a Lola, una de las integrantes del grupo, dice que le llevó a pensar en ella; una canción cuyo resultado final era que "había que llorar", referencia, sin duda, al duelo en psicodrama.

Lola habla de su núcleo familiar, donde hay un personaje masculino, el padre, con el que conviven varios femeninos: madre, tías, hermanas. Y habla de un secreto que cree compartir con él.

En repetidas ocasiones, inicia las sesiones con un discurso referido una y otra vez al terapeuta, comentando un día que, en aquel primer momento, "se sintió elegida".

En numerosas sesiones representa escenas familiares, en las que el animador, a veces incluso de forma bastante explícita, intenta que dirija su mirada hacia aquel a quien realmente van dirigidas sus palabras.

Pasado un tiempo, y llegado el momento de despedirse, Lola lo hace cuestionando al grupo, con una queja en el centro de su discurso: "haber sido elegida menos" de la media para hacer de yo auxiliar en el trabajo del mismo.

¿Haber sido elegida menos... que quién?

Quizá no se dio cuenta de que en el grupo, al ser protagonista de numerosas escenas, pasó de "ser elegida" a "elegir".

No podemos olvidar, y es algo a tener siempre presente, que, en la transferencia, no solo hay una vuelta del pasado como repetición, sino que también hay algo nuevo; el sujeto está poniendo en juego también, algo de su vida actual. Quizá por ello Freud consideró que podía ser a la vez que motor, obstáculo para la cura.

Decía Lacan que "la transferencia es la puesta en acto de la realidad inconsciente"; a través de ella se puede acceder al inconsciente, y esa ha de ser la actitud del psicodramatista: escucharle, porque en él está depositado el deseo del sujeto; para ello ocupará un lugar de "supuesto saber", otorgado por el sujeto, creyendo Lacan, que en ello algo tiene que ver el amor.

Asimismo, a través de la transferencia, el sujeto descubrirá cómo se maneja con el goce.

Como la transferencia es una producción del inconsciente, ha de tenerse en cuenta que el psicodrama freudiano es un trabajo de grupo en el que se atiende a la subjetividad individual; es un análisis freudiano de grupo. En él no hay más inconsciente que el individual, a diferencia de otros trabajos de grupo analíticos, como el llevado a cabo por Anzieu y Kaës, donde se reconoce la existencia de un inconsciente grupal.

¿Cómo es la transferencia en Psicodrama?

Aunque el creador del psicodrama, Moreno, rechazó la transferencia por considerarla una vuelta a lo patológico, para la vertiente freudiana es un elemento fundamental en el hacer psicodramático, aunque no tiene el mismo encuadre que en el análisis.

Si bien Gennie y Paul Lemoine comenzaron considerando que la transferencia ocupaba en el análisis un lugar homólogo a la identificación en psicodrama, posteriormente Paul Lemoine, trató el tema de la transferencia, mejor digamos, de las transferencias, ya que en psicodrama son múltiples. En ellas se aúnan pasado y presente; vuelven recuerdos, emociones, sentimientos y afectos, identificaciones del pasado, con sus correspondencias actuales en el grupo.

Podemos distinguir entre:

1. Transferencia vertical, que será aquella dirigida a los terapeutas.

En psicodrama freudiano se trabaja en alternancia: animador y observador. La transferencia va dirigida al animador, que dirige la sesión, unifica lo que se habla, y elige un tema a partir del cual se desarrollará aquella. Puede invitar a representar; después el observador hará un resumen de lo acontecido.

Quedan claras las dos funciones que corresponden a los psicodramatistas: de dirección (animador) y de supuesto saber (observador); ambas irán orientadas en la misma dirección: la transferencia.

2. Transferencia lateral, que se mueve entre los miembros del grupo, y se pone en acto en él.

Su naturaleza la revela lo que Paul Lemoine denomina "el rasgo unario", que considera una intuición, y no constituye una mera repetición del pasado entre los miembros del grupo porque actúa también como un elemento actual de identificación.

Las identificaciones, reveladas y analizadas en la sesión, muestran a los miembros del grupo la relación especial que les anuda inconscientemente unos con otros.

¿Cómo se manifiesta la transferencia en psicodrama?

De diferente forma según hablemos de transferencia vertical o lateral.

La transferencia vertical, dirigida, como hemos dicho, al animador, toma formas diferentes según los momentos de la sesión, siendo dos los más favorables para que surja la relación transferencial. Un primer momento es el inicio de la sesión, cuando alguien arriesga su palabra y comienza un diálogo con el animador. Este interroga, cuestiona, deconstruye partes del discurso si es poco claro, observa cómo va calando en la subjetividad de cada miembro del grupo y comienza a escuchar su eco. Con lo que escucha va construyendo una trama a partir de la cual la sesión se desarrollará (el discurso de la sesión le llama Serge Gaudé).

En este primer momento, la sesión puede parecer presa en la mirada, señala Marie-Ange Chabert.

Y es que, en psicodrama, la pulsión escópica prevalece. No existe el error sobre la persona del terapeuta que se da en análisis, revelador de otras pulsiones. Es fuente de goce, pero, a la vez, permite a los miembros del grupo defenderse, dice Marie Noëlle Gaudé, de otras pulsiones arcaicas.

El trabajo en alternancia, propio de este psicodrama, reduce la fuerza de la mirada dirigida al terapeuta, puesto que se bifocaliza.

Pronto alguien toma la palabra y la mirada comparte espacio con la escucha. Escucha de los terapeutas y del grupo que comienza a preguntarse de qué se está hablando. Esto disminuye también, la fuerza de la mirada.

El terapeuta, a pesar de que habla y se mueve, de que está expuesto a la mirada del grupo, ha de sujetarse a la regla de la abstinencia, y aparecer como deseante de nada; así se creará el enlace transferencial y comenzarán a realizarse asociaciones.

En un segundo momento, con el paso al juego, se intensifica la mirada. El animador elige una escena e invita al protagonista a representar. Ya no solo escucha; se levanta, cambia de lugar, se hace más visible; dependiendo de su estilo, de su forma de hacer, despertará unas asociaciones u otras; aparecerán transferencias con el protagonista de la escena y con los espectadores de la misma, y comenzarán a surgir las identificaciones.

El error que en análisis existe sobre la persona del analista (imaginariamente puede ser distintas personas), en psicodrama recae en la del yo auxiliar; en este momento es a él al que se le supone un saber, saber que no es otro sino el del propio protagonista de la escena recibido a través del elegido por él como auxiliar.

El animador, dice Serge Gaudé, anticipa un saber, que no se sabe hacia dónde llevará. Habrá que estar a ver en qué lugar le está colocando cada miembro del grupo, que dependerá, además, de lo que haya elegido representar.

Maríe Noëlle Gaudé señala a éste como el momento en el que la transferencia se pone en escena. De manera que aparecen tres dimensiones superpuestas: la escena del pasado, que es real, la escena transferencial y la escena representada. Cuando se anudan estos tres niveles, puede darse la elaboración siempre que el psicodramatista no se ofrezca a la identificación, es decir, que no aparezca como objeto deseable, porque ese no es su lugar. Es de la opinión de que, por las particulares características del trabajo psicodramático, siempre hay un resto que quedará del lado de la identificación.

El psicodramatista no ocupa el lugar de objeto, ejerce una función, y ahí es donde debe sostenerse, cuestión difícil dice, si no se está analizado.

Al iniciarse la puesta en juego, el protagonista de la escena elige los yoes auxiliares, elección derivada de las transferencias laterales, y sostenida por la identificación de los miembros del grupo entre sí a través de la mirada. Basta con una mínima identificación, la del rasgo unario nombrado antes, cuyo contenido, al decir de Matilde Enriquez, es percibido, a veces, sin necesidad de palabras.

Carol comienza a hablar en el grupo sobre su relación con un hombre más joven que ella. No sabe si la relación llegará muy lejos, y dice que cree que su madre no está contenta con ella.

Invitada a representar la escena donde habla con la madre, elige a Lina para ocupar ese lugar. Al ser preguntada Lina como se ha sentido, comenta que muy identificada con la madre, puesto que su hijo tiene por novia a una mujer bastante mayor que él.

Diremos que el rasgo unario es lo que tiene en común todo significante, siendo la escucha analítica, la que reenvía al grupo los significantes en circulación favoreciendo las transferencias laterales, para que se resuelvan en nuevas identificaciones. Esa será la forma de salir de la fusión con la escena del pasado, dirá Alejandra Thaysen.

¿A quién va dirigida la transferencia?

Si Freud considera que repetimos escenas del pasado, habremos de concluir que, a través de la transferencia se proyectan actitudes infantiles sobre el analista que encarna sucesivamente las diversas figuras de autoridad y de guía del niño (el error en la persona del que hablábamos antes).

Es necesario hacer hincapié en que hablamos de figuras de autoridad, no de poder, aunque no son excluyentes. Psicoanálisis y psicodrama se refieren a la autoridad, que se inscribe en el lenguaje, a diferencia de otros tipos de terapias que se basan en el actuar.

En la infancia, el niño encuentra dos figuras de autoridad diferentes: la madre y el padre. Desde el punto de vista del goce, ambas tendrán sobre el niño una influencia decisiva: la madre le acerca al goce en la primera infancia, y el padre intervendrá después regulando la forma de gozar. Ambos servirán de guía del sujeto, y hacia ellos irá dirigida su demanda, demanda de reconocimiento, y, también, de amor.

La demanda del sujeto en el grupo irá dirigida por un lado al resto de sus miembros para que la reconozcan como igual a la suya y al terapeuta para que la sostenga. Este no accederá a la demanda de goce para que el sujeto pueda introducirse por el camino del deseo.

El animador, a quien hemos dicho que se dirige la transferencia, encarna al Otro, por ello el sujeto le inviste de las características de sus figuras ideales.

Personas con un fuerte enganche transferencial, puede que se nieguen a jugar en psicodrama si quien dirige el juego no es el terapeuta con el que mantienen esa relación, pero el trabajo en alternancia reduce ese peligro.

Además de esta, otra característica de la forma de trabajar en psicodrama freudiano es la de que el grupo se reúne en el mismo lugar y en el tiempo prefijado para ello. Veamos que incluso alterar estas normas puede provocar movimientos transferenciales:

María, asidua participante en grupos terapéuticos de psicodrama, ante los cambios planteados por los terapeutas en el grupo alegando que en el día fijado para reunirse no pueden hacerlo, dice a uno de ellos: "parece que el grupo ya no te importa nada". El terapeuta explica que lo que sucede es que están llevando otro grupo con el que coinciden fechas y en aquel no es posible alterarlas.

A partir de este hecho, María comienza a desarrollar una serie de asociaciones con su historia familiar. En ella, a partir del nacimiento de hermanos más pequeños, y de los movimientos familiares que fueron produciéndose como consecuencia de ello, se pregunta si los mayores *"ya no importamos nada", y le lleva a preguntarse también, por el cuidado, el reconocimiento y el amor de los padres.*

Ya hemos dicho que en psicodrama cualquier demanda, y también cualquier queja, va dirigida a una figura de autoridad, a un Otro; las imagos fundamentales del sujeto ya señaladas, encarnadas en ese momento en una persona real. También sucede esto en la transferencia lateral cuando se da a otros miembros del grupo el lugar de las figuras fundamentales en la vida del sujeto.

Aquí juega un papel muy importante la escucha. De escuchar lo latente a quedarse en lo manifiesto puede jugarse el cambio o la vuelta a la repetición.

Paco inicia la sesión diciendo: *"tengo que hablar; tengo que decir lo que pienso aunque siente mal…" "lo que quiero decir es que quiero dejar el grupo, se que acabamos de empezar pero quiero dejarlo"*

Según Paco tiene miedo a que sus palabras le enemisten con el otro y que sea apartado; *"que él no me reconozca".*

Cuando se le pregunta, recuerda que él le decía todas las cosas a su madre y que ella se las decía a su padre. Un día su padre lo apuntó a natación. El primer día se estuvo dando "panchetas", y al volver a casa le dijo a su madre que ya no quería volver más.

"No volví a la piscina y eso hizo que me sintiese mal porque se había pagado el mes entero", aunque, añade, "siempre he sentido que hubiera sido buen nadador".

Al representarse la escena el padre no le dice nada; se encuentra con un padre que no muestra enfado, solo calla.

Al finalizar la escena dice: *"Lo malo no es que me diga sí o no. Me podría haber dicho que lo intentara…"*

Ya hemos visto como en transferencia el paciente actúa en vez de recordar; al respecto, dice Enrique Cortés: "en psicodrama, en su doble dimensión de hacer coincidir la palabra y el cuerpo, precipita el tiempo de comprender y el analista-animador deberá estar preparado o el instante habrá pasado. Escuchar o no escuchar el significado que se esconde tras lo manifiesto hará que la historia pueda ser otra. "Dime que lo intente", es lo que se tendría que haber escuchado y no se escuchó. Paco no volvió al grupo como en su día no volvió a la piscina".

Pero veamos otra forma de hacer:

Raquel, al inicio de un grupo, toma la palabra diciendo al terapeuta: *"no confío en ti".* A continuación comienza a relatar una historia de cuando era niña en la que, según cuenta, no fue bien tratada por un profesor.

Sigue hablando, y el terapeuta le invita a representar una escena familiar con su padre y su madre, en la que apenas mira al padre.

Sesiones más tarde es María la que toma la palabra. Raquel comienza a preguntar insistentemente sobre lo que va diciendo, interrumpiendo constantemente su discurso, lo que provoca que otros miembros del grupo interroguen al terapeuta sobre la actitud de Raquel: *¿Se puede preguntar?* El terapeuta, se muestra ligeramente dubitativo: *"si…, así no.., no se trata de hacer un interrogatorio…".*

Raquel, enfadada, contesta: *¿Qué no puedo preguntar si me da la gana? Pues si no puedo hacer lo que me dé la gana...*

Sesiones más tarde María, que se muestra enfadada con el terapeuta, dice como le recuerda a un padre *"que está para decir la hora de volver a casa y esas cosas importantes, pero no desciende a la arena a jugar con los niños".*

"¿Qué escucháis los demás?", pregunta el terapeuta. Raquel toma la palabra:*"yo no sé lo que le pasa a María, no tengo ni idea, no me estoy enterando de nada"*

¿Qué crees tú qué le pasa?, le pregunta, a lo que Raquel responde: *"Creo que está enfadada contigo".*

En ese momento se escucha al grupo susurrar: *"no…es con su padre"*

El terapeuta pregunta a Raquel por su padre: *"Está lejos, no vive aquí, ahora no sé por dónde está; siempre llama por teléfono para hablar conmigo, pero las últimas veces no he estado en casa cuando llamó. Su pareja lo dejó y no sabe dónde está, no puede ponerse en contacto con él por ningún medio, pero él termina llamando para hablar con ella"*

En la siguiente sesión Raquel dice al terapeuta: *"que lejos estás"*, a lo que este contesta *"si quieres estar más cerca, ponte aquí"*, señalándole la silla más cercana a él.

Tiempo más tarde Raquel, le dirá al terapeuta: *"confío en ti"*.

Esa lejanía, que puede interpretarse también referida a la posición física de los terapeutas, viene determinada por la posición que ocupan animador y observador en el grupo. Serge Gaudé señala que ambos se sitúan en el borde, ni dentro ni fuera, así el grupo se forma con un vacío central que sirve para evocar. Un vacío que, por otro lado, hace presente la falta y deja patente la ausencia de cualquier ideal del yo común.

De acuerdo con Serge Lesourd, diremos que, en psicodrama, lo que se pone en común es el ideal del yo individual, ese que es único en cada sujeto porque se ha formado a través de lo que ha interiorizado de las Figuras fundamentales de su infancia.

El discurso de la sesión se convierte en una expresión de las cuestiones fundamentales de la subjetividad: en relación con los requisitos del goce, las prohibiciones y las normas del deseo y la demanda.

Porque el discurso está dirigido a las figuras de autoridad, es fácil que lo que se demande sea un límite. Veamos:

Manolo dice que venir al grupo es un engorro, tiene que levantarse del sofá, ducharse. "La ducha no me agrada".

"Mi madre me duchaba y me hacía daño, ella me bañaba hasta que yo fui muy mayor; un día le tuve que decir que me quería duchar yo solo"

"Ahora para no ducharme, me quedo en el sofá, repantingado"

El animador, decide representar la escena, En la representación, Manolo pone dos sillas haciendo de bañera, con el respaldo de una de ellas en el centro, poniendo un límite entre él y su madre.

Enrique Cortés interpreta: "Frente a la angustia del goce que hace daño, de un límite que parece no llegar, Manolo toma la iniciativa: "quiero ducharme yo solo". Goce que se desplaza al síntoma, "me quedo "repantingado" en el sofá, ducharme (yo solo) no me gusta". ¿Qué no escucho el animador?

Quizá no se dio cuenta que al elegir para representar la escena incestuosa, daba permiso a ella; quizá pensó que llegado el momento se colocaría el límite; pero es en la misma escena que Manolo tiene que volver a ponerlos."

Dos sesiones más tarde Manolo se comporta transgrediendo las normas grupales: juega una y otra vez con el teléfono, lee wasaps...; desoye las llamadas de atención del animador...Es el grupo, sus iguales, los que le dicen: ¡basta ya! Ante ello dice sentirse atacado y abandona el grupo por considerarlo castrador.

Algunos autores consideran que existe una tercera imago, la fraternal, que, en la sociedad occidental actual, parece tener una cierta preponderancia, y que juega en detrimento de la figura del Padre, lo que aboca a veces al sujeto a un intento de goce sin límite.

Como Paul Lemoine señaló ya en su momento, la transferencia se basa en el amor y el odio, la identificación y los celos, reconstruyendo así las relaciones de los hijos con el padre y la madre .En psicodrama, por medio de la palabra y la representación se exploran esas relaciones del sujeto con su entorno.

Sergé Gaudé señala que el campo de trabajo en psicodrama freudiano, sigue siendo las relaciones del sujeto con las figuras de su novela familiar edípica.

Pero hemos dicho que en transferencia hay algo más que una mera repetición, y de acuerdo con Daniel Schoffer, diremos que "hay algo nuevo que no se explica por lo ocurrido anteriormente". No se trata, por tanto, de repetir la encrucijada edípica, sino de crear una nueva, quizá aquella "que nunca fue ni se tuvo"; porque la repetición no es una reproducción de escenas vividas (en psicodrama podemos observar que siempre surge algo nuevo), sino que "gira en torno a un vacío, a la forma en que ha quedado inscrito el desencuentro con lo que nunca pudo ser realizado".

Pero el deseo, desde que Adán y Eva fueron expulsados del Paraíso, insiste e insiste, sin dar tregua al sujeto en su afán de encontrar algún objeto capaz de llenar ese vacío, iniciándose para él "la danza del significante sobre la pista del significado, donde cualquier palabra y cualquier objeto pueden aparecer como sustitutos insuficientes de lo real imposible".

En el vacío central donde dijimos que se forma el grupo de psicodrama, se pondrá, a través de la transferencia, el inconsciente en acto, pero no se tratará de un simple acto de repetición, sino de la invención de un nuevo significante.

Bibliografía

Chavert, Marie Ange. Le transfert à l'epreuve du champscopique. Revue du psychodrama freudien, n° 150, 2010.

Cortés, Enrique. Casos clínicos facilitados e interpretados por él, que explicó en las clases impartidas en el tercer curso de formación en psicodrama freudiano del Aula de psicodrama, 2015.

Enriquez, Matilde. Lo que se pone en juego, la transferencia con el otro. Cuadernos de psicodrama n°2, 1984.

Freud, Sigmund. Recuerdo, repetición y elaboración, 1914. Ed. Biblioteca Nueva, 2007.

Fromm, Henri. Transferencia Indirecta. Cuadernos de Psicodrama n°16, 1989

Gaudé, Maríe Noëlle.Transfert et identification. Revue du psychodrame freudien n° 120, 1995

Gaudé, Serge D'untraitementparticulier du transfert en pratique thérapeutique, Revue du psychodrama freudien, n° 150, 2010.

Lemoine, Paul. Psicoanálisis o psicodrama: una alternativa de la apariencia. Cuadernos de psicodrama n° 3, 1984

Le transfert en psychodrame, 1987. Revue du psychodrama freudien n° 150, 2010

Lesourd, SergeTransfert et psychodramefreudien: des figures du Maitreaux figures de l'Autre. Revue du psychodrama freudien, n° 148, 2008

Schoffer, Daniel. El complejo de Edipo y la creación de la novela familiar. El psicoanálisis y la capacidad creativa en el ser humano. Edit. Bíblioteca Nueva, 2011

Thaysen, Alejandra. La transferencia en análisis freudiano de grupo. El análisis freudiano de grupo. Pacho O'donell y colaboradores, 1984.

LA IDENTIFICACION

Sibi Dominguez

Partimos del concepto de identificación tomado de la psicosociología. Este se reduce a un esquema muy simple compuesto por dos personas diferentes A y B ligadas entre sí por una relación de identificación. La persona A, ya bien individualizada, se transformará progresivamente por identificación en B. En consecuencia A, adoptará los rasgos de B, se identifica con B.

Freud, Lacan y el pensamiento psicoanalítico modificaran este esquema tradicional.

La identificación en Freud:

La identificación, lejos de unir a dos individuos transformándolos el uno en el otro, se produce en el espacio psíquico del mismo individuo.

Con Freud, abandonamos la distancia entre dos personas, y conservamos los términos A y B así como su transformación del uno en el otro, pero situándolo y situándonos en el ámbito psíquico. Por lo que, la identificación solo tiene lugar entre dos instancias inconscientes del mismo individuo.

Las relaciones pasan de ser intersubjetivas a relaciones intrapsiquicas. La identificación concebida por el psicoanálisis freudiano es un proceso de transformación efectuado en el seno mismo del aparato psíquico, por lo que no podrá ser percibido de forma directa por nuestros sentidos ya que el dato clínico observable de una identificación es indirecto.

Dicha identificación inconsciente se da entre el yo y la representación inconsciente del otro. Es un espacio psíquico no tridimensional, es un lugar impersonal[19] e inconsciente, donde estamos preocupados por entender como dos polos, el yo y el objeto, entran en una relación de identificación. Esta es la encrucijada:

Dar un nombre al proceso inconsciente realizado por el yo cuando este se transforma en un aspecto del objeto. Ambos, yo y objeto, serán considerados instancias inconscientes.

Nasio, reagrupa este concepto en dos grandes categorías[20] Por un lado *la identificación total* operada entre la instancia psíquica inconsciente denominada yo y esa otra instancia, igualmente inconsciente, que podemos denominar objeto total.

Y por otro, *la identificación parcial*, en la cual el yo se identifica con un aspecto del objeto. No confundamos el yo con la persona que somos ni el objeto con la persona del otro.

---

[19] Es un nivel no reconocido de acuerdo a un conjunto de referencias psicológicas y sociales.

[20] No hay clasificación del concepto de identificación en la obra de Freud.

El yo en Freud es una acepción inconsciente y la palabra objeto no designa la persona exterior del otro, sino la representación psíquica inconsciente de este otro.[21] Es decir, en el inconsciente no hay representaciones del otro, sino tan solo representaciones inconscientes e impersonales, a la espera de otro exterior que venga a adecuarse a ellas.

Por lo tanto, la palabra "objeto" puede generarnos ambigüedad. Por un lado podemos considerar objeto a la persona exterior del otro elegido o a uno de sus atributos. Y, por otro, tenemos la visión analítica, que considera el objeto como una representación inconsciente.

Identificación total:

Identificación total del yo con el objeto total, designada en la obra de Freud con el nombre de *identificación primaria*, es esencialmente mítica: no existe y no remite a hecho clínico directo alguno. Constituye una alegoría de la forma en la cual se transmitiría de generación en generación, la fuerza de la vida, la libido. El objeto total de esta identificación primaria es el Padre mítico de la horda primitiva, a quien los hijos devorarán hasta llegar a ser, cada uno de ellos, un padre.[22]

Identificaciones parciales:

Identificación del yo con un aspecto parcial del objeto, es decir el aspecto o la forma que puede adoptar una representación (un rasgo distintivo, una imagen global, una imagen local o incluso ser una emoción), es una forma particular de la representación inconsciente.

- *Con el rasgo distintivo del objeto*.- Es a esto a lo Freud denomina **identificación regresiva:** el yo establece primero un lazo con el objeto amado, deseado y, posteriormente, perdido, se separa de él, se repliega, regresa y se disuelve en las huellas simbólicas de aquello que ya no está. Es la identificación con el rasgo distintivo y desde donde Lacan integrará las bases de *la identificación simbólica*.

- *Con la imagen global del objeto*.- La representación inconsciente del objeto amado, deseado y perdido es una imagen. Y distinguimos entre el aspecto-imagen global del objeto y el aspecto-imagen local del mismo objeto. El mejor ejemplo es la identificación patológica que tiene lugar en la melancolía.

  El yo reproduce con fidelidad los perfiles y los movimientos de aquel que lo abandonó, y de esta manera se convierte en el igual de su imagen, su fundamento es el narcisismo. La imagen del objeto amado deseado y perdido, que el yo triste hace suya, es en realidad

---

[21]En realidad, el termino objeto nombra una representación inconsciente previa a la existencia del otro, una representación que ya está ahí y contra la cual vendrá a apoyarse luego la realidad exterior de la persona del otro.

[22]El malestar en la Cultura. Obras completas de Freud. Amorrortu.

su propia imagen a la cual había investido como si fuera la imagen del otro. Al amarla, se reflejaba en ella y se amaba a sí mismo.

- *A la imagen local del objeto*.- Esta imagen local es la imagen de la parte sexual del otro, es decir, la imagen local de la región genital del otro. Este, es un lugar imaginario del sexo del otro.[23] Si observamos el ejemplo clínico de la histeria[24]encontraremos dos formas de esta identificación local:

a) A su imagen focalizada en la parte genital del otro, y entonces el objeto será percibido como sexualmente deseable.

b) A su imagen desprovista de genitalidad, donde el objeto será percibido como sexualmente deseante en la medida que tiende a completar su falta.

- El yo histérico no solo se identifica con la imagen local del objeto, sino *también con la emoción* del orgasmo fantasmeado[25] en el momento de la unión de un hombre con una mujer[26]. Esto nos lleva a una identificación con el goce, pero el goce no está representado en el inconsciente, su representación falta y, en consecuencia, la identificación del yo con el goce deberá ser concebida como una identificación del yo con una ausencia de representación, y no con un aspecto de la representación. La representación histérica con el goce, debemos traducirla por "falta de representación". El yo va al lugar de un agujero en la trama de las representaciones psíquicas inconscientes.

Todo sueño, síntoma o fantasma histérico condensa y actualiza una triple identificación: identificación con el objeto deseado, con el objeto deseante y con el objeto goce de los dos amantes.

Freud describe la identificación diciendo: "identificarse es querer ser aquel que no se puede poseer". Partimos de la base de que el sujeto siempre desea al otro. Cuando no lo puede poseer se las arregla para ser el otro por la vía de la identificación.

La identificación en Lacan:

Para Lacan, la identificación es el nombre que sirve para designar el nacimiento de una nueva instancia psíquica, la producción de un nuevo sujeto.

---

[23]Esta modalidad la encontraremos en la identificación imaginaria lacaniana.

[24] Recordemos la intensidad con la que Dora puede tomar ambos roles complementarios.

[25] En el dominio del inconsciente.

[26] Como en el caso Dora. Historiales clínicos. Obras completas de Freud. Amorrortu.

Estamos ahora ante un esquema distinto de A convirtiéndose en B, es el esquema de la causación de uno de estos términos producido por el otro. Para Lacan, la identificación no solo es inconsciente, sino que, además, el proceso se invierte. En lugar de que A se transforme en B (como sucedía en el esquema freudiano), es B el que produce a A. La identificación significa que la cosa con la cual el yo se idéntica es la causa del yo; es decir que el rol activo que antes jugaba el yo es ahora ejecutado por el objeto. La encrucijada lacaniana nos dice que el agente de la identificación no es el yo, sino el objeto.

Lacan distingue dos categorías de identificaciones y una tercera que designaría la institución de un complejo psíquico:

- La primera está en el origen del sujeto del inconsciente y la denominó *identificación simbólica*. Sus componentes son el significante y el sujeto del inconsciente.

- La segunda está en el origen del yo y la denominó *identificación imaginaria*. Sus componentes son la imagen y el yo.

- La tercera modalidad la llamó *identificación fantasmática*. Sus componentes son el sujeto del inconsciente y el objeto *a*

Identificación simbólica:

Se refiere del sujeto con un significante. *Un significante es una entidad estrictamente formal* referida de modo indirecto a un hecho que se repite, consiste en un acto involuntario en la conducta consciente de un individuo. El significante puede ser una palabra, un gesto, el detalle de un relato, un silencio,...

El significante jamás existe solo, es siempre uno entre otros. *Un significante solo es significante para otros significantes*. Es decir, solo tiene valor si forma parte de un conjunto de unidades idénticas a él. Estamos hablando de una relación, relación entre un significante actual (un síntoma) y los otros significantes virtuales (otras ocasiones en que vivimos el mismo sufrimiento), y aparece un detalle invariable que marca todos esos momentos de dolor. Lacan denomina a este elemento común que se repite en cada uno de los acontecimientos significantes más allá de sus diferencias, *rasgo unario*. Rasgo porque marca cada instante repetido; unario porque es el Uno que unifica y reúne los diferentes significantes sucesivos.

Mientras que Freud busca el yo en el rasgo que se repite y relaciona, en un conjunto, a seres amados, deseados y perdidos, Lacan, enumera a las personas amadas y perdidas como significantes seriados, aísla un rasgo común y, finalmente, encuentra el sujeto del inconsciente. Por lo tanto el sujeto del inconsciente es en sí mismo el rasgo que unifica el conjunto de los significantes.

La identificación simbólica consiste justamente en la emergencia del sujeto del inconsciente, entendida como la producción de un rasgo singular que se distingue cuando retomamos uno a uno todos los significantes de una historia. El sujeto del inconsciente está identificado con un rasgo, siempre el mismo, y es un rasgo ausente, exterior a esta vida y que sin embargo la marca para siempre.

Cuando esta instancia es llamada rasgo unario, la inscribimos en el contexto de la repetición de los significantes; cuando se la nombra ideal del yo, la pensamos como el referente constante que regula las sucesivas identificaciones del yo con las imágenes; y cuando se la denomina falo, la concebimos como el referente que ordena las distintas modalidades d satisfacción sexual.

Identificación imaginaria:

La identificación imaginaria que da origen al yo es más que una serie de imágenes sucesivas, es, fundamentalmente, la fusión del yo con la parte agujereada de la imagen del semejante.

Concluimos:

Para el psicoanálisis, el mundo exterior no está compuesto por cosas y por seres sino que está compuesto fundamentalmente por imágenes. Cuando creemos percibir un objeto, nuestro yo sólo percibe la imagen del objeto. Así, entre el yo que se nutre de imágenes y el mundo fuente de imágenes, se extiende una dimensión imaginaria única, sin fronteras, en la cual el mundo y el yo son una sola y misma cosa hecha de imágenes.

El yo solo se identifica de modo selectivo con las imágenes en las cuales se reconoce.

La única cosa que cautiva, atrae y aliena al yo en la imagen del otro es precisamente aquello que no se percibe en la imagen, a saber, la parte sexual de ese otro. La verdadera captación imaginaria del yo no es aquella operada por la imagen sino por la parte no perceptible, negativizada de la imagen. Es con esta parte agujereada en la imagen con la que el yo se identifica realmente.

LAPLANCHE Y PONTALIS definen la identificación como:

"Un proceso psicológico mediante el cual un sujeto asimila un aspecto, una propiedad, un atributo de otro y se transforma, total o parcialmente sobre el modelo de éste. La personalidad se constituye y se diferencia mediante una serie de identificaciones"

Se trata por tanto de un proceso psicológico inconsciente, de un mecanismo de adaptación al mundo a través de la asimilación de aspectos de los otros y la incorporación al propio mapa psíquico.

Queda al descubierto que la identificación es un aspecto estructural y necesario a través del cual, el sujeto va con-formándose y construyendo su propio "yo", de una forma primitiva de vínculo con el otro donde el sujeto, en su proceso de adaptación al caos de su primera existencia, empieza a generar una estructura que servirá para empezar a poner orden y dar cierta forma al desorden.

Sabemos indirectamente de la identificación por la huella que deja en forma de acto, pero el rastro de cómo se construyó y el sentido de esa semejanza quedan ocultos en la maraña del inconsciente.

Es necesario diferenciar entre:

Imitar.- La imitación es un proceso consciente donde el sujeto toma como modelo a otro y trata de asemejarse a él voluntariamente.

Identificar.- Acción de reconocer como idéntico.

Identificación.- En la identificación, el sujeto queda marcado inconscientemente por la impronta del otro, y pasa en cierta manera a ser y a funcionar como el otro sin saber de ello.

El fenómeno de la identificación se refiere a los medios por los que, parte de la estructura psíquica, una persona tiende a asemejarse a la otra con la que esta emocionalmente unida de un modo significativo. La identificación nos permite reconocernos en el otro parcialmente.

Diferentes fases de la identificación

1.- Identificación primaria.- Entre madre e hijo. Freud consideró la identificación como "la manifestación más temprana de un lazo afectivo con el objeto". El niño que procede del estado intrauterino donde nada le faltó, ingresa ahora en un mundo en el que poco a poco va apareciendo la sombra carencial.

En esta fase, apenas existe diferenciación entre la madre y el hijo. La identidad solo dispone de componentes innatos, constitucionales y los provenientes de la fusión con el objeto madre. El sujeto absorbe al objeto o es invadido por él. En cualquier caso lo incorpora y dice "tener, sirve para ser" (sin el objeto, madre, no se siente nadie). En esta fase el sujeto y el objeto están fundidos formando la misma cosa.

2.- Estadio del espejo[27].- Según Lacan, el estadio del espejo sería la primera identificación del bebé ante el espejo, es literalmente originaria y fundadora de la serie de identificaciones que le seguirían luego e irán constituyendo el yo del ser humano, con la compañía de sus semejantes.

---

[27]El estadio de espejo lo veremos ampliamente en otro capítulo.

El yo es el resultado de identificarse con la propia imagen especular (se refiere al reflejo del propio cuerpo en el espejo, a la imagen de uno mismo que es simultáneamente uno mismo y otro). Esta fascinación especular es interpretada por Lacan como la identificación del niño con su imagen, la que encuentra allí por primera vez reflejada de manera completa

3.- La identificación propiamente dicha.- Comienza cuando las capacidades perceptivas y cognitiva del bebe se han desarrollado lo suficiente para permitirle distinguir al otro. Este hecho aparecería según Sullivan en el comienzo del segundo mes con el reconocimiento de la figura que calma-no calma la tensión de necesidades, y en el tercer mes, según Spitz, con la aparición de la sonrisa recíproca.

Freud distingue entre la fusión inicial del niño y el objeto que implica no distinguirse de los otros, y el principio de realidad (vehiculizado por la no satisfacción inmediata) que irá produciendo un corte que poco a poco ira hablándole de la presencia de otro separado de él, que en el caso de la madre, es quien regula su satisfacción.

Ese encuentro con el principio de realidad amenaza la completud y comienza a estructurar las bases de sí mismo como sujeto diferente de otro. Asimilar la diferencia pasa por un estadio intermedio de identificación, donde en un intento de borrar la sombra de la separación, el niño se identifica con el objeto.

Por tanto se van dibujando dos direcciones en la identificación, una regresiva y otra progresiva.

Identificación regresiva (imaginaria)

Sería la más fusional entre el niño y el objeto, que tiene que ver con la identificación primaria, momento en el que tener es equivalente a ser. El sujeto incorpora rasgos del otro y se identifica rígidamente con ellos en un intento por borrar la marca de la diferencia y el rastro de la falta, y mantenerse ilusoriamente en la fantasía de fusión, de completud. Olvida su propio deseo, y en este olvido, el sujeto se borra, se aliena y queda atrapado y repetirá una y otra vez una serie de conductas para no diferenciarse de ese otro.

Identificación progresiva (simbólica)

Es la vía alternativa y menos rígida que se corresponde con el Ideal del Yo. SI en el Yo Ideal el individuo queda pegado a la imagen con la que se identifica, el Ideal del Yo, ya se ha producido un cierto despegamiento de la misma, que ha sido pasada por el tamiz de la realidad y queda únicamente como un resto que perseguimos, un rasgo al que nos adscribimos en nuestra búsqueda particular, pero que más que alienarnos nos guía, y da lugar a la simbolización.

Podemos ver como la identificación, como capacidad de ocupar lugares y posiciones psíquicas diferente no es en sí un problema, pero si la fijeza o la rigidez con la que el sujeto se adhiere a esos lugares y el alienamiento identitario que se produce en consecuencia.

La identificación regresiva y progresiva son dos momentos del proceso evolutivo del sujeto. Si a través de una, el sujeto se construye pero queda atrapado, a través de la otra, el sujeto se libera a cambio de aceptar la diferencia. Se trata por tanto de un tránsito al que podemos llamar "descabalgamiento del narcisismo" y que implica el paso del Yo Ideal (tirano) al Ideal del Yo (motor), el paso de la rigidez a la flexibilidad, a la adaptación.

El Psicodrama es el lugar donde se juegan las identificaciones ya que todos los participantes están expuestos a las miradas de los otros. El grupo es el campo operativo donde se da la identificación regresiva porque todo el tiempo se juega en el terreno imaginario, y la representación va a producir la identificación progresiva.

Para los Lemoine, el grupo en relación con la identificación pasa por varios momentos:

Primer momento.- Al principio, el sujeto reclamará su diferenciación con el grupo, "yo no soy como ellos". Es un momento de individualización, donde el individuo del grupo se siente agresivo y molesto; todo debido a que no quiere ser confundido con los otros deseando la exclusividad de los padres-terapeutas.

En el caso del niño, miró a sus padres para confirmarse, el adulto lo hará dirigiendo su mirada a las figuras de quienes ocupan ese lugar diferente, el del animador y del observador, esperando un reconocimiento, la confirmación de la imagen que tiene de sí. El sujeto necesita mirarse en algún lugar para confirmar su imagen, pero aquellos que podrían reforzarlo, en psicodrama se abstienen.

La respuesta del terapeuta, es la de no responder, así la persona se verá empujada a arreglárselas por sí mismo, empezando a mirar a los otros participantes y anudándose a una cadena de identificaciones entre ellos.

En estos momentos nos podemos encontrar con abandonos alegando que el grupo no les ayuda o que no se siente con suficiente intimidad para hablar de sus cosas.

Segundo momento.- Es el de las identificaciones laterales; aquí la mirada tiene un papel destacado, cada miembro del grupo se identifica con el otro, en tanto que se reconoce en él. Es una vuelta al grupo donde el individuo va a poder ocupar su lugar, ese que sí puede ser, el que, le coloca al lado de sus hermanos, los otros miembros del grupo.

Tercer momento.- O de las identificaciones cruzadas. Esta identificación no consiste en basar el deseo propio en el deseo del otro o en atribuirle a este su propio deseo, ya no es regresiva. Se caracteriza en que el sujeto recupera su propio deseo a través de la presencia del otro y se libera de la angustia de atribuirle un nuevo lugar.

En el Psicodrama nos identificamos con las historias familiares del grupo. En él se reviven muchas de las emociones que tuvimos en nuestra familia, durante los primeros años de nuestra vida. Emociones que han perdurado en nosotros y ahora, en el grupo, encuentran un espacio para volver a ser revividas.

En este sentido el grupo actúa como padre y como madre. Como madre, en tanto que se reviven experiencias de satisfacción y de frustración, de amor y de odio haciéndonos sentir ambivalentes. Y como padre en tanto que surge la rebeldía y el sometimiento frente a la autoridad, surgiendo la rivalidad entre iguales en una compleja red de identificaciones.

"Si el sujeto, en la identificación se funde con el otro a través de la semejanza, en el psicodrama se encuentra constantemente con la diferencia".

"Se producen dos identificaciones, una repetida, que se representa, la otra actual y nueva; aquí los participantes renuncian a poseer alotro, y lo logran en su imaginación a través de una representación. El sujeto entonces, renuncia al otro, pero lo recupera en el plano simbólico en que siempre se gana una parte de lo real mientras se pierde otra. Acepta perder una parte de lo real gracias a la presencia del otro".

Viñetas clínicas:

⊹ Una paciente empieza a hablar sobre cómo ha aguantado durante años trabajos muy precarios y como eso hace que se sienta con baja autoestima. El terapeuta le dice que donde le lleva eso y la paciente se da cuenta que esa es la trayectoria laboral de su padre. "Trabajaba horas que no le pagaban, el sueldo lo cobraba cuando les venía en gana a los jefes, le quitaban pagas extraordinarias, etc., y él nunca decía nada". La paciente al narrar esto se da cuenta de que es exactamente lo mismo que hace ella.

Va un poco más allá y dice que además ella, le criticaba a su padre que aguantara esa situación, que es la que ella ha vivido hasta hace unos meses. El terapeuta la invita a que represente una situación en la que ella está reprochándole a su padre que aguante esa situación. La escena se desarrolla en la cocina, y están la madre y ella esperando a que llegue el padre. Ya en la representación, el padre llega, la madre está callada pero muestra afecto al padre mientras que ella empieza a reprocharle al padre. El terapeuta le pregunta ¿Qué estás haciendo?

Y ella se da cuenta que cuando la madre está en silencio, es ella quien reprocha al padre.

Aquí aparecen dos identificaciones, primero con el padre y su hacer en el trabajo y luego con la madre cogiendo el lugar de ella, un lugar que no le corresponde y en el que no quiere estar. Pero es la mirada del yo auxiliar de la madre, esa mirada cariñosa, ese gesto nuevo el que la hace darse cuenta que ella está haciendo lo que la madre en otras ocasiones. Ha cogido su lugar.

✛ Me decía una paciente el otro día: "Mi madre decía que no iba a poder, que yo me conformaba y que mi hermana no, ella si no era la marca de ropa que ella quería no se lo ponía. Que mi hermana si podía con todo. Y yo le decía, ¡lo ves como si puedo!, ¿Cómo que yo no puedo? ¡claro que puedo! No se reconocía mi esfuerzo ni las ganas que tenía"

Más adelante me decía: "... para mi madre todo tiene que ser con mucho sacrificio"

Aquí la identificación no es con lo que ella quisiera ser (como la hermana), la identificación está con el sacrificio y el esfuerzo que pone en todo lo que hace, y en el valor que para ella tiene esto.

✛ Comienza la sesión con una paciente que dice: "estoy haciendo algo por mi vida, algo que me de libertad (se trata del carnet de conducir). El terapeuta pregunta, ¿Qué no te hace libre? Mi trabajo, la situación en casa, mi madre enferma que me limita y que no puedo cambiar".

Otro miembro del grupo, comenta que eso pensaba ella, pero que eso no la acredita para estar libre. El terapeuta le pregunta "... ¿quién en tu caso, sería ese otro que va a venir a acreditarte a ti? Mi madre, responde.

¿En que tenía que ser ella? Si pienso un poco más, yo seguía el patrón que ella seguía aunque me parecía un poco censurable.

¿Cuál es tu patrón de mujer? Tenía dos.

Pregunto por el tuyo. Yo creía que era una persona más o menos libre aunque este en pareja, que sería una madre que no implicara restringir parte de su ser.

¿Y ahora? Es lo mismo, pero más complicado de lo que parece. De repente me veo haciendo cosas y no sé cómo he llegado a eso.

Y termina diciendo: "INTENTAR CONSTRUIR UN PATRON PROPIO ES COMPLICADO"

Más adelante otro miembro del grupo nos comenta que lleva toda la semana haciéndose la pregunta ¿Qué o quién soy yo? En su relato habla de una escena en la que llegó la última y se sentó en el único asiento que quedaba, esto la remite a su familia donde llegó la última y se tuvo que hacer un hueco junto a sus hermanos y de cara a los padres. Lo que la introduce en la rivalidad con su hermana.

Volvemos a encontrarnos con la dificultad de pasar de un "identificarnos al otro y con el otro" a un "identificarnos ante el otro". Se trata de una situación de encontrar el sitio, en la escena vemos el sitio que los demás nos dan cuando llegamos a un hogar que ya está funcionando. Y crecemos creyendo que el Otro nos va a dar el sitio, nuestro sitio. Sentirse libre y construir mi patrón, pasa por distanciarme de la figura de mamá, de esa imagen que conservo de ella y de nuestra relación.

Bibliografía

Teoría del Psicodrama. Gennie y Paul Lemoine. Gedisa editorial. Barcelona 1996

Enrique Cortes. Apuntes de Psicodrama (Freudiano). Editorial Club Universitario. Alicante 2004

J. David Nasio. 7 Conceptos lacanianos. Gedisa editorial

Carlos Gracia. Revista Speculum, nº 1. Editorial Fundamentos 2011

Maika Garmilla. ¿Por qué el espejo? Trabajo presentado en la Formación en Psicodrama como Herramienta Aplicada. UM, 2011

IX.   CAMBIO SUBJETIVO Y/O RUPTURA DE LA REPETICIÓN

Francisca García

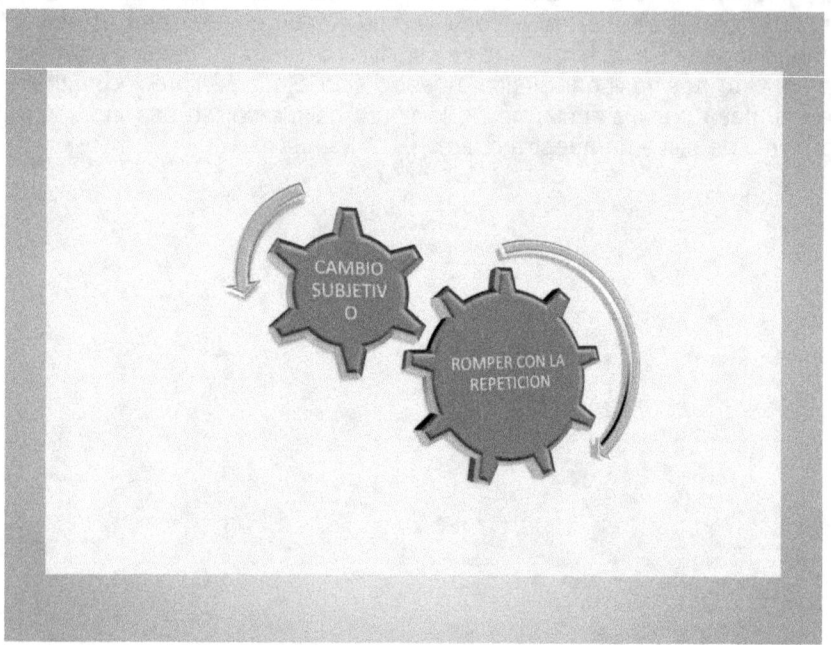

Escribir sobre repetición, al fin y al cabo, vuelve a ser repetir, pero no siempre de la misma manera.

Intentaré hacer un recorrido de atrás a adelante, como el que origina la repetición, empezando por una viñeta de mi cosecha, desglosada en partes que ayuden a entender el proceso, pasando después a una viñeta "de libro" y otra que sin haberse representado cumple todos los criterios para derivar en cambio subjetivo, para terminar haciendo un paralelismo entre esa escena original, matriz del psicodrama, el Fort-Da, y una historia personal.

> Olga manifiesta su preocupación cuando al preguntarle la lección a su hija, ésta, tras unos minutos recitando literalmente el texto, de pronto se equivoca en una palabra y se queda en blanco. Ante los nervios de su hija cada vez que le sucede esto, manifiesta no saber qué hacer para ayudarla, ya que lo que le sucede hasta ahora todas las veces es que se pone nerviosa e intenta que su hija se tranquilice en ese momento de bloqueo diciéndoselo, mientras ella le habla cada vez más alterada.

"El término repetición es un término de Freud. Este nos dice que si bien lo que buscamos antes que nada es el placer, existe un "más allá del principio del placer" que determina que la pulsión nos conduzca antes que nada hacia una repetición; nuestra insistencia en repetir experiencias frustradas del pasado conduce a plantearse el problema de la pulsión de muerte.

Esta inclinación (…) es tan intensa que (…) la conciencia que un sujeto tiene acerca del hecho de que repite no le es suficiente para inducirlo a no retomar incansablemente, aquello que en una ocasión anterior, no ha logrado desarrollar con éxito.

(…) La repetición se origina en mayor grado en la falta que en el placer: en una relación con objetos edípicos, con personajes con los cuales el encuentro ha sido un encuentro fallido.

(…) la repetición tiene mayor importancia que el placer, asume un aspecto de necesidad.

En Más allá del principio del placer, Freud se pregunta qué puede significar, en última instancia este eterno retorno de lo mismo que conduce al sujeto a algo distinto del placer. Su respuesta es la de que deseamos regresar a un estado anterior (…) al nacimiento (…), a la anulación de la tensión. " (1)

La repetición por tanto es un constante volver atrás, a nuestro pasado, como un déjávu pero del inconsciente. La repetición es el lugar donde se asientan las resistencias del sujeto, como soldaditos armados, que se manifiestan al actuar, defendiéndose repitiendo.

"Freud (…) ve, en la compulsión a la repetición, el tipo de resistencias y/o insistencias propias del Inconsciente."

Según Lacan " La pulsión es del orden de lo real y funda la repetición"

"La repetición es encuentro con ese real (…) y es por esencia siempre fallido. El objeto a es el objeto perdido y la repetición una repetición de esa pérdida".

"(…) se manifiesta la resistencia del sujeto, como repetición en acto."(2)

Pero en Psicodrama existe una gran ventaja: *"La repetición supone siempre una pequeña diferencia. Nunca se repite exactamente del mismo modo; gracias a ello, la repetición es revivida y no es mecánica."(3)*

Al jugar la escena, se repite la situación. Su hija, representada por el yo auxiliar, se bloquea y no sabe seguir. Olga insiste intentando tranquilizarla en su bloqueo cada vez más nerviosa y levantando la voz, sin ver a su hija y ambas van adquiriendo un estado de nervios tal que no ayuda en nada a cambiar la situación.

"El psicodrama privilegia la repetición".

(…) los miembros del grupo son los soportes de sus ideales y de sus identificaciones (…) todos tienden a asumir los mismos roles que tuvieron en su familia. ¿Qué buscan los sujetos a través de estos reencuentros? Puntos de referencia, sin duda, pero no tienen conciencia de ello, ni tampoco de los roles que repiten.

(…) el privilegio de la dramatización es lo que permite que resurjan los mismos gestos y las mismas palabras, sin que los sujetos tengan conciencia de ello."(4)

"Lo que al fin y al cabo se juega en psicodrama es el fracaso del encuentro. Por ello es un lugar privilegiado para introducir un significante nuevo en la repetición."(5)

"El Psicodrama es el lugar de la repetición, pero el lugar donde porque hay otra mirada o escucha, la repetición pasa a representación y donde el sujeto escucha su propio discurso, devuelto por el grupo, como un discurso de otro, pasando así de lo imaginario a lo simbólico."(6)

Al invertir los roles, y preguntada por la animadora acerca de cuál sería su necesidad en ese momento, Olga se responde en el lugar de su hija: necesitaría que en este momento mi madre me deje tranquila diez minutos, sin atosigarme y sin decirme que me tranquilice, porque después yo seré capaz de seguir cuando me tranquilice sola. Y me podrá seguir preguntando la lección.

"En el juego se detiene la repetición. Hasta entonces ha habido dos repeticiones fundamentales de las que podemos dar cuenta: la escena vivida, el relato y como tercera repetición, la representación."(7)

"En el juego no hay más que repetición o encuentro simbólico."(8)

"El juego pone, así, un muelle a la repetición, puede operar ahí la inversión, ya sea cuando el acto analítico se desvía, ya sea cuando las casualidades de la sesión encuentran un eco en el participante" (9)

"El juego interrumpe la cadena de las repeticiones a veces sustentadas por el acto analítico y pone en evidencia, gracias al retorno de un detalle reprimido o a una intervención sorpresa, un deseo ignorado, momento esencial que es el de una inversión dialéctica."(10)

Al volver a su sitio, Olga entiende que nunca se había planteado que su hija necesitara eso, y se da cuenta de que con su actitud, no puede ayudarla de ninguna manera. Ahora se le ofrece la oportunidad de probar otra "cosa" en esta situación, de "estar de otra manera".

Es así, desde lo cotidiano, y sin saberlo, como esta madre experimenta en un primer taller de una escuela de padres donde se trabaja con el psicodrama, el cambio subjetivo y la ruptura con la repetición.

Al terminar el taller, y mientras ayuda a colocar las sillas, Olga verbaliza entre sus compañeras lo importante que es también la propia infancia de cada uno en todo lo que se ha hablado. Quizás en próximas intervenciones tenga la oportunidad de jugarla.

"(...) la matriz del psicodrama es el juego del Fort-Da (...) que simboliza la repetición.

Lacan acaba el capítulo dedicado a la repetición con estas palabras: *"(...) A lo que apunta es a lo que esencialmente no está allí, en tanto que representado – pues el juego mismo es el representante de la pulsión (que por sí misma no tiene representación). En el psicodrama, como el nieto de Freud, jugamos con la presencia sobre un fondo de ausencia, esencialmente de lo que algún día sucedió. Punto de encuentro de lo imaginario y lo simbólico que transforma la repetición compulsiva en representación simbólica."(11)*

María dice: "se hace difícil el comprender, el querer que las cosas no cambien, que lo del otro se acomode a lo de uno, que se adapte". Interrogada por el coordinador agrega "mi hija está haciendo la adaptación en el jardín, bueno mi hija y yo". Cuenta entonces una anécdota de ella con su hija a la salida del jardín. La invita a la confitería. En ese momento se acuerda también de su infancia, de cuando ella fue llevada al jardín por su madre. Se dramatiza la escena. En la misma están ella y su hija en la confitería. María (la madre) le ofrece beber. Anita muy contenta acepta y además pide de comer. Y continúa "bueno Anita, ahora cuando mami llegue a casa se tiene que ir sabes?" Y se pone a llorar. Agrega que no quiere hacerlo pero que la pone mal dejarla. No sabe por qué se angustia.

Se repite la escena tomando entonces ella el lugar de su hija. Muy serena en la dramatización desde el lugar de Anita contesta: "¿por qué te vas a ir?" "Bueno, cuando vuelvas tráeme un chupetín". El poder oír el significante puesto en juego permite el paso a la dramatización. María tenía que adaptarse no solo a la separación de su hija sino a la separación de su madre, o sea de ella como hija, por eso, justamente recuerda, cuando ella fue dejada en el jardín por su madre. (...) No es Anita quien se preocupa y está triste porque su mamá parte, sino que es María, desde el lugar de madre, que como hija llora su ausencia. (María en varias oportunidades ha comentado que se ha tenido que arreglar sola. Ella es la tercera de cuatro mujeres y su madre "nunca se ha permitido no trabajar").

Al integrarse nuevamente al grupo, habla de la angustia que le causa el irse y dejar a sus hijas: "Todo significa un crecer, dice, pero no quiero crecer tan de golpe". "Necesito adaptarme".

La escena (...) permitió a María empezar a pensar en cual era realmente el motivo de su llanto. Nunca se sabe de antemano lo que el juego va a mostrar; pone como un muelle a la repetición y puede operar entonces como inversión (12)

"En Psicodrama nos servimos del juego como tope a la repetición imaginaria. El deseo se muestra en la contraposición significante de presencia-ausencia. El sujeto se descubre en los significantes que lo unen a su historia personal. La repetición pasa así a ser representación.

El motivo que genera la movilización inconsciente es siempre circunstancial y puede estar ligado a experiencias de la vida cotidiana de cada uno fuera del grupo o a una situación de cambio ocurrida en el propio encuadre grupal" (13)

Paloma encuentra en la máquina del parking a otra paciente de su terapeuta, que al verla le pregunta si es ella quien tiene cita a las 5, a lo que Paloma le contesta que sí. La chica le dice entonces divertida que se ha equivocado de hora y se va a tomarse un café. A Paloma esto le hace dudar "a ver si soy yo quien se ha equivocado", pero la chica le asegura que no, que es ella y se marcha tranquilamente.

Tras dejar el ticket en el coche y echar a andar, a Paloma le sobreviene un agudo dolor de rodilla que la hace llegar a su cita con la terapeuta cojeando. En la sala de espera, se va poniendo cada vez más nerviosa preguntándose por ese dolor. Parece una advertencia, tiene que andar con cuidado.

Interrogada por su terapeuta, hace la siguiente asociación: un sábado por la tarde, estando en la casa de la playa de unos tíos de mi novio, viene a buscarme un primo de él porque mi padre está intentando localizarme (en esa época todavía no había teléfonos móviles). Una compañera de trabajo me estaba llamando a casa de mis padres porque yo no había acudido a trabajar esa tarde y ella no se había podido ir. Muy azorada, llamo a mi padre que muy enfadado me dice que cómo se me ocurre no ir a trabajar, y me cuesta explicarle por su estado de enfado, que es ella quien trabajaba porque me cambió el turno por su interés a cambio de otro día. Luego la llamo a ella y se lo recuerdo, no se lo había anotado y no se acordaba, quedando todo aclarado.

Y verbaliza: mi sensación fue la misma de hoy. Dudo de mí. A ver si he sido yo quien se ha equivocado. Y una advertencia de mi padre: las cosas tienen que estar bien hechas, que no vuelva a pasar.

En ocasiones, y con la práctica psicodramática del paciente en su trabajo personal, la simple evocación de la escena por medio de la palabra moviliza hacia el cambio subjetivo. La palabra es presencia y ausencia de la cosa que designa, es una operación de mediación por la que el sujeto entra en un orden radicalmente distinto, el orden simbólico.

Y para terminar, un paralelismo a través de la historia del nieto de Freud y el juego del carretel, matriz del Psicodrama, con otra paciente:

En una entrevista publicada al nieto de Freud, Adriana Prengler, escribe (14):

"En su libro "Mas allá del Principio del Placer" (1920) Sigmund Freud cuenta que durante unas semanas de convivencia con su hija Sophie, su yerno y su nieto Ernest, pudo dedicarse a observar con atención el juego del pequeño.

El niño jugaba con sus juguetes a que "se iban", y concretamente esto hacía con un carretel. El juego completo con el carretel era ese, el de desaparecer y volver.

El niño tenía un carácter "juicioso" y no lloraba cuando la madre lo abandonaba por algunas horas, más bien parecía que se resignaba fácilmente.

Sin embargo, confundía a Freud el hecho de que la primera parte del juego era jugado la mayoría de las veces sin que le siguiera la segunda. ¿Dónde estaría entonces el placer de ese juego? Freud intuyó entonces un motivo que explicara el repetido juego sosteniendo que "en la vivencia con su madre el niño era pasivo, era afectado por ella; ahora (en el juego) se ponía en un papel activo repitiéndolo como juego, a pesar de que fue displacentero". A esta idea de cambio de pasividad en actividad se sumó otra interpretación referida a la presencia de " un impulso de vengarse de la madre por su partida, como si dijera: "Vete pues, no te necesito, yo mismo te echo", convirtiéndose así en el único responsable de la ida de su madre.

Al preguntársele sobre las interpretaciones formuladas por su abuelo en relación con su juego, afirmó haber coincidido con él plenamente. Hizo énfasis en la manera como este juego le otorgaba un sentimiento de control y dominio sobre la pérdida temporal de su madre.

Quizá su juego del carretel era una manera de permitirse no tener que saber, sólo tirar del carretel hacia sí y recuperar el objeto perdido.

Este juego del carretel, que fue observado e interpretado por su abuelo Sigmund como una manera simbólica de recrear separaciones y reencuentros, parece haber representado un paradigma en la vida de Ernest, ligado a las innumerables separaciones y reencuentros que a lo largo de su vida le tocó vivir.

En el relato que hace a Adriana, Ernest cuenta que sufrió pérdidas y separaciones desde su infancia: las ausencias de su madre coincidían con su padre en el ejército, y a la edad de 5 años Y diez meses muere su madre embarazada de su pequeño futuro hermano; pero también posteriormente, la muerte de un hijo a los 30 años y la pérdida de todas sus pertenencias en un traslado de domicilio entre países. Él llegó sano y salvo, pero gran parte de sus objetos se perdieron en un accidente que provocó un incendio en el tren en que viajaban; libros, recuerdos familiares, objetos testimonio de 84 años de historia de vida. Ernest le mostró algunos de sus libros más queridos con sus páginas consumidas por el fuego. Aunque quemados, recuperó parte de ellos re-apropiándose así de partes de sí mismo.

Nuevamente algo desaparece y aparece, aunque al re-aparecer se ha transformado en un objeto distinto.

Pareciera que él nunca se quejó demasiado de las pérdidas, como hacía cuando lo dejaba su madre, pero que insistió en escenificar tales pérdidas, sobrellevándolas con sublimada dignidad, inicialmente con su juego, y posteriormente, en la adultez, a través de sus estudios e investigaciones donde exploraba experiencias traumáticas que se entrelazaban con su propia historia.

Los juguetes (o-o-o-o... fort) se iban, su madre, sus hermanos, su padre, sus objetos... pero no reaparecieron como habría de esperarse. Sin embargo, Ernest parece no abandonar su carretel. Se dedica al estudio del Psicoanálisis, al nacimiento, sus milagros y sus tragedias a través de la investigación de la perinatalidad y de la relación madre-hijo. El fue el primer infante observado psicoanalíticamente y se convirtió, a su vez en asiduo observador de infantes que trata de ligar la teoría con la práctica psicoanalítica... ligar separaciones con reencuentros.

Nada fácil la tarea que le ha tocado vivir - que de alguna manera sin duda todos compartimos - tarea que viene practicando desde su tierna infancia, desde siempre. Trata de controlar y adaptarse a las separaciones sin desfallecer, teniendo la ilusión de atraer nuevamente hacia sí el carretel, seguir adelante...y esperar el próximo reencuentro."

La madre de Olivia tuvo que ingresar en el hospital cuando ella tenía 15 meses de edad, y ella se quedó al cuidado de su abuela. Hasta que se recuperó definitivamente, la madre iba y venía entre visitas a médicos y estancias en reposo para su recuperación. La abuela de Olivia y su madre, tenían una relación muy estrecha, y la abuela se pasó toda su vida yendo y viniendo entre su casa y la de su hija (la madre de Olivia).

Cuando acabó el instituto, Olivia se marcha a estudiar a la capital, y vive allí en un piso compartido con compañeras. Al acabar la carrera, sin trabajo, vuelve a casa de sus padres, pero se matricula en otra, y así, tres días a la semana, va y viene en el autobús a la universidad de nuevo. Allí conoce a un chico y se casa dos años después marchándose a vivir con su marido a 100 km de la casa de sus padres.

Desde entonces fue yendo y volviendo con asiduidad prácticamente todos los fines de semana a ver a sus padres. Decide estudiar una tercera carrera, Psicología, y es madre. A su vez, mientras está embarazada inicia su terapia personal que ha continuado hasta hoy, durante 10 años aproximadamente, combinándola con su formación como psicóloga en distintas parcelas, y ejerciéndola en trabajo con niños y padres. Ha hecho de sus estudios y formación su paradigma de vida.

Olivia ha tenido una historia de identificación con su madre muy fuerte, y llegó a darse cuenta de lo largo que era su cordón umbilical. Con el tiempo,

> las idas y venidas a casa de sus padres se fueron espaciando, cuando Olivia tomó conciencia de su identificación y del manejo de su propio deseo. Cuando Olivia empezó a manejar "su carretel".

Y vuelta al principio, pero algo ha cambiado.

De la palabra al juego en la escena y a ese encuentro con un detalle que hace dudar de la verdad subjetiva en la que hemos creído hasta ahora, y que produce un cambio, cambio subjetivo que abre una puerta a lo novedoso, la puerta que conduce a mirar, posicionarse o replantearse la situación de distinta manera, y por tanto que conduce directamente hacia la ruptura con la repetición.

Y como si del "Ministerio del tiempo" se tratase, al cruzar esa puerta ya no hay vuelta atrás. Y sumergidos en ese tiempo anterior donde se originó la historia, mi historia, tenemos la oportunidad de releer y reescriturarla, ahora como protagonistas.

Y a otra cosa...

Bibliografía y referencias bibliográficas

(1)   Tª Psicodrama, pág.41-45

(2)   Cuadernos de Psicodrama, 13: pág 9-10

(3) Cuadernos de psicodrama: p.69.

(4)   Tª Psicodrama, pág.41-45

(5)   Cuadernos de Psicodrama, 13: Pág.10

(6)   Cuaderno de Psicodrama n1. Pág4:

(7)   Cuaderno de Psicodrama n1. pág10:

(8)   Cuaderno de Psicodrama n1. Pág 21

(9)   Cuaderno de psicodrama n2-3. P28:

(10) Cuaderno de psicodrama n2-3. P31

(11) Cuadernos de Psicodrama, 13. Pág11

(12) Cuadernos de Psicodrama, 13 Pág.16-18:

(13) Cuadernos de psicodrama n14 pág.24

(14) Fort-Da, Revista de Psicoanálisis con niños.El niño del carretel: una visita a W.Ernest Freud. Adriana Prengler C. núm.3, Abril 2001

X.   OPERATIVIDAD DEL PSICODRAMA

+ Psicodrama y toxicomanía (J. M. Aznar y Mª T. Fernández)

+ El psicodrama en la institución: Psicodrama individual con psicóticos (Joseph M. SEPT. Francia)

+ Psicodrama y Psicosis (Carmen P. y Celes A.)

+ Psicodrama y Triangulación parental (Carmen R.)

+ Psicodrama y adolescencia (Enrique C.)

+ Grupo de mujeres en un centro de atención primaria (Elisa B.)

PSICODRAMA Y TOXICOMANIA

José Miguel Arnal, Mimí Bayarri, Teresa Fernández y Mario Jordá

El enfermo toxicómano es el individuo que se separa del grupo quizás precisamente porque se pretende indiviso en su persona. El individuo se desengancha así del cuerpo social. El intento de volver a engancharlo inicia dos caminos, ambos sin salida, en el toxicómano.

Por un lado el significante heroína no encuentra otros significantes donde hacer serie, cerrándose la cadena. Por otro lado, esa misma heroína convirtiéndose en significante amo que cohesiona al grupo imaginario le lleva a su identificación fundamental: "yo soy toxicómano". Así se constituye el grupo marginal conformando una pequeña sociedad al lado de la sociedad existente. Pequeña sociedad con su propio argot, sus propios fines e incluso sus propias leyes.

En "más allá del principio del placer", Freud nos relata aproximadamente lo que sigue: un día observó que su nieto de 18 meses, cuando su madre no estaba con él, se entretenía en hacer desaparecer y retornar un carrete atado a un hilo. Al echarlo fuera el niño emitía el sonido "o-o-o", sonido que la familia traducía sin dificultad como "fort" (se fue) y al traer el carrete de nuevo saludaba con un amistoso "da" (aquí está).

No fue difícil para Freud establecer una correspondencia entre el juego y las ausencias de la madre del niño, de modo que éste convertía en juego repetido lo que de otra manera podría ser un drama para él. Fort-Da: pareja significante que permite al niño inaugurar la serie de significantes, su entrada en lo simbólico a partir de la carencia.

En el toxicómano no hay madre, pero tampoco carrete, hay Heroína. Objeto cuyo goce cierra la apertura significante, un significante amo al cual el grupo se identifica. Sin posibilidad de sucesivos desplazamientos.

No hay desplazamiento del significante amo Heroína, pero el juego continua de otro modo: enganche-desenganche. Y en este movimiento, la ausencia de heroína y la incapacidad de desplazamiento hacia otro objeto produce un síntoma, el del llamado síndrome de abstinencia; síntoma que permite articular una queja, que no una demanda. La demanda llegará al terapeuta por otro conducto: familiar o social.

El toxicómano repite su queja, hasta provocar la náusea, la angustia del otro, del terapeuta, al que una y otra vez dejará compuesto y sin novia, preguntándose acerca de lo que quiere tan curioso paciente.

Hay un saber sobre la heroinomanía que el toxicómano no concede al terapeuta. Ese saber pertenece a la tribu, al grupo imaginario. Error, y error grave, el del terapeuta que pretende instaurarse como sujeto supuesto saber respecto a la heroína. El toxicómano abandonará aquí al pretendido terapeuta una y otra vez

Si algún supuesto saber va a permitir al terapeuta, ser situado en el lugar de tal, va a ser no en relación al significante heroína y a su síntoma, sino en relación al objeto de su ausencia. El toxicómano sabe del Da; el terapeuta sabe del Fort, sabe lo que lo enferma, sabe de su falta. El sujeto supuesto saber puede instaurarse justo a partir de ser sujeto supuesto saber de la falta.

Para empezar a trabajar en ese sentido, para conseguir la separación del objeto y la ruptura de esa identificación imaginaria al grupo que permita el posterior desplazamiento significante, en una palabra, para que el sujeto comience a hablar, ha sido fundamental en nuestra experiencia el psicodrama.

El terapeuta, decíamos, no sabe sobre el síntoma del toxicómano en tanto en cuanto éste no le concede, no le supone este saber. Entonces ¿en qué consiste la clínica del toxicómano?; ¿hay que reducirla a la ausencia o desaparición del síntoma? Nosotros pensamos en lo erróneo de este planteamiento, no desde el discurso de la ciencia sino por la ignorancia esencial que la sustenta.

*Artículo rescatado de la revista Speculum nº 3. Como se decía allí el artículo fue encontrado entre otros documentos y los autores, alguno ya fallecido, no han podido ser localizados. Solo se sabe que fue escrito para las VII Jornadas de REIMS. Plataforma Internacional para una Clínica del Toxicómano, del año 1988

Curar el síntoma, adaptar al enfermo a los avatares de una circunstancia social, "conducirle" a modos de comportamiento que les haga accesible un simple ilusorio bienestar en el mundo: efectos de reparación, en suma. Así habla el discurso del Amo. Curar el síntoma, tal la demanda del Amo orquestada por mil voces dispares. Curar aquello que en apariencia, universaliza a todos los toxicómanos, aquello que permite hablar de El Toxicómano.

Pero si el discurso del Amo insiste en tal especificidad no es, sin duda, por lo que hace a cada uno de nuestros pacientes sino por haberse constituido en síntoma social privilegiado de nuestra época.

Lo que nosotros proponemos es abrir y sostener un espacio donde el paciente sea escuchado, es decir, donde pueda hablar. Si nuestra palabra consigue soportar el deseo particular del que se trata en cada ocasión, podemos estar seguros de que el sujeto sabrá, en lo sucesivo, hacerse cargo de ese deseo sin sentir su verdad como una amenaza.

Si una clínica del toxicómano es posible es solo en el caso por caso.

Cuando el paciente ingresa en la Institución, se establece una transferencia masiva paranoica. El clasifica todos los objetos con su mirada. La primera demanda del paciente ante la Institución es, en la mayoría de los casos, una falsa demanda por cuanto vehiculiza la palabra de otros.

El "yo soy toxicómano" se convierte en "yo soy/estoy enfermo". No es aún la demanda de un sujeto, sino de la imagen reflejada sobre un cuerpo sufriente de las instituciones familiar, social, judicial etc... se tratará, en primer lugar, de operar el corte entre demanda médica y demanda terapéutica.

Con la llegada a la Comunidad Terapéutica, se produce un primer desplazamiento de la identificación. Todos los que allí trabajan deben saber del intento en sus primeros días de internamiento de todos y cada uno de los pacientes por abandonar e irse. Aún no establecida la vinculación con el grupo, el recién llegado se encuentra sin lugar.

A partir de aquí el recién llegado tendrá un nuevo significante de identificación: "nosotros, los toxicómanos" se convierte en "nosotros, los pacientes de la comunidad terapéutica". Primer desplazamiento que, aún sobre el eje imaginario, permite sin embargo la aproximación a un punto de posible articulación con el eje simbólico.

Esta primera aproximación a lo simbólico se da, como decimos, en el espacio del trabajo de grupo del psicodrama. Allí el paciente comienza a hablar, "aparición de la palabra en donde sólo había un símbolo mudo repetitivo".

El psicodrama por su característica de lugares fijos facilita el descentramiento mediante el juego.

El director; en un primer movimiento, se sitúa como objeto de las miradas de todos. Su presencia soporta la pulsión escópica del grupo para que uno entre ellos comience su relato. Relato todavía dirigido al otro imaginario, bla-bla-bla del yo que cree tener el objeto a su disposición.

En un segundo momento el director, cortando el relato y pasando a la dramatización, se quita dejando un lugar vacío. Ausencia sobre la que hará su aparición el deseo del Otro, el deseo del propio sujeto.

Ese lugar será ocupado sucesivamente por el antagonista y por el mismo protagonista en la inversión de roles. Pero tal presencia ya es fallida. Presencia que en el fondo es ausencia.

En el lugar del Fort-Da, el carrete que vuelve ya no es la madre real. Ausencia de la cosa, escenario vacío y dividido sobre el que la palabra hace su aparición.

El otro lugar fijo, en la estructura del psicodrama es el del observador. El no interviene en el desarrollo de la sesión, sólo escucha. Y dice su palabra al final de la misma para "reducir la escena a un dicho". Garante último de lo simbólico tanto para el grupo como para el propio director. Con su escucha y su palabra, el observador posibilita la aparición de ese lazo social libre de los efectos del grupo como amo.

Antes de pasar a las viñetas clínicas terminaremos con unas palabras de Colette Soler: "Evidentemente no podemos decir que el registro del deseo sea el registro de la felicidad.

Lacan siempre los opone. Si la felicidad es la homeostasis, la tranquilidad del sujeto en su mundo, entonces la felicidad no puede ser alcanzada por un sujeto que no renuncie al deseo". Así que opone esta felicidad confortable y el deseo. Pero al mismo tiempo podemos decir que el deseo es preferible éticamente, porque es la verdad del hombre.

Viñetas Clínicas.-

Pretendemos trazar un recorrido a través de tres escenas de psicodrama en las que el paciente en cuestión actúa como protagonista.

El deseo es metonimia de la demanda, demanda que es inconsciente. Demanda articulada al deseo que la falta en el Otro hace aparecer en psicodrama, pero demanda de qué. No es excesivamente arriesgado aventurar la respuesta: demanda de cura.

Primera escena: "Cascanueces".

Xavi es el "jefe de cocina" en la Comunidad Psicoterapéutica. Tras una comida ha sacado nueces encima de la mesa para repartir entre los comensales (pacientes y algún miembro del equipo terapéutico).

Un paciente, Luis, reclama su parte (¿sus partes?) a Xavi, diciéndole que no tiene. Xavi se dirige a otro paciente, Antonio, para que dé a Luis parte de las nueces que ha cogido. Antonio contesta a Xavi, con la mano en los cojones: "coge estas". Xavi se dirige hacia él con la mano alzada y ahí concluye la escena.

Consideramos dos soliloquios. En uno, Xavi, habla de su excitación emocional ante la burla de Antonio. En el segundo, dice que casi se descontrola y siente miedo de sí mismo, para acabar diciendo: "me falta la palabra".

La demanda de Luis remite a Xavi a su función simbólica en la Comunidad terapéutica. La entrada en discurso de Antonio con su metáfora-broma coloca a Xavi frente a un impasse que luego él mismo nombrará y que, sobre la marcha, resuelve con el gesto de alzar la mano.

Analicemos en primer lugar la metáfora de Antonio: el resto semántico que se precipita tiene un claro referente sexual, pero algo falta, el pene que Xavi erige con el brazo, momento del que dirá: "me estoy excitando" deteniendo ahí el gesto.

Algo falla en Xavi cuando de lo simbólico se trata, enfrentado en su propia función simbólica en la Comunidad, (aquél que bromea con el sexo algo tiene de padre real, las tiene todas), algo que impide a Xavi asumir la metáfora como tal y le lleva a cerrar la cadena significante con una metonimia sobre su propio cuerpo. Y en tanto que toda metonimia conlleva una referencia al objeto, aquí se reintroduce el objeto que falta, el pene en el brazo alzado, y en tal gesto Xavi recupera el simbólico. (Anudándose los tres registros: real, simbólico e imaginario)

Para golpear Xavi debe levantar el brazo, pero una vez levantado, hecho el gesto significante, ¿para qué golpear?; Xavi acabará diciendo: "me faltan las palabras".

Un dato a añadir: al día siguiente de la tercera escena, Xavi se fracturará el brazo, mutilación de lo real que en el apres-coup da sentido a esta primera escena.

<u>Segunda escena</u>: "Del silencio del padre al padre sin vergüenza".

Sucede en casa de sus padres, Xavi tiene heroína encima de la mesa de su habitación. El padre entra sin llamar y pregunta "eso, ¿qué es?". "Heroína", responde Xavi.

El padre exclama: "¡Ah!" y sale de la habitación. En el relato, previamente, ha aparecido como Xavi desde hace tiempo ha ido dejando jeringuillas usadas y restos por la casa, sin que nunca haya sido interpelado al respecto.

Si la escena anterior termina con la aparición de la angustia en torno a la frase "me faltan las palabras", en esta la angustia se sitúa desde el comienzo como efecto de la ausencia de un padre, de su silencio. Xavi le llama, pedirá de él que cumpla su función en relación al saber y a la prohibición.

En un soliloquio Xavi añadirá: "lo tenía que saber". Pero el padre ni sabe, ni prohíbe, por más que Xavi en la inversión de roles pondrá en su boca, a través de soliloquios, sentencias de sabiduría y futuros castigos. Pero la realidad que le reprocha, la queja de Xavi desde su angustia, es su silencio.

Sabemos que el significante de la castración es la única protección con la que contamos frente al llamado de un goce puro. La demanda de separación de Xavi respecto al objeto prohibido no es atendida por el padre que queda atrapado en la contemplación de la escena de la Heroína con su hijo, la angustia alrededor del lugar hueco que representa al padre es la que justamente va a buscar apoyo en la heroína. El padre, sin vergüenza, mira y exclama: ¡Ah!

Pero algo de la metáfora paterna ha funcionado en Xavi y ello le permitirá llamarlo una y otra vez. Xavi seguirá buscando, como se verá en la siguiente escena, ese significante de la castración que sustenta el deseo del Otro y pone límite al goce, que le permitirá separarse de la terrible posición que ocupa respecto al deseo de Ella, la Heroína de todos los cuentos y todas las fantasías.

Tercera escena: "Sabina está tras un diván".

Xavi relata la escena de la ruptura con la chica con la que llevaba tres años conviviendo. De nombre Sabina. "Estamos en el pueblo, en un salón bastante grande, yo estoy tumbado en un sofá y ella, sentada en un sillón. Ese día rompió ella conmigo, nos dice, porque intentó sacarme del mundo de las drogas". Sabina nombra un deseo exterior: "Estoy perdiendo cosas, ya no puedo más".

Elige un hombre para el papel de Sabina, el mismo que eligió para padre en la escena anterior.

Xavi da las palabras al antagonista: "me dices que te vas, que has intentado un montón de veces separarme del caballo, que se ha quedado sin fuerzas. Su nombre es Sabina".

Hagamos un pequeño paréntesis para ver el giro de la forma impersonal: "Se ha quedado sin fuerzas", ¿quién?, ¿el caballo?, "su nombre es Sabina". Hero-ina, Sab-ina.

El cambio en el sujeto del enunciado remite a la vinculación que el objeto droga mantiene con el Otro. En realidad el toxicómano quiere hacer creer al Otro que posee el objeto de su goce; con lo cual si el Otro desaparece, tal objeto desfallece.

Un dato más que Xavi nos entrega en su relato. En el pueblo de su novia, él era llamado Saba.

Sab-a. Hero-in-a. Sab-in-a. Cadena significante donde de modo particularmente explícito podemos entrever la función que la droga heroica cumple en la constitución, bien que dolorosa, de un sujeto y además, darse una respuesta a la pregunta ¿qué es ser una mujer? El toxicómano tiene su respuesta: una mujer es una heroína. Y él para ella el héroe de las mil aventuras y desventuras, que adornan el cotidiano de los toxicómanos. Sab-a, célula narcisista en la que el sujeto adherido a ese Otro primigenio, desinencia y esencia de lo femenino, a de Mamá. Cara gozosa.

Pero con la Hero-in-a nuestro sujeto opera, también, esa primera separación, restituye el lugar del Otro. La heroína puede funcionar en lo real, como una magnífica gestora del goce, y en lo simbólico, como significante de identificación dado por el otro: "Yo soy heroinómano". Esta primera separación propiciada por el significante heroína, le va a permitir ocupar un lugar propio, bien que todavía imaginario.

Al final de la escena, Xavi dirá: "¡Qué vergüenza!: estoy encarnado". La intervención terapéutica sosteniendo su vergüenza: "si estás encarnado", va a permitir que Xavi añada: "el nombre de mi madre es Encarnación". Xavi es el falo erecto que, sometido a una mirada exterior, la de aquel hacia quien la madre dirigió de algún modo la suya, siente vergüenza.

Retomemos el inicio de su relato: "ella rompió conmigo". Ella rompió ese día la relación imaginaria entre yoes. Este es el don de Sabina, el de su ausencia. La enseñanza, el saber que ella dona a Xavi con su pérdida no es cualquiera. En el primer soliloquio desde su propio lugar, Xavi nos dice: "tenía que llegar. La he dejado hecha polvo". ¿Dónde tenía que llegar? El está tumbado en el sofá. ¿Qué dice la pulsión? Goza. ¿Quiere esto decir goza de tu propio cuerpo o goza del cuerpo del otro como de tu propia metáfora?". "La he dejado hecha polvo" (ella, identificada al objeto droga). En otro soliloquio dirá: "Se ha hartado de mi, yo la he hartado". El sujeto que aquí pugna por constituirse aún deberá reclamar sobre el hartazgo*, un plus de goce, objeto que es causa de su deseo. Con la inversión de roles, Xavi hará un soliloquio desde el lugar de Sabina: "tengo que pensar en mi, si no pienso en mi este hombre me va a destrozar toda". Nombrando su deseo, el Otro se barra, se constituye como separado.

Emergencia de la función paterna que va a permitir a Xavi recoger en forma invertida su propio deseo: ser nombrado como hombre. Ella ha nombrado su deseo, su falta por tanto, y lo nombra sobre lo abusivo de un goce.

---

*Saciado, repleto, lleno

PSICODRAMA INDIVIDUAL EN LA INSTITUCION: LA PSICOSIS *

Joseph M. (traducción de Enrique C.)

El psicodrama en la institución posee una cuestión que le es específica; su final generalmente depende del fin de la hospitalización. Por lo tanto se necesita de un tiempo para trabajar esta cuestión.

Saint M. es una institución que da la bienvenida desde 1972 a jóvenes psicóticos para estancias medias o de larga duración. Son proyectos que se inscriben dentro de dos ejes particulares: uno, más general de la psicoterapia institucional, y el otro, más específico, de la psicoterapia del grupo cotidiano.

El psicodrama analítico individual está instaurado en Saint M. desde 1973. Su estructura es simple. Las sesiones son semanales y duran 30 minutos. A ellas acude un solo paciente. El equipo está compuesto únicamente de cuidadores, todos ellos formados en psicodrama y con un trabajo analítico terminado o en marcha. Uno de los enfermeros tiene la posición de animador y no juega nunca. Todos los otros pueden ser llamados a jugar. La sesión está constituida por una sucesión de juegos, la mayoría de las veces ficticias, propuestas por el paciente, los tiempos de verbalización (devolución) son reducidos a lo más simple.

Los pacientes que vienen al psicodrama son, generalmente, enviados por el equipo que se ocupa de ellos. Pero no entran a formar parte del trabajo psicodramático hasta que la demanda viene de ellos. Entonces son recibidos por el animador que les presenta en qué consiste el psicodrama y sus reglas: las tres primeras sesiones son consideradas como de primer contacto, después de lo cual el paciente hace la demanda y firma un acuerdo de continuación; a partir de ahí el equipo da su consentimiento, o no, una vez evaluado el caso.

Ello exige un contrato de presencia de al menos ocho sesiones. De hecho el psicodrama dura el tiempo en que se queda. Cuando el paciente se va, se reservan tres sesiones si después de las tres sesiones él no ha vuelto, el psicodrama se declara concluido. Esta regla de las tres ausencias también vale para el caso de las ausencias de las sesiones.

Recuerdo aquí una frase de René Kaës: "como el sueño, el juego es una repetición elaborada de escenas congeladas, no conexas, repetitivas". Nosotros, por lo tanto, ponemos el acento en el aspecto de la repetición y del enlace que permite el psicodrama. Lejos de ser una resistencia enfermante y mortífera, la repetición se convierte en una fuerza de enlace y de puesta en movimiento, gracias a la relación transferencial en que se basa.

En el psicodrama de Brigitte vamos a comentar esta dinámica repetitiva, la cual se va a jugar alrededor de la cuestión de la separación experimentada como un abandono.

*Este artículo es un resumen del Le psychodrame en institución, la question de la séparation et du départ (SPET nº 150)

Brigitte es una joven de 22 años cuando ella llega a Saint M. Su padre es administrativo; el está en dificultades profesionales y financieras y no trabaja mucho. El tiene antecedentes depresivos y sigue una psicoterapia después de varios años. Tiene una cirugía de baypass desde hace cinco años. La carta de admisión dice: "lazos fusionales con su hija" en tanto que él está presente todos los días en su casa". La madre es secretaria y esta descrita como: "frágil y ausente". La pareja no se entiende bien: ellos discuten y duermen en habitaciones separadas.

Brigitte tiene un hermano de cinco años, muy brillante según el punto de vista escolar. El deja la familia para ingresar en la escuela superior.
Las dificultades de Brigitte empiezan hace siete años. Cuando ella tenía 15 años fue víctima de una agresión sexual por parte de un adolescente en un bosque.

Ella desde entonces tiene trastorno de ansiedad, ataques de pánico, de agorafobia, fobia escolar grave y trastornos en la alimentación. A su llegada a Saint M., ella estaba descolarizada y desde hacía algunos años daba cursos por correspondencia. Atravesó un periodo de depresión grave y tuvo tres tentativas de suicidio por medicación.

Su primera hospitalización fue hace cinco años. Un año después ella fue de nuevo hospitalizada, en un momento en que nosotros teníamos el servicio cerrado, lo tuvimos cerrado durante tres meses.

Entonces recibimos la siguiente nota: "La paciente reclama una presencia casi permanente cerca de ella". En ese momento recibió una terapia cognitivo-comportamental, volviendo a casa de sus padres porque no podía separarse de ellos.

Más tarde su médico la envió de nuevo a Saint M. para hacer "un trabajo de separación" de su familia.

De sus padres la paciente dice lo siguiente: "Con mi padre no hay una justa medida: yo lo adoro y lo detesto. Cuando uno de nosotros está mal, hay odio, él me reprocha siempre cosas, y tira tierra sobre mí. En cuanto a mi madre, la amo.

Además él es muy colérico. Yo no puedo acordarme de un momento en mi adolescencia donde él no estuviese enfermo. El tiene problemas cardio-vasculares muy graves. Yo tengo miedo a que me abandone y que se muera. Cuando yo le veo comer y beber mucho, yo me pongo muy inquieta."

Su carta de demanda de hospitalización es muy concisa y poco afectuosa: "Mi objetivo es reencontrar mi autonomía, sentirme bien con los otros y poder retomar mis estudios."

Brigitte se presenta como una joven tímida y voluntariosa. Ella tiene la cabeza ligeramente bajada y una mirada muy determinada. Tiene a menudo un aire grave. Sus hábitos son repetitivos y su aspecto físico no muy bueno.

EL TRABAJO REALIZADO EN PSICODRAMA

El psicodrama duró durante un poco más de un año: lo primero que hicimos fue solventar rápidamente las grandes líneas de trabajo antes de abordar más específicamente el trabajo sobre su salida.

Nosotros sabemos lo importante que son los primeros juegos en psicodrama: donde como en las primeras escenas de una psicoterapia, a menudo se acostumbra a decir todo condensádamente.

Durante sus primeros juegos, ella pone en escena una situación donde ella tiene 18 años, y donde ella le pide a su madre que le explique cómo se pone un tapón higiénico. Su madre se lo explica haciendo una demostración en su propio cuerpo.

Rápidamente vimos una especie de desafío que Brigitte nos lanza del orden de un: "no eres capaz". ¿Hasta dónde nosotros aceptamos ir con ella?

Nosotros, además, podemos entrever, también, otras cuestiones: como aquellas de la protección contra la intrusión, las del respeto de su intimidad, las de la diferencia de los cuerpos (el suyo, el de su madre); por último el fin de la sexualidad y de la feminidad.

Esta escena tuvo eco en otra que ella jugará varios meses más tarde donde ella reprocha a su padre: "de no ser suficientemente severo." Ella tiene 10 años, es por la tarde, su padre y su hermano están presentes. Ella tenía una baja nota en su dictado. El padre que ella presenta como fallido, dice: "yo me voy a acostar". Brigitte entonces dice delante de su familia: "yo estoy en cinta", agregando que ella tiene la regla desde los 9 años, que ha hecho el amor, que se había divertido y que quería dejar la casa.

Entonces ella les envía un reproche que, será la tónica del conjunto de su psicodrama: "yo no comprendo porque vosotros me pusisteis una niñera en casa a los seis meses".

La cuestión sexual tiene nexo con la agresión que ella va a introducir de una manera metafórica con imágenes de la naturaleza.

En el juego ella tiene 30 años. Ella es recibida por el consejo de administración de una sociedad que debe limpiar un bosque de 10000 hectáreas en los Alpes. Ella representa a una asociación de defensa de la naturaleza y es geógrafa. Ella tiene una relación platónica con el presidente de la sociedad al que ella llama Bernard, este era el nombre de su amigo en Saint M. Bernard le propone salvaguardarle un pequeño rincón del bosque y construirle una casa, lo que ella rehúsa.

Después ella hace un segundo juego donde pasea por ese bosque; allí va a encontrar a cuatro trabajadores deforestando, entonces ella coge las herramientas y esparce grasa por encima para inutilizarlas y agarrando la sierra de las manos de un trabajador le corta el sexo, diciendo: "Usted no habría de dejar vuestra bragueta abierta".

En la siguiente verbalización, yo le recuerdo lo que nos contó sobre la agresión sexual que sufrió de adolescente por un hombre, en un parque, donde él la obligó a tocarle el sexo.

En el siguiente juego ella vincula la comida con lo sexual. En la elaboración de la escena, ella primero dice tener dos meses, después corrige y dice que es antes de su nacimiento y por fin dice, dos años. Ella jugando el rol de su madre rehúsa violentamente a un hombre diciéndole: "su leche no es buena".

En otra escena, ella se refiere a unos elementos de su carnet de nacimiento, de identidad, que estaban ocultos por un lápiz marcador. En la escena ella despierta a un médico que le dice que la composición de la leche de su madre no era buena: "no era pura y contenía unos elementos de esperma".

Seguidamente a este juego, el animador le da algunas asociaciones posibles: el semen en la boca que ella rehúsa, el sexo que el hombre le presenta durante su agresión; el tampón que su madre introduce en su propio sexo.

Hay un tercer tema que se repite en el psicodrama de Brigitte, es la relación con su amigo Bernard. El es un amigo que ella hizo en Saint M. con quien tiene unas relaciones cercanas pero permaneciendo en plan amigable, sin intercambios físicos o sexuales. Él le puede recordar a las figuras fraternas: su hermano o el hijo de su niñera.

Bernard interviene en una escena donde el anuncia que abandona Saint M. entonces ella coge un martillo que encuentra en un cofre de su coche y rompe el parabrisas del vehículo de Bernard. Su amigo le dice: "¿tú no puedes decirme que me amas?; yo te lo había dicho", le responde Brigitte.

A la semana siguiente ella repite el mimo juego, donde ella va a jugar el rol de Bernard que dice: "yo espero no escuchar hablar más de ti".

Este "no escuchar hablar más de alguien", le recuerda un episodio oscuro de la vida de su padre al que ella retorna periódicamente. Su padre tiene una primera mujer antes que su madre, de la cual no habla jamás, ella le preguntó a su abuela a propósito de una foto.

Era una foto de la mujer de su padre y a Brigitte le parece que se le parece mucho. Ella no la conoce y ni siquiera sabe si ella vive todavía, tan sólo sabe que su padre la dejó cuando ella estaba enferma. Un cáncer imagina.

En cuanto al trabajo más específico en relación a la separación se juega en dos registros.

El primero, a través del conjunto de su psicodrama y está constituido por un elemento de su historia, cuando tuvo a su niñera a la edad de 6 meses.

La segunda tendrá una duración de tres meses y gira en torno a su partida de Saint M. y de su separación de nosotros.

El trabajo de la despedida no se puede separar de su relación con el pasado y de lo que le ocurre con las personas cuando ellas desaparecen.

Brigitte va a relacionarlo con la primera mujer de su padre; pero también con su abuelo paterno del que ella solo sabe que se separó muy pronto de su abuela y finalmente del pasado de su propia madre de la que ella solo tiene una imagen enigmática: una foto donde ella se muestra como "Mis Aquitaine" en un carruaje. Estos enigmas se unen al de su propio nacimiento donde su padre tenía, entonces, una depresión. Y finalmente, las razones de haberla dejado con la niñera.

Esta relación del pasado también se refiere a ella misma. Lo que le lleva a jugar una escena donde ella pierde la memoria a raíz de un choque que se produce en su nacimiento y al mal trato por parte de su partera.

Ella evoca, primeramente el momento en que la dejan con la niñera, un juego al que ella intenta darle la vuelta, buscando excusas para reprocharles a sus padres; ella dice que porque cuando la dejaban con Chiristophe, el hijo de la niñera, no le decían ni le preguntaban nada.

La escena de la niñera se articulará directamente al enlace transferencial con nosotros cuando, después de una parada del psicodrama, de tres semanas por las vacaciones, ella me recibe con ese reproche: "usted cree que me hace gracia que el psicodrama se haya parado durante tres semanas", donde ella emplea palabra por palabra el reproche de cuando dejaron a la niñera.

Para concluir, nosotros podemos avanzar que el juego nos permite una recuperación elaborativa de escenas congeladas y no conexas. El trabajo del psicodrama puede crear un imaginario que rodea a estos eventos y por lo tanto restaurar sus vidas, lo que permite, en este caso, a Brigitte evolucionar y poder tener una vida social que ella había abandonado hacia años.

PSICODRAMA Y PSICOSIS

Carmen P. y Celes A.

Nuestra experiencia consta de un seguimiento grupal de personas con **estructura psicótica**, diagnosticadas de **esquizofrenia paranoide**, utilizando como herramienta de trabajo el **psicodrama freudiano**.

Una vez decididas a desarrollar la experiencia, nos encontramos con escasez de trabajos similares y con la advertencia del riesgo que podía suponer utilizar el psicodrama con personas con estructura psicótica.

Dentro de la escasez de antecedentes, rescatamos la experiencia de Gennie Lemoine con un grupo de psicodrama en un entorno psiquiátrico. Hemos encontrado diferencias en el tipo de integrantes en cuanto al deterioro, medicación y entorno en el que se lleva a cabo.

Grupo de Partida:

La experiencia que vamos a exponer se desarrolla dentro de un Centro de Día, como actividad perteneciente al programa de Atención Psicológica.

Desde un modelo psicosocial y con perspectiva de una psiquiatría más comunitaria es desde dónde partimos en nuestra intervención. Nutriéndonos de otros modelos de atención más humanos, y alejándonos de modelos más biologicistas o psiquiatrizados que no son más que una continuación descafeinada y legalizada del antiguo sistema manicomial.

Como punto de partida creimos conveniente incluir el psicodrama en un grupo estable y consolidado, este grupo tiene un vagaje terapeutico anterior de 3 años, cada año se abre el grupo para incluir nuevos miembros y para despedir a otros, algunos integrantes llevan desde el principio asistiendo y otros se han incorporado este año o el anterior.

El motivo de esta elección es el nivel de confianza y apertura necesarios para utilizar esta herramienta, debido a la especial dificultad que comporta la estructura psicótica en grupo. En este sentido, este grupo ya contaba con estos requisitos facilitando la incorporación de la técnica psicodramática. Sin embargo, la confianza y la apertura fueron fluctuando a lo largo del trabajo terapéutico dado la naturaleza del diagnóstico principal, esquizofrenia paranoide.

La metodología de la terapia de grupo es una tarea en colaboración, en la que el terapeuta asume la responsabilidad clínica del grupo y sus miembros. El grupo se reunía una vez a la semana durante dos horas. En él, los miembros expresan de la manera más libre y honesta posible sus dificultades, sentimientos, ideas, delirios, y reacciones. Esta exploración da a los miembros del grupo la materia prima para comprenderse y ayudarse. Los miembros no sólo aprenden de sí mismos y sus propios problemas, sino que actúan también como "ayudantes terapéuticos" de los demás. Este grupo ha sido guiado por una psicóloga y en él han participado 15 usuarios.

Hay que incidir que este grupo ha sido cerrado durante cada curso para fomentar y proteger la intimidad de los participantes y ha sido formado por personas con conciencia de sus síntomas psicóticos y con deseo de seguir explorando, creciendo y sanando. Son personas que ya han pasado por otros grupos de habilidades sociales y psicoeducación, con mayor autonomía y cuyo deteriorono ha mermado la ilusión de aprender y de involucrarse en la conciencia social y la armonía personal y familiar.

Partiendo de este grupo, en enero de 2015 se incorpora otra psicóloga como coterapeuta. Es con este escenario donde comenzamos nuestra aventura.

Características de los integrantes:

- Se trata de personas de ambos sexos, con control farmacológico.

- Su rango de edad es amplio, desde los 24 hasta los 60 años, y su nivel de estudios va desde primaria hasta estudios universitarios.

- Algunos de ellos han estado en hospitalización continua en el pasado, mientras que otros solo han requerido algún ingreso en algún momento de crisis personal.

- Se trata de pacientes que en su totalidad han manifestado un período psicótico agudo y cursan un período permanente respecto a su diagnóstico psiquiátrico.

Nuestra Experiencia:

Comenzamos la experiencia con una sesión informativa sobre qué es el psicodrama y en qué consiste, para posteriormente solicitar el permiso del grupo para el uso de esta herramienta.

Nos gustaría comentar la diferencia encontrada entre el psicodrama para personas con estructura *neurótica* y estructura *psicótica:*

- El paciente con estructura **neurótica** posee mecanismos de defensa especializados que hacen que su discurso sea resistente, mientras que en la estructura psicótica, los mecanismos de defensa son muy primitivos.

- El paciente con estructura **psicótica** vuelca su discurso inconsciente en su totalidad, sin represión alguna. Por lo tanto, la intervención terapéutica ha consistido en acotar este discurso de goce, que tiende al infinito y limitar el discurso a elementos concretos y que pertenezcan a la realidad. **Lo recomendable** es trabajar con las *escenas nimias* que se encuadren en el presente o en un pasado cercano. Trabajar escenas primitivas o primarias desde la frustración puede derrumbar esa estructura frágil, por ello, nos gustaría hacer hincapié en la importancia de la **precaución** en la intervención psicodramática.

- La gran diferencia la encontramos en la dificultad que presenta la estructura psicótica respecto a la simbolización.

  La **simbolización** tiene que ver con asociar un símbolo (una palabra, un significante) a un afecto y a una idea. Más allá de lo imaginario que tiene que ver con el mundo de los sentidos y de las imágenes. Por ello Lacan habla del dominio y la naturaleza determinante del lenguaje en la existencia humana. En el desarrollo evolutivo humano llega un momento que lo simbólico se superpone a lo imaginario. En la estructura psicótica esta superposición no se da porque hay un rechazo de la castración, rechazándose el significante NOMBRE DEL PADRE (forclusión) el cual organiza el lenguaje y por lo tanto lo simbólico queda desorganizado. Así lo imaginario sigue predominando y lo simbólico, no se interioriza, como mucho se imita.

  Este desorden en lo simbólico creado por un agujero en torno al significante Nombre del Padre afecta a la organización del espacio y a la conciencia o posición de filiación. En torno a este agujero se va a crear una nueva realidad pérdida (síntomas psicóticos), el problema no es tanto la pérdida de realidad, sino el mecanismo de formación de la nueva realidad que viene a sustituirla.

"La forclusión implica el rechazo radical de un elemento particular del orden simbólico (es decir, del lenguaje), y no cualquier elemento, el elemento que en cierto sentido sostiene y ancla ese orden simbólico en su totalidad. Cuando este elemento es forcluido, todo el sistema simbólico se ve afectado" (Bruce Fink).

Según Nasio, la forclusión es un desorden de la simbolización de la experiencia de la castración. Defecto de inscripción en el inconsciente de la experiencia normativa de la castración. Se niega la castración. No se asume el propio sexo ni se reconocen los propios límites. La ausencia de la simbolización de la castración conlleva una incertidumbre.

Es la incapacidad del yo para defenderse contra el peligro de una representación psíquica intolerable.

Lacan afirma, que el elemento forclusión en la psicosis concierne íntimamente al padre y se refiere a él como "NOMBRE DEL PADRE", función paterna.

La función paterna es una función simbólica.

Dado que nuestra intervención a través del psicodrama tiene como objetivo aportar un espacio terapéutico al universo psicótico, creemos que desde esta herramienta podemos incluir "algo de simbolización" a este universo.

La carencia de simbolización es una debilidad a la hora de trabajar el psicodrama freudiano con la estructura psicótica; nosotras hemos confiado en que a través de la dramatización se puede alcanzar o recuperar "algo de esa simbolización" desterrada en la psicosis.

En una sesión, una paciente dijo; *"Mi madre y yo estuvimos a punto de ahogarnos en el mar menor; se metió dentro, se cogió a mí y perdimos las dos el fondo"* (se hunden). *"Me río por lo ridículo". "Mi madre siempre ha sido una miedosa al agua".*

Esta paciente tiene una relación fusional con su madre. Es una escena que muestra el fenómeno de la forclusión. ¿Dónde está el padre en la escena? No está, ni lo nombra; no está incluida mínimamente su función.

¿Qué significa en ese contexto, *"caminar con UNA madre es sentirte protegida"*? Su madre en esta escena no ejerce de protectora; cuando llega el momento de proteger, casi se ahogan. Esta es una escena donde vemos que no aparece la función paterna, algo que la salve del hundimiento al ser agarrada por su madre.

En otra sesión esta misma paciente expresa: *"Una cosa es tener miedo a las reacciones de tu padre y otra es, otra clase de miedo, que te intimide por el mero hecho de existir".* La presencia de los límites que provienen de la figura paterna la considera tan peligrosa que incluso intimida por el mero hecho de existir.

Queremos compartir el relato de otro paciente que se encontraba en un momento donde, por reajustes de ratio en su zona sanitaria debía cambiar de psiquiatra.

"Tengo la cita última con mi psiquiatra, tengo que cambiar de zona". "Estoy inquieto por la despedida". "Los cambios me inquietan". "Igual es para mejor, pero no lo sé". "Es un vínculo muy fuerte con ella". "Sé que la vida son cambios pero cada vez que hay uno me quedo preocupado, en exceso, eso me dicen mi psicóloga, mi familia, mi tutora..."

"Me dicen que aquí también hay buenos psiquiatras".

"Quisiera seguir con ella pero no es posible, ella me habla de la ley y del artículo tal y cual...nada, que no puede ser".

En estas sesiones pudo expresar su descontento, pues había estado en tratamiento con esa psiquiatra durante muchos años.

El siguiente relato se encuadra en el momento de la despedida, en la última sesión con ella:

"Me despedí de mi psiquiatra la semana pasada, había otro, un MIR, no fue muy doloroso para mí"

Terapeuta 1: ¿No fue muy doloroso porque había otro?

"Sí, con otro delante no me abrí tanto". "A ver a quién me toca ahora de psiquiatra en el nuevo centro de salud mental".

Aquí, el paciente considera que no pudo transmitirle lo que quería y nos preguntamos cómo es la relación de este hombre con su padre. A continuación exponemos relatos del paciente sobre su padre:

"Mi padre es mi mayor enemigo, hace y deshace en mi nombre y no me entero".

Terapeuta 1: ¿Y por qué sigues viviendo en su casa?

"Una vez me fui a vivir a la casa donde vivíamos antes, cuando murió mi madre"; "mi padre me desarmó la cama (para que no pudiera dormir allí), en esos momentos es cuando yo consumía cocaína, terminé en la cárcel por tráfico y me tiré dos años y medio en proyecto hombre". "No me fue bien, caí en picado".

"Es muy egoísta, me dice, tú se bueno que después tendrás la herencia, apoya en la casa que la casa te apoyará a ti y yo estoy viendo que no".

"Quiero quitarle los poderes sobre mí, los del notario y las propiedades, yo soy como un hombre de papel para él, no me fio de él, siempre me está diciendo y demostrando que es él el que manda".

La relación es conflictiva y frustrante para el paciente porque el padre le pone límites muy bruscos y autoritarios, donde no hay opciones. Es difícil soportar la castración cuando no hay alternativas, en este caso solo hay frustración.

¿Qué ocurre cuando hay un Otro presente? Otro representado a la vez por la Ley, y por el MIR (médico interno residente) presente en la escena. En esta escena hay "algo" de función paterna. No hay castración, hay frustración.

Su psiquiatra le pone límites; recurre al gran Otro, a la ley. Le está diciendo que hay un otro que me castra a mí también. Por otro lado, él lo vivencia como menos doloroso también cuando hay una presencia real de otro.Es menos doloroso porque hay un MIR delante, que hace que la experiencia de la separación sea menos dolorosa y pueda aceptarla. Y esto hace que no se abra, no se parte, no se escinde …. (¿no se brota?)

¿Qué hubiese pasado si se llega a abrir…?

A raíz del discurso con la psiquiatra, el paciente relata que por norma general, desconfía más de las mujeres que de los hombres por experiencias que ha tenido. Tras esto se disponía a compartir una:

"Yo tenía una novia a la que quería mucho, de colegio de monjas, bonita, nos queríamos mucho". "Yo perdí la salud, el trabajo, cambié y ella cambió de parecer". "Me quedé en un rincón llorando, avergonzado, no quería salir a la calle". "Esto fue en el 99, ha cicatrizado, pero la cicatriz está ahí".

"Con mi compañera de trabajo, se me fue la mano, la rocé y no se lo comenté a mi novia, me despidieron por acoso, pasé entre ella y el palé y le rocé el culo, ya no me gasto coqueteos como antes, últimamente se me han insinuado varias". *"Para ver algo mejor de lo que tenía es difícil".*

"He terminado de aceptar la enfermedad, creía que el PP quería meterme al manicomio". *"Exploté como una bomba, la encargada me chillaba, yo se lo decía al jefe de personal pero no pasaba nada".* *"Mi padre es el que me ha sometido, ese sí que es un fascista del PP".*

Cuando le acusan de acoso en su trabajo se brota. El paciente pone al enemigo fuera; ahora él es el perseguido.

Nos tenemos que cuestionar el que la compañera denunciara por un solo acto y de ese calibre, ya que, es difícil que te despidan del trabajo por una cuestión así y además ocurre que él se brota.

Tiene que haber una amenaza para pararle; algo de función paterna. El paciente se brota porque no hay un reconocimiento de ese acto, se lo lleva al delirio y empieza a ser perseguido por los enemigos.

Aunque puede haber algo de función paterna, no hay una ley interiorizada, la amenaza está fuera, concretamente en el Partido Popular. De este mismo partido consideraba que era la nueva terapeuta que entraba al grupo.

"Al principio desconfié de ella". *"Pensé que era una espía del PP que venía para hundirme".* (Se refiere a la terapeuta que se incorpora en enero al grupo).

Esto no lo había contado hasta transcurridas unas cuantas sesiones, a partir de aquí, se abre y cuenta su historia en el grupo.

"Ya no me gasto coqueteos como antes". Lo cuenta como puede y como sabe. **Es en el punto de forclusión donde entra en crisis la estructura psicótica.**

En un momento de la sesión, el paciente dice*: "mi padre es un fascista que me ha sometido".* Este padre le somete a la ley y se brota cuando aparece la ley, es ahí donde da cuenta el punto de forclusión.

No sabemos hasta dónde llega el padre en sus actos, es decir, hasta dónde se pasa en sus actos.

VIÑETA CLÍNICA

Comienza el protagonista narrando el siguiente discurso:

"Hoy he visto en terapia individual cómo cuando paso con la furgoneta que nos lleva de nuestra casa al Centro y viceversa, tengo morriña de esos sitios, porque me lo he pasado bien y quiero ir otra vez. Tengo una sed de eso infinita.

Terapeuta: ¿Infinita?, ¿Nunca se sacia esa sed?

"No se sacia. Le he preguntado a mi psicóloga cómo puedo pasarlo mejor porque cuando estoy encerrado en el cine oigo voces y ella me ha dicho que esas voces pueden ser parecidas a cuando yo iba al colegio… es una sala cerrada, apuntando al profesor como a la pantalla y ella dice que puede ser una cosa parecida".

Terapeuta: ¿Cómo en el dibujo que hiciste?

"Si, eso fue viendo en el Centro Comercial la película Venganza 3. Quiero volver al cine este fin de semana. Anoche estuvo Will Smith divirtiéndose en el Hormiguero (programa de la televisión) y quiero ver la película que va a hacer que se llama "Focus" y van a estrenar más películas que me gustan y quiero ir este fin de semana al cine. Y también este fin de semana viene….aunque no debería decirlo…porque mi familia no quiere, sobre todo mi madre, que…que…Benigno…mucha gente de aquí lo sabe sin que se lo tenga que decir, pues Benigno, un novio de mi madre que es del norte, viene a mi casa este fin de semana y pienso que me lo voy a pasar bien y estoy deseando que llegue el viernes para ir al cine y para estar con Benigno.

Terapeuta: ¿Te gusta estar con él?

"Si, aunque él dice cuando está con nosotros porque no nos conoce mucho…porque a la que más conoce es a mi madre, que se pone nervioso, dice que le están temblando las piernas antes de venir este fin de semana a mi casa. Y bueno, no sé si hay más cosas pero… ¿qué decís vosotros de esto?

Compañera 1: ¿Has dicho que se llama, Benigno?

"Si, se llama Benigno".

(Aquí el grupo devuelve que les ha llamado la atención el nombre y comienzan a reír).

Compañera 1: Mejor eso que no maligno.

"Si, a él le gusta que le llamen "Beni" pero yo lo llamo Benigno. En verano iremos a verle a su casa".

Terapeuta: ¿Cuánto tiempo lo conoces?

"Un año y medio o dos".

Terapeuta: ¿Viene poco?

"Pues cuando vamos a su casa lo vemos…pero a quien más ve es a mi madre, porque se ven y quedan y hacen cosas juntos, sobre todo ellos dos juntos".

Compañera 2: Hacen cosas juntos…

Terapeuta: Hacen cosas juntos…

Terapeuta 2: ¿Qué crees que hacen?, pregunta a la compañera 2.

Compañera 2 (Entre risas): Pues supongo que...ir al cine o tener sexo, ¿no? (ríe).

Terapeuta: Porque lo de ir al cine no te da tanta risa.

"Yo creo que no han tenido...no sé cómo he contado las cosas pero yo creo que sexo no han tenido".

Compañera 1: ¿Quién te dice a ti eso?

"Ellos no han tenido sexo, pero creo que se dan besos en la boca y eso".

Terapeuta: ¿Por qué piensas que no han tenido sexo?

"Pues no sé, son los dos muy mayores y aunque tuvieran sexo no creo que tuvieran un bebé o algo de eso".

Terapeuta 2: ¿El sexo sólo se hace para tener bebés?

"No (responde serio), ¿no, no es así?

Terapeuta 2: No

Terapeuta: ¿Y tu madre te ha dicho que no lo cuentes?

"Si, una vez se me escapó estando con un amigo y mi hermano se lo dijo a mi madre: "se le ha escapado que tienes un novio que se llama Benigno" (imitando al hermano). *Ella dijo que no pasaba nada, y ya se lo ha contado".*

Terapeuta: ¿Es malo tener novio, que no hay que contarlo?

*"No. Sobre todo a quien no hay que contárselo es a mi **padre verdadero.** Porque mi padre puede liar una buena. Si se entera que mi madre está con uno puede que se enfade. Sobre todo a él no hay que contárselo. Yo pienso que a una persona que no sea mi padre verdadero si lo puedo contar".*

Terapeuta 2: ¿Esto te lo explicó tu madre?

"Si, si ella quiere que no se sepa; yo le digo que esto entre nosotros dos".

Terapeuta: ¿Por qué le llamas "padre verdadero"?

"Porque es mi padre verdadero".

Terapeuta: ¿Hay otro padre que no es verdadero?

"Pues sí, Benigno podría ser como un padre para mí, como un segundo padre, porque yo me lo paso bien con él, me llevo bien con él y él no es mi padre verdadero. Mi padre verdadero es el que vive en...y se llama tal... (Nombra a su padre con nombres y apellidos y el lugar de residencia de este) *y el otro...es Benigno".*

(Se hace un largo silencio en el grupo).

Compañera 2: Uno es benigno y el otro es maligno (ríen).

Terapeuta: ¿Quién es el maligno?

Compañera 2: Será su padre verdadero...

Compañera 1: El de la película, no sé, un héroe o algo... ¡el maligno!...es un poco contradictorio, un héroe malo, villano.

"Sobre todo, por las noches suelen hablar y mi madre no para de reírse con él. Le cuenta cosas graciosas, sucesos que le han hecho gracia a mi madre".

Terapeuta 2: ¿Por teléfono?

"Si, por teléfono y por las noches. La verdad es que eso a mí me molesta. Me molesta estar de noche y oír a mi madre hablar cuando yo estoy descansando. Pero yo no le digo nada, pienso cosas".

Terapeuta: ¿Piensas cosas?

"Pienso que puedo acostarme antes que llegue la noche y ellos estén hablando".

Terapeuta 2: ¿Qué es lo que te molesta?, ¿el ruido?

"Sí, el ruido, que no me deja descansar del todo. Hasta que no terminan no puedo descansar bien".

Terapeuta: Pero, ¿tan fuerte hablan?

"Mi madre habla en su habitación con Benigno y le oigo hablar".

Terapeuta: ¿Tu puerta está cerrada?

"Sí".

Terapeuta: ¿La escuchas?, ¿habla muy fuerte?

"Sí".

Terapeuta: ¿Qué cosas piensas tú ahí?

"Que mi madre se está divirtiendo con su novio".

Terapeuta: ¿Y eso te molesta?

"No, eso no me molesta. Me molesta que hable y se oiga en mi habitación y no me deje dormir".

Terapeuta: Has dicho que piensas cosas y te molestan.

"Eso a cualquier hora si uno está descansando puede molestar. Por eso no le digo nada, porque si lo hace en otro momento y estoy durmiendo la siesta también me va a molestar. Por eso no le digo nada, le doy libertad".

Terapeuta: Porque te va a molestar hable a la hora que hable...

"Sí".

(Se hace un largo silencio en el grupo).

Terapeuta 2: ¿Tú crees que a ella le molestaría que le dijeses...?

"No. Entonces... ¿se lo tengo que decir, no? se lo podría decir, no pasa nada. También le puede decir mi madre a Benigno que yo se lo he dicho a ella y llame más temprano".

Terapeuta: O que hable más flojo o que se cambien de habitación.

Terapeuta 2: A lo mejor tu madre no sabe que la escuchas.

"Sí, yo creo que ella no lo sabe".

Terapeuta: Entonces, ¿tú escuchas lo que hablan?

"Sí. No lo oigo del todo bien, pero escucho como habla mi madre, que se ríe".

Terapeuta 2: ¿Qué tono tiene?

"Se ríe, alegre. Oigo que le dice "qué tonto", así con cariño y a él no le molestan esas cosas".

Terapeuta: A él no le molesta que le diga que es tonto.

"Porque se lo dice en plan de cariño, no en plan de insultarle".

Terapeuta: ¿Anoche la escuchaste hablar?

"Sí, todas las noches la escucho hablar".

(Aquí, el paciente se queda en silencio mirando fijamente a la terapeuta).

Terapeuta: ¿Estas esperando algo?

"No, no. A ver si me decís algo de lo que he contado. Si alguien me dice algo de lo que he contado" (mientras mira e incluye al grupo).

Compañero 3: Tendrías que avisar a tu madre que se le oye, se ve que los tabiques son demasiado endebles...las construcciones modernas...no tienes por qué enterarte de una conversación privada y también tienes que descansar.

Compañera 2: Yo pienso que no es cuestión de los tabiques, que lo que le molesta es que hable con Benigno sea la hora que sea.

Terapeuta: Sea la hora que sea le molesta... ¿has escuchado eso? (pregunta al protagonista)

Compañera 1: (Irrumpe diciéndole al protagonista): Yo creo que no, él dice que no le molesta. A él le molesta solo que le quite el sueño.

"Porque estoy descansando".

Terapeuta: ¿Quieres que trabajemos la escena?

"Vale".

Descripción de la escena y elección de los yoes auxiliares:

Madre: *"Creo que es un poco gorda, está tomando cosas para adelgazar".*

(El animador sitúa junto al paciente la escena, la localizan en el tiempo y pide al paciente que describa a aquellos que estuvieran presentes. Aquí el paciente mira al observador, quien es su terapeuta individual. El animador le pregunta por qué le mira y este responde, *"para ver si me puede ayudar"*. Finalmente, el animador sugiere que él puede describir a su madre).

"Mi madre se tumba en la cama y habla".

Terapeuta: ¿Cómo sabes que estaba tumbada en la cama?, ¿la viste?

"No, no la vi, pero ella dice que se acuesta antes de dormir. Ella estaba riéndose, alegre".

(Elige a la compañera 1 para el papel de su madre porque la ve nerviosa y alegre también).

Dentro de la casa estaban:

Hermana: *"Es nerviosa, se ríe mucho. Cuando ella cree que estoy haciéndole algo malo a la perra me dice "deja a Greta". Es cuando yo le acaricio mal. Me gusta acariciarle la barriga a Greta y mi hermana dice que a ella no le gusta".* (Elige a la compañera 4 para el papel porque la ve alegre también).

Hermano P: *"Le gusta gastar bromas, a mí me dice que soy un grande".*

Terapeuta: Son todos muy alegres en tu casa. (Para el papel del hermano P, elige al compañero 5, definiéndolo): *"es como si él no tuviera enfermedad mental, hace las cosas con mucha sabiduría y se le ve bien. Además, mi hermano P no tiene enfermedad mental".*

Hermano M: *"Ahora él está pasando una _ mala, con depresión y no está alegre. Ya no está con su pareja ni con los críos".*

Terapeuta: ¿Tiene hijos?

*"Ella tiene dos niñas, pero no son hijas verdaderas de mi hermano M. (Para el papel del hermano M, elige a su compañero 6 por *"ser serio y otras veces alegre"*).

(Sitúa a los personajes en la escena. Él coloca su habitación frente a la de su madre).

(Describiendo la escena, el protagonista se olvida de Benigno. La terapeuta se lo señala y el protagonista escoge al compañero 7 para hacer su papel al teléfono).

(Comienza la escena con una conversación entre su madre y Benigno.

La compañera 1, encarnando en papel de la madre, comienza a hablar risueña, con un toque seductor. En un momento le dice a Benigno "Benigno, como te quiero". Mientras, el protagonista, que está a la escucha parece rígido y molesto y se acaricia la barriga).

Benigno le contesta que también le quiere. A continuación, la compañera 1 le dice "cómo me pones, te echo muchísimo de menos, no sabes cuánto te extraño").

Benigno: Pues el fin de semana que viene nos vemos. ¿Qué te apetece hacer?

La madre pregunta a Benigno por sus hijos a lo que él responde que uno se ha caído y tiene un esguince.

El terapeuta pregunta al paciente cómo se siente y dice que mal porque no le dejan dormir, *"espero a que terminen para poder descansar".*

Terapeuta: ¿Y haces algo?

"Bueno, cuando ya vaya a mi casa haré algo".

Terapeuta: No, no, en la escena, ahora.

"Simplemente estoy oyéndola y deseando que termine para poder descansar".

Terapeuta: ¿Tanto la oyes?¿Se oye tanto?

"Sí, se oye mucho".

(El terapeuta **cambia de rol** al protagonista y lo pone en el lugar de la madre. El auxiliar que hace de Benigno, continúa la escena contándole lo que le gustaría hacer con ella cuando se encuentren, como pasear con ella por el parque o sentarse en un banco del parque, y le pregunta qué le apetecería hacer a ella).

(En el lugar de la madre): *"Pues eso está muy bien y si por ejemplo me llevo a mi hijo, él disfruta mucho eso y es buena idea".*

Benigno: Pues a mi me gustaría que fuéramos mejor solos, ¿tú cómo lo ves?

(Aquí el protagonista, con el rostro sorprendido, se sale del personaje y dice *"ah bueno, es verdad, mejor solos porque como son una pareja...solos mejor, perdón!").*

Terapeuta: ¿Qué has dicho?, ¿lo puedes repetir?

(El protagonista vuelve a situarse en el papel de la madre y contesta: *"es verdad que necesitamos intimidad...").*

Terapeuta: Necesitamos...intimidad...

"Sí. Ahí no había caído yo...".

(Continúan la conversación hablando de lo que han hecho durante el día.

La terapeuta cambia de rol y el paciente vuelve a su papel de protagonista.

El auxiliar que ahora ocupa el papel de madre, comienza a decirle cosas obscenas a Benigno y comparte las ganas que tiene de intimar con él).

(La terapeuta le pregunta al protagonista qué le pasa, pues se está tocando la barriga, y el protagonista contesta que se está poniendo nervioso).

Terapeuta: Desde aquí, ¿tú qué quieres hacer?

"Decirle a mi madre que no moleste tanto...que hablen en otro momento".

(Los auxiliares que representan a la pareja, continúan hablando en un tono obsceno y la terapeuta le pregunta al protagonista cómo se siente al escuchar a su madre así).

"Me produce bienestar que se esté divirtiendo. Pero yo tengo claro una cosa, que por mucho Benigno que eso...yo sé que mi padre verdadero es.... (Dice el nombre y apellidos de su padre) y eso no lo va a cambiar...lo que pienso no va a cambiar".

Terapeuta: "Te he preguntado ¿Cómo te sientes al escucharlos?

"Me siento bien porque ella se está divirtiendo y con mi padre no se divertía tanto...no tenía tanto cariño y entonces eso es lo que pasa, que ella está bien y yo me siento también bien".

Terapeuta: ¿Y entonces, de dónde viene el nerviosismo?

"Porque es de noche y quiero descansar".

Terapeuta: ¿Crees que el resto de tus hermanos los escuchan?

"Sí que los escuchan, pero no les dicen nada".

Terapeuta: Parece que no te molesta tanto como para tener que hacer algo y que también te gusta escucharla así".

"Las dos cosas".

Terapeuta: Y eliges no hacer nada.

"Claro".

(Tras esto, la terapeuta corta la escena)

Conclusiones:

Hemos observado pacientes que presentan ciertos rasgos que podría hacer pensar en una **estructura neurótica**.

Hemos encontrado estudios con los que no estamos de acuerdo, estudios de hace varias décadas en los que las condiciones manicomiales de pacientes institucionalizados con muy **poca socialización**, y fármacos invalidantes cognitiva y emocionalmente, no son, en ningún caso, el tipo de personas que componen nuestro grupo.

Éstos tienen una **medicación menos invalidante**, mantienen las capacidades cognitivas sin gran deterioro, tienen apoyo familiar y la mayoría no están institucionalizados.

Por lo tanto, consideramos que esta herramienta puede ser utilizada en un grupo compuesto en su totalidad de pacientes con estructura psicótica y que facilite construir, aunque sea de manera ortopédica y aprendida, algo de simbolización. Además, estas personas ya han pasado por la **ley del Centro**, al menos.

En un momento dado, nos enteramos que un miembro del grupo estaba contando fuera historias que había oído de otro compañero, y violando así la **norma de confidencialidad**. Tomamos la medida de expulsar a esa persona del grupo y ese momento en sí, es una escena; ha habido un principio, un desarrollo y un final. Tras esto, en la última sesión del grupo, algunos integrantes hicieron alusión a la expulsión de esta paciente por no haber cumplido la norma de confidencialidad. Este grupo finalizó con la idea de abrir un nuevo grupo en el siguiente curso; algunos pacientes continuaron, otros abandonaron y se incluyó a pacientes nuevos. Para nuestra sorpresa, en la primera sesión de este grupo, hubo una presentación de los nuevos integrantes, y las personas que pertenecían al grupo del curso anterior les señalaron que había una norma muy importante: *"cuando alguien no respeta la confidencialidad del grupo tiene que abandonarlo"*. Con esto entendemos, que el grupo integra una ley grupal y la hace suya.

El grupo ha asumido nuestro acto como un acto del grupo.

Acto simbólico.

Al igual que Gennie Lemoine, consideramos que hay posibilidad de psicodrama para la estructura psicótica. Pacientes con un delirio encapsulado que les permite una vida según el sistema representativo del neurótico. El hecho de la regularidad de los encuentros del grupo y las relaciones que se dan en ese lugar terapéutico, restringe y contiene, así la estructura psicótica, se construye un medio social propio, una forma de célula social distinta a un hospital. El grupo permite incluir a un tercero, del que lo psicótico está privado estructuralmente. Desde este momento, el juego propiamente dicho puede continuar. La presencia efectiva de un número limitado de pequeños otros tiene un efecto de intervención.

El psicodrama ofrece el instrumento y la práctica propios para este "injerto" de un significante del Otro en la estructura psicótica.

PSICODRAMA Y TRIANGULACIÓN PARENTAL

Carmen Ripoll

Ante la demanda social que presenta la población de Cieza, dado el aumento de la patología y malestares en los niños, surge este proyecto en febrero de 2014. El proyecto se llama TRIANGULACIÓN PARENTAL.

Este grupo de trabajo se encuadra dentro de la Red Local a Favor de los Derechos de la infancia y la Adolescencia, integrada por profesionales de los ámbitos educativos, sanitarios y sociales que trabajan con la infancia en la ciudad de Cieza.

Los profesionales que lo forman son pediatras, médicos de familia, psicólogos, trabajadores sociales, enfermeras, representantes escolares, representantes de CAVI (centro apoyo a violencia intrafamiliar) abogados y policía local.

El inicio del proyecto comenzó con una campaña de Sensibilización dirigida a los profesionales (profesores, sanitarios, abogados, cuerpos y fuerzas de seguridad), para informarles sobre las características, contexto en el que se produce, efectos y consecuencias, prevención y tratamiento.

La campaña comenzaba con este slogan: TRIANGULACION PARENTAL. Los padres se divorcian "los hijos no"

Cito la definición que realizó el Psicólogo Murray Bowen "la triangulación describe como, siempre que existe un conflicto entre dos personas, éste puede ser obviado o enmascarado al generarse un conflicto entre uno de los dos y un tercero. Cuando aparece una actitud de rechazo de los hijos hacia uno de los progenitores, parece que el conflicto entre los padres queda en un segundo plano, aunque en realidad lo utilizarán para seguir acusándose mutuamente." Unos años más tarde, en 1.996, Linares se refirió a la triangulación manipulatoria como el resultado de una relación simétrica poco compensada que deriva en un sistema de doble parentalidad. En él, el niño recibe mensajes contradictorios que le generan desconcierto y angustia básica.

El Grupo de Trabajo para la Prevención del Síndrome de Triangulación Parental, pretende contribuir a la ayuda de los menores alienados, esperando que la situación pueda ser superada por estos de la mejor manera posible, evitando la aparición de problemas emocionales y conductuales que puedan repercutir de manera negativa en un futuro.

Cuando los procesos de separación se dan en un clima de conflicto, los padres pierden la perspectiva de lo que significa dejar fuera de sus problemas a los hijos, y acaban utilizándolos en su propio interés. A veces también se producen conflictos en el núcleo familiar, sin necesidad de que exista separación o divorcio de los padres, produciendo el mismo efecto en el niño.

La instrumentalización suele llevarse a cabo por el progenitor custodio, aunque cada vez más nos encontramos con casos en que el progenitor no custodio involucra a los niños en su particular lucha y también, últimamente, cada vez son más los progenitores que tienen la guarda y custodia compartida que hacen uso de sus hijos en contra uno del otro. Esta instrumentalización de los menores supone un indicador de maltrato infantil y una vulneración clara de los derechos de los niños.

Los síntomas que se pueden producir en los niños son: Trastornos de ansiedad, Trastornos del sueño, cronicidad duración superior a un mes. Trastornos de la conducta alimentaria. Trastornos de la conducta agresiva y de evitación. Utilización de lenguaje y expresiones adultas. Dependencia emocional. Dificultades en la expresión y comprensión de las emociones. El niño se encuentra inmerso en un conflicto de lealtades, y además se le pide un posicionamiento a favor de uno de los progenitores.

Derivaciones

Tras la divulgación y puesta en marcha del proyecto, los padres/madres acuden a Salud Mental. Aquí son atendidos por la psicóloga y la enfermera de Salud Mental, profesionales que pertenecen a este proyecto.

Las derivaciones a Psicología podían producirse desde diferentes campos (Pediatría, Servicios Sociales, Policía Local, Centro de Salud Mental, Colegios, Abogacía y Fiscalía) y esto suponía de entrada una incógnita en la demanda del paciente, ya que la persona en ocasiones no sabía muy bien a lo que venía, y si es que realmente quería venir.

En ocasiones encontramos que el deseo era de los profesionales y no de los tutores o progenitores. Esto se veía en ausencias en las citas programadas o directamente por teléfono. Para ello realizamos **labores de rescate** telefónico, preguntando el motivo de ausencia. Tras 3 llamadas consecutivas eliminamos al paciente del Proyecto. Es una forma de comprobar que los asistentes participan por su propio deseo.

Entrevistas preliminares

Acogida y finalidad: las entrevistas preliminares son aquellas que se realizan previamente al proyecto, con el **objetivo** de valorar si el sujeto se podrá beneficiar de él. Intentamos recoger cómo es que conoce el proyecto, qué expectativas, dudas o miedos le produce, y, por qué piensa que le han sugerido este proyecto.

Se llevan a cabo por una enfermera de Salud Mental, son programadas y tienen una duración de 30 minutos. Aquellos sujetos seleccionados pasan a ser **pacientes** del Centro de Salud Mental, recogiendo el Registro de datos básicos. Es desde el momento cero donde se establece el inicio de la **transferencia**. Bien sea en la recomendación al proyecto, por parte del equipo interdisciplinar o en la misma llamada para darle la cita de la entrevista.

La **Finalidad** última, sería establecer el primer clivaje de Estructura Clínica y deseo o manipulación (petición de elaboración de informes)

Dificultades Encontradas:

Inquietud al exponerse ante un grupo de personas, Desconfianza/Desconocimiento de grupo de terapia. Recelo por si no había confidencialidad.

Nuestra experiencia

En ocasiones, en la propia entrevista los pacientes se derrumbaban. Hay casos con violencia de género y con denuncias activas en la actualidad.

En otros casos encontramos pacientes con ansiedad o angustia, aquí nuestra labor fue la de escuchar, sostener hasta la entrada en el grupo.

Las Estructuras encontradas en nuestros grupos fueron:

Neurosis Histérica (mayoritariamente en mujeres).

Neurosis Obsesiva (mayoritariamente en hombres).

Psicosis: una mujer con Psicosis (Episodios psicóticos con predominio de ideas delirantes. DDIF F.22). Con asistencia a urgencias psiquiátricas en Hospital Morales Meseguer (en 4 ocasiones). Coincide con periodos en los que no puede asistir a los grupos por motivos laborales. Tiene mucho interés en saber sobre si.

Patología dual: un hombre que toma sustancias y que tras un programa de internamiento en el Colectivo de la Huertecica lo mandan a Salud Mental. Entra en el programa tras el divorcio.

El equipo profesional

Está compuesto por una enfermera de salud mental que asiste a segundo curso de Formación en psicodrama, una psicóloga clínica, también de salud mental psicodramatista, y alumnas de 2º en la formación de psicodrama, que ocupan los lugares de observación y auxiliares en ambos grupos. Todas siguen una Formación Analítica.

Los objetivos

Que estos grupos de padres o tutores tengan un espacio grupal supervisado donde poder encontrar salidas a su problemática inicial y que esto permita generar un cambio en el cuidado de sus hijos o una mayor conciencia de su proceso de separación o divorcio.

La herramienta

Utilizamos el psicodrama freudiano.

Grupos

Hay dos grupos terapéuticos, uno para mujeres y otro para hombres, en principio por la rivalidad que pueda existir entre ex parejas. No obstante, la idea es que lleguen a trabajar ambos grupos juntos, si después del trabajo de cada grupo lo vemos adecuado. En principio las alumnas entran a formar parte de los grupos, y esto les ayuda mucho, sobre todo en la elección de auxiliares.

Son de régimen quincenal con duración de una hora y media aproximadamente

Tienen "carácter abierto" (en todo momento podrán entrar nuevos integrantes a través de una entrevista previa individual).

En la clínica del pequeño grupo se dan dos oscilaciones:

-1ª Fase en la que prevalece la identificación a lo homogéneo, el encerramiento del grupo sobre el rasgo en común (hombres/mujeres separados, drogas, alcohol, dolor) (Bion)

-2ª Fase en las que prevalece la actividad de simbolización que opera precisamente sobre el material imaginario aportado en las fases de grupo masa.

Posteriormente el desarrollo del grupo y la dirección hacia la cura, irá del agrupamiento como lugar de identificación a lo más singular del sujeto, y a su historia personal y familiar.

El analista, con sus silencios y sus puntuaciones, tendrá que ingeniárselas para deshacer esa semejanza imaginaria, apostando a que aparezca algo que apunte a la división subjetiva. Se podría decir que el pequeño grupo permite que el sujeto descubra a través del semejante, eso de sí mismo que no tolera (por ejemplo cuando una mujer descubre en el relato de otra que ha sido víctima de maltrato por parte de su pareja).

La salida del grupo es una puerta más estrecha por la que pasan los sujetos uno tras otro, cada uno a su ritmo y seguramente no todos. Es decir; del grupo salen uno a uno, y eso es una muestra de que se ha conmovido la igualdad identificatoria.

No todos juntos, no todos en el mismo instante, no todos del mismo modo, sino uno cada vez, siguiendo un tiempo para comprender y otro para concluir absolutamente particulares.

La pérdida del sostén imaginario para acogerse a la ganancia de lo particular del sujeto es un momento de duelo y hay incluso pacientes que se van sin despedirse. En otros casos esta diferencia particular se elabora en un espacio individual. Sea cual sea la salida, insistimos en que es necesario el primer tiempo, el soporte de la ilusión del "nosotros" grupal, para avanzar y llegar a la desilusión posterior.

Lacan subraya que si bien la verdad se encuentra en un recorrido de soledad, nadie llega a la verdad si no es por medio de los otros. No es sin los otros que podemos encontrar la vida de salida de la prisión en la que nos encontramos con ellos.

VIÑETA CLÍNICA

¿Qué es un padre para un hijo? y ¿Qué es un hijo para un padre?

Coge la palabra Manuel preguntando al coordinador si conoce cuál es el motivo de la reunión que tiene esa misma mañana con los servicios sociales, concretamente en Atención a la familia. La respuesta por parte de la animadora fue: "en una sesión anterior comentaste que tu mujer te había dicho que si te daban a ti la custodia, ella amenazaba con matarse y matar a tus hijos. No nos podemos quedar con esa amenaza, y he dado parte a los servicios sociales": A lo que Manuel responde que: "yo, he hablado con mi mujer. Yo quiero que la avisen por si no se presenta. Me da miedo mi mujer y que luego tenga problemas en casa, creo que deberían adelantar las evaluaciones del Psicólogo Forense, ya que tengo muchos problemas".

(La mujer de Manuel es deficiente y tiene tres hijos que también son deficientes. Sus tres hijos están yendo a Psiquiatría infantil y desde este servicio se hizo la derivación. Desestimamos la entrada al grupo de la mujer de Manuel porque no se iba a poder beneficiar de este programa. Manuel, también tiene deficiencia mental, pero leve.

La dificultad que tiene Manuel es que asume que sus hijos son deficientes, pero no lo ve en su mujer. Al principio de estas sesiones tapaba la falta y hacía de padre y madre. No asumiendo su elección de pareja y llegó a tener tres hijos con ella, sabiendo que ella era deficiente.

Juan comenta que: "hemos estado hablando fuera de la situación de Manuel. Es muy preocupante, está jugando con fuego y me contrasta mucho su tranquilidad".

Pedro, otro miembro del grupo, comenta que este fin de semana se encontró con Juan y la hija de este de (11 años) en el supermercado. Añadió que le dio alegría verle, que lo vio alegre y disfrutando. Comenta que: "le hablé de lo que me está pasando a mí. Mi hija de (18 años) está con su madre y yo no tengo donde ubicarla". En la actualidad Pedro vive con su madre, hace poco dejó la casa familiar donde vivía con su hija, para que fuera a vivir su ex. Desde entonces ha empeorado de su depresión. Pedro dice que quiere un fin de semana pleno con su hija para hablar, comprar, comer, mañana, tarde y noche.

Se trabaja la escena en la que se encuentra a su compañero en el supermercado. Elige a María para que haga de Jesús por tener buen corazón y saber escuchar, y a Victoria como la hija de Jesús por ser dulce. Añade a la descripción de la escena que ve caras alegres, y una unión entre padre e hija que a él le falta.

Comienza la escena y le llama la atención que Victoria vaya mirando por las estanterías, "por no hacer lo mismo que hizo la hija de Jesús, que supuestamente miraba a su padre continuamente". Interrogado sobre este hecho, Pedro comentó que es lo que a él le gustaría. Se cambia a Pedro en el rol por Juan y cuando se le interroga dice: "Está solo y mal, totalmente perdido y desorientado, que se clarifique y disfrute de su hija...él no disfruta. Él tiene apoyo pero no lo quiere ver".

Ya en su lugar, se le pregunta a Pedro como se encuentra después de trabajar con esta escena, y dice estar perdido y desorientado, y que prefiere estar solo y montarse fantasías.

Toma la palabra Juan que está en este proyecto desde su inicio, por alusiones en la escena. Dice que: "lo habéis clavado. Le pregunté a Pedro que hacía, y me contestó que comprando para su madre.

Pensé que en cualquier momento de disfrutar o de alegría no se olvida de ella. Yo, estaba teniendo un momento bonito con mi hija, incluso estaba dando vueltas por el supermercado para aprovechar ese rato con ella. Fue un momento pleno porque surgió así y lo aproveché. Hay que aprovechar y disfrutar los momentos cuando surjan, con quien sea"

Con respecto a la relación que mantenía con su exmujer, dijo que tenían rivalidad entre ellos, (tenían guardia y custodia compartida, un día en casa del padre y otro en casa de su madre) sobre donde tenían que estar los hijos, y que él se sentía controlado porque acaba yendo todos los días a la casa de la madre de sus hijos. Añade: "Hacia como Manuel, aquí no pasa nada" Cuando mi ex se trasladó de Cieza a otro lugar, y vi que mis hijos se querían ir con ella me puse muy mal, pero entendí que es lo que ellos querían y los respeté. Desde entonces estoy muy bien con ellos

Comenta Juan que su hijo de 16 años cuando viene a Cieza a estar con él, se pasa mucho tiempo con sus amigos, fuera de casa, pero lo veo feliz y contento. Con su hija dice comer pipas viendo la tele. "Están en la edad de volar, y no se le pueden poner puertas al campo" señala sobre la relación que mantiene con sus hijos, que es según las necesidades de ellos en el día a día.

Fernando, comenta que ve a su hija los miércoles y los domingos. "Yo la veo un rato, y los ratos que estoy con la niña, son íntimos e intensos, y hablo con ella" (tiene 3 años)

Importante esta escena ya que Fernando siempre se coloca como un impresentable, según su ex, según su padre, incluso cuando le cogía el dinero a su madre para comprar las drogas.

Se inicia la escena y se le interroga camino a casa donde dice: "estoy bien cuando voy a ver a mi hija, es un momento mágico". En la escena juega y se lo pasa muy bien. Es un momento de mucha emoción para todo el grupo. Ver así a Fernando es difícil.

Se realiza un cambio de rol por su hija, y cuando se le interroga dice: "mi papa está bien, mi papi me enseña cosas, canciones en inglés, los números, los colores, y por lo menos no me aburro. Mi papá es fuerte y grande".

El grupo habla de lo que les transmite Mesías: "aquí no pasa nada"; pero en realidad "Mesías juega con fuego". ¿Cuál es el juego en el que se puede acabar quemado?: "no saber dónde ubicar a la hija". Dejar el sitio a su "ex" para poder estar con su madre todos los días. Pero no se pueden poner puertas al campo; los hijos acaban volando... entonces ¿porqué Paco tiene que volver a la casa materna? ¿Qué implica dejar que los hijos vuelen? ¿Qué quiere un padre de su hijo?, ¿qué quiere un hijo de su padre? Que mi padre me enseñe cosas, dice el hijo; poder tener tiempo para poder estar con ellos, dice el padre; difícil encuentro si el padre desde su lugar, de padre, no deja volar al hijo.

EL PSICODRAMA Y ADOLESCENCIA

Enrique C.

I.   LA ADOLESCENCIA

A la adolescencia se la espera con un cierto malestar; es como que el malestar es estructural de la adolescencia; también ocurre lo mismo con la infancia. Por lo visto, debe haber un poquito más de malestar si uno es niño o adolescente.

En la actualidad podemos pensar que en realidad la crisis (de la adolescencia) no es por estar en la adolescencia sino por tener que salir de ella.

No hay ningún problema si a los 40 años se sigue viviendo como un adolescente, el problema se encuentra al tener que dejar de ser un adolescente y es por eso que cuesta.

La sociedad, en la que vivimos, está constituida por una serie de símbolos los cuales determinan una cultura y son estos símbolos los que determinan si un sujeto puede acceder o no a distintos lugares, lugares que acarrean ciertas responsabilidades; ahí empiezan los problemas.

Freud separa el sujeto del inconsciente del sujeto de lo biológico social; de hecho para Freud la adolescencia no existe. Para Freud existe la pubertad.

¿En qué se distinguen la adolescencia y la pubertad?

Freud lo que viene a decir es que **la pubertad** es un momento lógico y no cronológico y por lo tanto no lo podemos situar en ninguna edad concreta.

Simplemente la pubertad es un concepto que se opone a lo infantil.

Y desde luego **lo infantil** no es una edad biológica sino que indica una posición del sujeto con respecto a ciertas cuestiones, por ejemplo al problema de la diferencia de los sexos y esto en relación a la satisfacción pulsional.

Por eso es que podemos hablar de regresión infantil en cualquier momento de la vida y hablamos de neurosis infantil y eso no implica que estemos hablando de un niño.

Entonces entendemos la neurosis infantil como una posición subjetiva.

La pubertad la podemos pensar como un punto de encuentro entre la sexualidad infantil y la sexualidad adulta; es una nueva forma de abordar la cuestión sexual; el "momento del cambio".

Y obviamente esta nueva forma de encontrarse con el goce implica al cuerpo y además en un momento en el que la alteridad del otro sexo está muy presente.

Por lo tanto, también podemos pensar la pubertad como un trabajo de elaboración en cuanto a la identificación con un tipo ideal de sexo. De cómo un sujeto se identifica del lado masculino o del lado femenino.

Así que será de todo imprescindible para entender la pubertad, atender a dos ejes:

- La problemática de las pulsiones, cómo satisfacer las pulsiones.
- La problemática de las identificaciones.

De hecho si nos centramos en **el Complejo de Edipo,** que es el aparato simbólico donde el sujeto va a construir algunos objetos de amor, vemos que para la construcción de los objetos pulsionales se necesita de un primer paso que tiene que ver con las identificaciones.

Es decir que primero tiene que haber una identificación para construir un objeto para la pulsión, para el amor etc.

Los objetos de la pulsión se construyen por mediación de las identificaciones.

El problema es que luego, en la adolescencia, todo esto debe reactualizarse de nuevo y ahora los objetos están fuera de casa, fuera del ámbito familiar; y es entonces cuando viene lo que se llama **"crisis de la adolescencia";** que es una "crisis de las identificaciones"; es decir el cómo <u>salir de las identificaciones familiares para construir nuevos objetos extrafamiliares.</u>

<u>Con lo cual el amor y el sexo entran en conflicto</u> y además <u>los objetos sexuales infantiles tienen que ser abandonados y comenzar de nuevo.</u>

Pero todo este momento conflictual no termina ahí; ya que el púber en esa búsqueda de identificaciones más allá de lo familiar, siente una necesidad de liberarse de la autoridad de los padres, donde las generaciones entran en contradicciones.

Esto no implica una simple rivalidad con la autoridad, hay una serie de cambios en relación a lo subjetivo; por ejemplo el adolescente empieza a cuestionarse la muerte, la relación con la muerte hasta este momento no se la había planteado, era como que hasta ese momento eran mortales.

El adolescente; por un lado tiene una necesidad de ruptura y al mismo tiempo un sentimiento de culpa.

Por ejemplo ellos pueden rivalizar con sus padres, llegar al insulto; pero luego si en la calle un amigo insulta a sus padres ellos saldrán en su defensa.

Resumiendo: aparece un cambio corporal, aparece una nueva exigencia pulsional y el sujeto se pregunta qué hago yo ahora con este cuerpo, qué nuevos objetos construyo ahora después de este cambio; y hay una necesidad de salir de este impass, salir de la estructura de la sexualidad infantil; a esto es a lo que llamamos crisis de la pubertad.

¿La pubertad se vive de la misma manera en el niño y en la niña?

Hay puntos en común pero también hay puntos diferentes fundamentales.

En relación a las igualdades podemos señalar tres:

- El cambio del objeto de amor; esto es del padre o la madre a objetos exteriores
- El encuentro con el nuevo goce en el cuerpo
- La necesidad de construir nuevas identificaciones

Cuando Freud piensa en las diferencias, las piensa desde el síntoma; él va a nombrar al síntoma obsesivo del lado de lo masculino y el síntoma histérico del lado de lo femenino.

Del lado del adolescente masculino (la neurosis obsesiva) está mucho más acrecentado el desdoblamiento entre el objeto de amor y el objeto de goce; por un lado se idealizan los objetos de amor y por el otro se degradan los objetos de goce sexual.

Otra diferencia es que del lado de lo masculino hay una alteridad del goce, un goce que es de otro y que viene a romper con la unidad que el sujeto mantenía con su cuerpo; el niño intenta reducir esa alteridad con la masturbación, buscando el Uno fálico.

Pero lo más importante es que el adolescente masculino encuentra ciertos puntos de identificación en el grupo de los adolescentes que están como él. "Serás un hombre si cumples con estos rasgos..." y entonces accederás al Otro sexual.

Del lado del adolescente femenino, la cosa cambia. Hay más extrañeza frente al propio cuerpo, la menstruación por ejemplo, agudiza esta cuestión. Aparece la angustia, el asco, la vergüenza.

Se refuerza la demanda del amor materno, y a veces al encontrarse con problemas en ese sentido aparecen enfermedades como la anorexia.

Entonces si del lado masculino está el dicho: "serás un hombre..."; del lado de la mujer les dicen "ya eres una mujer" aunque lo que realmente les están diciendo es "cuidado ya puedes ser una madre". Con lo cual la problemática de rivalidad de la mujer con la madre, se agudiza.

Y además en ese "ahora puedes ser madre", no se le responde a "qué es ser una mujer" y por lo tanto lo tienen algo más complicado la resolución de la problemática de la pulsión y de la elección de objeto.

Vamos a centrarnos ahora en los dos puntos más representativos de la adolescencia; por un lado la identidad y por el otro el Otro sexo.

Ante grandes preguntas: "¿quién soy? ¿Cómo soy? ¿Soy como quién?", hay muchas dudas.

En la construcción de la identidad hay al mismo tiempo algo de sí mismo y algo del otro. Es necesario plantear, hablar, de la diferencia, pero necesitamos del otro y aquí estamos en el corazón de la paradoja de la constitución de la identidad.

Este cuestionarse la identidad lleva a la cuestión de la diferencia entre identidad e identificación. Creo que la experiencia nos muestra que no hay casi ningún adolescente que no se enfrente de un modo u otro a la duda acerca de su identidad, que se pregunte un poco cuál es su identidad, yo diría que este fenómeno es necesario. Si una identidad se afirma fuertemente desde el principio de la pubertad habrá pocas posibilidades evolutivas para el sujeto.

Es normal que, durante la adolescencia, en proporciones que siguen siendo moderadas, haya una cierta duda acerca de la identidad, debido al conflicto de las identificaciones.

Ahora bien si los conflictos identificatorios no encuentran rápido una solución pueden acarrear un movimiento regresivo. Y, a la inversa, si hay un posicionamiento narcisista importante esto va a influir inmediatamente en los conflictos de identificación.

Me parece que la personalidad, desde un punto de vista freudiano, se constituye según dos ejes de desarrollo:

- Uno sería el eje objetal o relacional que consiste en que para ser uno mismo hay que fijarse en los demás
- El segundo eje sería que pronto existe una necesidad de diferenciarse del otro.

Otra cuestión que caracteriza a la adolescencia es que el adolescente va a cuestionar muy seriamente el distanciamiento del objeto y si esa distancia del objeto está sólidamente establecida.

Efectivamente, lo que va a caracterizar a la pubertad es el hecho de cuestionarse efectivamente la distancia de la persona u objeto externo, los padres.

De hecho la conducta de oposición del adolescente es una manera de regular esta distancia con los padres, apoyándose en la diferenciación de ellos. Lo vemos en la dificultad en un adolescente para decir "sí", como ocurre en un niño de dos años en la etapa de separación. Y dicen "no" porque ahí está la diferenciación.

Por otra parte, otro factor que hace la adolescencia difícil es el movimiento de autonomía con respecto a los padres que va a suponer una interrogación sobre las bases narcisistas: ¿Tienes lo que se necesita para separarse de los padres? Los que lo tengan podrán hacerlo, negociar de una forma u otra, mientras que los que están vacíos por dentro (fallos narcisistas, dificultades en el sentimiento de continuidad) van a sentirse atraídos por esos adultos, los necesitan para nutrirse de ellos y ésta es tal que amenaza con invadirles, con engullirles.

> Entonces existe una contradicción: para asegurar su identidad necesita del objeto, pero el objeto ahora sexualizado se convierte en amenazador.

¿Cómo va a intentar el sujeto restaurar una identidad que el propio proceso de la adolescencia hace cuestionar? Podemos ver que existe una función para tratar esta problemática de la identidad.

Función Mediadora.-

Son elementos de mediación que se van a interponer entre el adolescente y la figura de los padres (profesor, abuelo...), aunque al mismo tiempo se encuentran con el riesgo de contaminación de cada figura de investimiento.

Esto es también muy típico de la adolescencia, en la cual desear un objeto significa introducir el objeto en el interior de uno mismo. Cuanto tienen interés por alguien lo introducen en su interior, y este objeto se convierte en un objeto de amenaza.

Es la posibilidad de contrainvestimiento de las figuras externas que vienen a compensar la invasión por los objetos internos que se han vuelto sobrexistentes por ese investimiento, amenazando así el narcisismo del adolescente.

Esa función mediadora de figuras externas es muy importante en la adolescencia, de hecho encontramos mediaciones que permiten al adolescente negociar sus problemas de identidad. Si no se encuentran mediaciones vemos que en el adolescente aparece una anarquía de respuestas que se pueden entender con respecto a esta problemática.

La primera figura es la figura del doble: un adolescente va a apoyar sus bases narcisistas insuficientes en un doble, un compañero, una amiga..., en la figura del mismo, y comienza un rol de apoyo muy importante.

Vemos también cómo la ruptura muy corriente con ese doble, que también puede ser un hermano/a y con el cual puede existir también una relación de ambivalencia pero que puede ser parte de ese doblamiento narcisista, va a traer una descompensación psicopatológica, por ejemplo, porque su compañero comenzara una relación amorosa por su parte,

Otra figura es la idealización del objeto, es decir, que en ese momento, se vuelve narcisísticamente soportable porque está idealizado. Aquí, sabemos que las figuras de idealización son un soporte de mediación que tiene no tanto una función de un tercero como un papel de lleno narcisista en ese instante. Sabemos lo importante que es respetar esa idealización de los adolescentes y cómo una idealización demasiado brutal puede acarrear desorganizaciones con trastornos de identidad mayores.

También encontramos lo que se ha denominando como las organizaciones perversas de la relación, es decir, cómo se va a sustituir une relación humana por una relación en la que se va a tomar el objeto apresado. Aquí nos encontramos con las conductas adictivas, conductas de dependencia y creo que la toxicomanía, los trastornos de conducta alimenticia, muestran cómo una parte de la identidad del sujeto está asegurada por el hecho de apresar un comportamiento, un objeto de sustitución (la droga, el alimento). De ahí que sea tan difícil el abandono de esa adicción por el sujeto y que en el momento del abandono es posible que tenga momentos de despersonalización particularmente preocupantes.

El otro sexo

Podemos pensar que la adolescencia se manifiesta ahí donde surge el Otro sexo.

¿Cómo se aproxima el adolecente a ese Otro sexo?

- La primera manera es mediante la manera de la falta, esto es de la insatisfacción

- Otro sería bajo el modo del ideal; el amor como ideal, el amor platónico

(Ambos son casi lo mismo, la falta estaría más del lado de lo femenino y el ideal de lo masculino)

- El tercer modo es bajo el modo del uso, esto es que el otro sexo es un objeto del cual hay que obtener el máximo rendimiento

Las tres aproximaciones tienen algo en común: el fracaso del deseo, y la no relación armónica con el sexo. Y esto tiene una lógica, y es que entre el hombre y la mujer hay una desarmonía radical y por lo tanto solo hay un modo de aproximación: la falta, y el ideal.

Y sobre este fondo de desarmonía es que se funda la incertidumbre de la relación con el otro sexo, sobre todo en el adolescente.

II. ADOLESCENCIA Y GRUPOS

Los recuerdos de la infancia, sus memorias y sus cuestionamientos, toman una dimensión nueva, son cuestiones que el niño debe ir dejando atrás para poder vivir las nuevas formas de relación con los demás, sobre todo el amor y los afectos.

Para decirlo rápidamente, el problema central de la adolescencia es afrontar la castración. Para el sujeto se trata de enfrentarse a la realización del acto imposible del Edipo, embarcándose en una búsqueda de referentes sociales que organizan métodos aceptables de placeres en el vínculo social en el que puedan desempeñar plenamente su juego placentero.

Encontrar las posibles formas de placeres sociales de referencia, pone a prueba los límites de la vida en sociedad ya que los actos deben ser autorizados por el orden simbólico de su tiempo.

Por lo tanto, los adolescentes actuales se van a enfrentar al vínculo social de la sociedad actual que promueve la libertad individual de placer en nombre de la igualdad de todos y su derecho al pleno disfrute de su logro personal.

En este vínculo social, la realización de la persona, la auto-realización, se refiere sólo al individuo y el único límite para la realización de su placer es la regulación de los mismos por el mercado: sólo lo que no es rentable al comercio está prohibido. Este tipo de funcionamiento social es similar al de psicóticos, los cuales creen en un fin accesible de la posesión fálica y por lo tanto la realización plena del deseo, la realización de la promesa edípica.

"JUST DO IT ","TÚ VALES MUCHO" son algunas de las formas de expresar esta nueva organización del mundo y los requisitos de disfrute a los que se enfrentan los adolescentes actuales.

Lo que favorece entre los adolescentes las identificaciones a los pares y a las figuras fraternas. En pocas palabras, la identificación con figuras de referencias sociales son fundamentales en la adolescencia en este momento en que deben ser abandonadas las figuras tutelares de la infancia (padre y madre), es aquí donde entran en escena las figuras de los mediadores.

Como ya hemos visto:

El primer grupo es el de las figuras generacionales. Directamente sustitutos de figuras de la infancia - el maestro, el sabio, el líder, etc. – son figuras que implican una diferencia generacional y que inducen en el sujeto un movimiento dinámico hacia una plena realización de la felicidad futura. Este tipo de figuras identificatorias refuerza la autoridad moral del ideal del yo y la tensión hacia el futuro.

El segundo grupo es el de la identificación de figuras fraternales, los ídolos de los jóvenes, los ídolos modernos son los mejores representantes. El "hermano mayor" que encarna los cantantes modernos, el "ganador" que es el atleta de alto rendimiento, la "bomba sexual" de acuerdo con Monroe, modelos como Madonna o Brad Pitt son figuras identificatorias fraternales y no generacionales. La identificación se realiza hacia un semejante, aunque con más "éxito", que el adolescente.

Estas figuras fraternales inducen diferentes movimientos mentales y dinámicas en el sujeto. Se trata de realizar en seguida, al igual que el otro, la realización plena y total de placer, "todos a la vez" la inmediatez del placer se convierte en la norma.

El adolescente se relaciona en pares del mismo tiempo, incluso tiende a hacerse un modelo social con muchos signos clínicos de la psicopatología cotidiana del momento: mantenerse joven, gozar sin trabas, etc.

Así pues la realización del yo adolescente consiste en dos procesos diferentes.

El primero es el proceso simbólico que requiere la construcción de límites junto a una promesa de la autorrealización, siempre extendida en el futuro, la segunda es el proceso imaginario que ofrece una auto-realización inmediata de todos los posibles y una potencia total. Estos dos ensayos funcionan para todo el mundo y es el predominio de uno sobre el otro que depende de la construcción de la cohesión social, es la relación del sujeto con el otro y con el Otro.

El proceso simbólico se construye en comparación con los otros pares y en la internalización de los límites internos, siendo un productor de la descarga y por tanto de neurosis, porque el sujeto se encuentra en una sumisión ante el Otro. Es un modelo de relación social en el que la culpa se establece en la relación de los individuos con los demás, en una sociedad referida a figuras tutelares, el Padre para decir rápidamente.

Al mismo tiempo el proceso imaginario, construye una relación de rivalidad con los otros, el límite está en el encuentro con el otro y no en lo interiorizado. Al mismo tiempo el Otro como referencia moral, produce en el sujeto la no represión de la sumisión a él mismo, construyéndose una especie de persecución.

Nuestra sociedad actual se inclina más hacia un proceso imaginario que hacia un proceso simbólico. La igualdad entre los individuos, la unión fraterna socava la figura del Otro que encarna los principales problemas en las sociedades tradicionales.

El vínculo social liberal afirma que el éxito de los problemas es individual y que depende sólo de él, lo que tiene algunas consecuencias sobre el sujeto mismo cuando este éxito de la felicidad no está en si misma sino en lo que opinen los otros.

El primer resultado importante es que el límite, la imposibilidad de alcanzar la felicidad es experimentada no como una prohibición, la castración, sino como una impotencia imaginaria, la frustración.

Si tratamos de sacar las consecuencias de estos cambios en el vínculo social al convertirse en un adolescente, nos encontramos, en nuestra clínica, con una soledad extrema del sujeto en la adolescencia, el cual trata de construir un "ser adulto", en referencia a sus compañeros y a sí mismo.

Frente a los intentos por parte de estos sujetos sufrientes por intentar encontrar una solución a su malestar existencial por cuestiones de problemas de grupo o en grupo; el grupo parece como una muestra de solución terapéutica frente a la extrema soledad de la travesía adolescente.

El sujeto adolescente encuentra en el grupo una solución espontánea de mayor bienestar, una "cura" de su sufrimiento. El grupo se va a convertir en una solución espontánea a su malestar existencial.

El fenómeno grupal, tal y como es vivido por los adolescentes, en forma de grupo espontáneo, contrariamente al grupo freudiano, tiene una serie de características que se utilizan para apoyar el proceso de narcisización adolescente.

En estos grupos espontáneos o comunitarios, las identificaciones fraternales son predominantes y vienen a sostener al sujeto en su narcisismo.

Así LOS BLOGS, EL FACEBOOK, son para los adolescentes, que son los mayores usuarios, la creación de una comunidad de iguales en la que cada sujeto tiene que ser reconocido por los demás (número de amigos declarados en el FACEBOOK, el número de comentarios en BLOGS, participación en una alianza en los juegos interactivos, etc.), lo que refuerza el narcisismo del sujeto. Pero las identidades que se crean en este tipo de comunidades se mantienen en identidades imaginarias lábiles.

Este tipo de identificación fraternal pone de relieve, en muchas ocasiones, la rivalidad con los semejantes. Las disputas entre las bandas o pandas son una de las consecuencias de estas comunidades de hermanos en la construcción adolescente.

Otra consecuencia de este funcionamiento en grupo es el predominio de sí mismo, podríamos decir una rectificación del mí en detrimento del sujeto y las apuestas deseosas.

Frente al trabajo de desidentificación de las imagos infantiles, el soporte del yo que se encuentra en la identificación fraternal, que sostuvo por otra parte el fenómeno de los "hermanos mayores" o "jóvenes mediadores", mantiene al sujeto adolescente en la creencia siempre activa en un padre imaginario potente, lo que impide el pasaje adolescente y la simbolización necesaria de la función paterna.

El grupo de la comunidad fraterna permanece así activo y también la promesa edipica y la creencia en una posible realización de la felicidad perfecta.

De hecho, frente a esta creencia se defiende el adolescente, mediante la proyección de la insuficiencia de lo social.

El adolescente se repliega en torno al grupo de pares el cual se convierte en un grupo de seguridad frente a los perseguidores y desagradables. Las bandas, como los grupos de clases, operan en este tipo de relación entre el grupo de pares que sostiene el narcisismo desfalleciente de los sujetos en su individualidad.

Estas comunidades de iguales, son comunidades de hermanos "sin padre", de grupos de iguales que se construyen a través de lazos en espejo entre los individuos y las relaciones especulares, pero que como sabemos, siempre son mortíferas.

Esta solución espontánea, actuada por muchos adolescentes, viene en última instancia a dejar en evidencia la soledad individual de los que se entregan a ella, lo que causa el apoyo del grupo; negando la función del Otro. La adolescencia es el momento de la "rivalidación del Nombre del Padre".

Este es un primer paso para eliminar de su lugar de referencia al poderoso padre del Edipo, el padre fálico, como escribe Freud en TÓTEM Y TABÚ (Freud, 1912-1913), para hacer venir al padre simbólico. Sin embargo, para que ocurra este movimiento, es necesario que el padre del Edipo se haya construido en la psique del niño y que hubiera tomado su sitio de fiador de la Ley. Pero el vínculo social moderno descalifica a este padre potente y muchos niños son incapaces de construir un representante psíquico del mismo, una imago paterna, quedándose en la búsqueda de ese padre.

Por lo tanto, la búsqueda del Maestro que se imagina que es la sustitución del padre edípico, que es característica de la adolescencia, no se puede hacer. Por lo que todo Maestro será a la vez idolatrado y rechazado.

Este privilegio concedido a los problemas imaginarios de los adolescentes, que, normalmente, pone por delante los procesos de simbolización, socava el pasaje adolescente y construye un deterioro adolescente cuyo grupo comunitario viene a saturar. El grupo comunitario apoya los procesos imaginarios y a la vez sostiene a los adolescentes dañados reforzando este daño.

III.   ADOLESCENCIA Y PSICODRAMA

Es frente a estos fenómenos que el psicodrama, en tanto que técnica de grupo que incluye la referencia al Otro, se presenta como una entrada privilegiada para trabajar con estos adolescentes en grandes problemas en su construcción psíquica debido a la organización simbólica del mundo actual.

El psicodrama, frente a estos fenómenos de grupos fraternales se vuelve particularmente operante debido a su estructura y a las apuestas de simbolización que construye para estos sujetos relacionados con un narcisismo deficiente.

El dispositivo del psicodrama de hecho se basa en una estructura de grupos de pares, cada uno es para sí mismo, en tanto que es para los demás, y en esto el adolescente se encuentra en una primera estructura de grupo que él conoce bien y en la que basó su narcisismo. Además el psicodrama presenta una diferencia real en relación a los grupos fraternales y es la presencia del animador. El animador psicodramatistas incorpora al grupo una figura de autoridad que lleva consigo el orden simbólico de la diferencia generacional marcando la diferencia de lugares.

El psicodramatista se convierte para el adolescente en ese Otro valorado socialmente, esto le va a permitir que pueda a la vez revivir el proceso de la encarnación y la destitución de la figura del padre edípico.

Este proceso en el psicodrama freudiano debido a la alternancia entre los lugares de los dos psicodramatistas, el animador y el observador; es más eficaz. Siendo cada uno de los dos terapeutas, por la alternancia en los lugares, "descompletado" como encarnación del Otro, al igual que todas las encarnaciones sociales de los mismos. Además los temas que preocupan a la juventud pueden ser reactivados por los sujetos por la misma culminación del dispositivo en sí.

El dispositivo psicodramático también posibilita la dinámica simbólica del intercambio del discurso en la fijación en la persona de uno de los dos psicodramatista. Este fenómeno clásico de la transferencia lo conocemos por el llamado sujeto supuesto saber, tan difícil de soportar por los adolescentes en el encuadre de la cura clásica cara a cara, pero que aquí está mediada en primer lugar por la división de la dirección entre ambos psicodramatistas, y en segundo lugar en la dirección de sus compañeros, otros semejantes que componen el grupo.

Este ajuste de la misma transferencia permite un alivio que se vive sin los peligros de la presencia masiva del Otro que a menudo se convierte para el adolescente el terapeuta o cualquier gurú, que investidos en calidad de perseguidores deben ser destruidos. La presencia de dos posiciones de lugares, los compañeros y el terapeuta o tres lugares, dos psicodramatistas y el grupo, pone en juego en el dispositivo la alta fragilidad narcisista de los adolescentes, la misma falla simbólica, impulsando así el proceso de simbolización dañado hasta entonces.

Ahí donde el grupo de pares refuerza el juego de imaginarización y de narcisismo, el psicodrama, en cambio, propone oportunidades de simbolizar la imaginación desbordante que caracteriza a los sujetos en estos momentos.

Por último destacar un último aspecto del psicodrama que hace que sea una herramienta valiosa para el trabajo con estos jóvenes. En el dispositivo psicodramático, tal y como nosotros lo practicamos, la puesta en escena del juego se basa en la historia de los acontecimientos de la vida del sujeto, jugamos con escenas reales, historias de escenas de la vida del sujeto y eso remarca la eficacia del juego psicodramatico, surgiendo la diferencia entre la narración de la escena, como la dijo el sujeto antes de la representación, y el juego en sí. Nuestra técnica juega sobre los lapsus del sujeto, las fallas del juego, sobre la fractura inconsciente en el marco del juego psicodramatico. Este punto me parece muy importante en el trabajo con los jóvenes atrapados en las actuales coordenadas sociales.

Al mismo tiempo, el psicodrama, como se trata de la historia de la vida del sujeto, permite una historización de la vida de los adolescentes. Poner primero (mediante la palabra) una historia y a continuación una representación de un momento de su vida no es una repetición catártica del mismo, como lo pretendió Moreno, sino una experiencia de una historización del sujeto, la subjetividad de la escena, como siempre, en un después. En este sentido, el psicodrama es símbolo de la historia subjetiva impulsando así el proceso de simbolización.

En la mayoría de los casos, después de algunas sesiones durante la cuales las escenas que se reproducen son de la vida presente, a menudo sobre las rivalidades con sus compañeros o con los adultos, las escenas traídas por los adolescentes cambian. Se empieza a hablar de temas edípicos, los cuales ocupan un lugar central, temas que hablan del impasse edípico donde se ve la imposibilidad de construir un padre poderoso y prohibidor; ya que rápidamente adquiere el rol de perseguidor.

En nuestro psicodrama el dispositivo permite reproducir este tema fundamental de la separación y de la construcción subjetiva que lleva a abordar el imaginario mediante los juegos, escenas del Otro donde todo puede representarse sin peligro y sin miedo a las represalias.

En esto, el psicodrama es, para los adolescentes, una herramienta que impulsa el proceso de simbolización permitiendo soportar la violencia en el encuadre de la escena.

PSICODRAMA FREUDIANO APLICADO EN GRUPO OPERATIVO

(Grupo de mujeres en un centro de atención primaria)

Elisa Buendía

Participar en grupos de Psicodrama Freudiano me ha aportado una experiencia muy enriquecedora, desde el principio me cuestionaba cómo sería poder llevar el conocimiento y la escucha psicoanalítica, así como la técnica psicodramática a un contexto fuera de la clínica...en particular allí donde desarrollo mi trabajo como enfermera, donde interactúo con muchas personas que hablan y manifiestan sus síntomas.

Ese atreverse a mirar un poco más allá me despertaba una inquietud antigua y viva de poder escuchar los síntomas de una manera individualizada y diferente, es decir, respetando la subjetividad de cada persona, porque ningún síntoma es igual a otro, aunque a priori así lo parezca.

La idea que contemplaba como posible despertó un deseo que fue tomando forma a través del Psicodrama, y el deseo transmutó en la acción de crear un grupo (de base psicoanalítica) cuya herramienta fundamental es el Psicodrama Freudiano, con pacientes usuarias de una institución pública de salud, el centro de Atención Primaria donde ejerzo.

A raíz de esta experiencia, que cumple ya cuatro años, mediante la cual se ofrece un espacio donde poder abocar, contar, hablar "de lo que a uno le pasa", lugar de privilegiada escucha de los síntomas, me planteo algunas cuestiones con referencia al grupo. Merece un tiempo de reflexión y atención la intervención grupal con base psicoanalítica fuera del contexto que entendemos por Clínica. ¿Qué diferencia los grupos clínicos de los que no lo son?

Dentro de la historia de la intervención y los procesos grupales, hablar de grupo es una concepción reciente, desde el siglo XVIII se han ido acuñando distintas nociones que han ido esculpiendo lo que en la actualidad comprendemos como grupo.

En los inicios del siglo XX comienzan las primeras experiencias de psicoterapia grupal en el campo de la clínica. Es importante señalar la riqueza y los matices de la aportación psicoanalítica y psicodramática.

Paul y Gennie Lemoine crearon el Psicodrama Freudiano basado en el psicoanálisis y la contribución que a éste hace Lacan, teoría que conjugaron con el tributo de Moreno, el psicodrama. Enrique Pichón Riviere, reconocido autor de la Escuela Argentina, creó el concepto de "grupos operativos" alrededor de 1948, con el que establece que todo grupo se constituye en base a una tarea, no hay grupo sin tarea, además esta se afrontará según el aprendizaje que los participantes tengan de sus grupos primarios (principalmente familiares), el grupo se concibe como un todo.

El concepto de operatividad evoluciona a través de investigadores como el doctor Pacho O,Donell y Mercedes Baudes de Moresco, que modelan la concepción acorde a una visión psicoanalítica del grupo y del psicodrama, donde el sujeto es analizado en un contexto grupal. Defienden la capacidad de esta forma de hacer grupo aplicada a distintos ámbitos fuera del campo clínico, ofreciendo a diferentes profesionales, maestros, médicos, trabajadores sociales, enfermeros, sociólogos, empresarios, animadores, etc. la oportunidad de integrar la teoría y la experiencia del Psicoanálisis y el Psicodrama en sus diferentes áreas de trabajo.

El inconsciente se manifiesta y no pide permiso para hacerlo, aparece sin preguntar ni importar en qué clase de grupo está, solo se deja entrever, lo importante es poder llegar a captarlo, recoger su bosquejo y escuchar su expresión.

Evidentemente existen diferencias entre los grupos operativos y los grupos clínicos. Una de las diferencias más claras se establece en la oferta y la demanda que tienen ambos grupos, es decir, el objetivo y el propósito que ofrece un grupo y la motivación que siguen personas o instituciones para aproximarse a él.

Ambos grupos persiguen un objetivo de abordaje del malestar a nivel psíquico, mientras que los grupos clínicos, dirigidos por profesionales del ámbito "psi", psiquiatras, psicólogos, permiten hacer una exploración profunda de los síntomas que presentan los sujetos, manteniendo un propósito de "cura" de ese malestar, que puede adoptar un grado complejo de gravedad de síntomas, o presentarse de forma aguda; los grupos fuera del espacio clínico o grupos operativos, dirigidos por profesionales de distintos ámbitos o áreas donde se trabaja con personas de manera directa, no tienen un propósito de cura, no hay una meta a alcanzar, existe un proceso mediante el cual la persona se expone al grupo, y es éste mismo y la dirección que lo encauza lo que va proporcionando al sujeto la oportunidad de encontrarse consigo mismo, pues, con su deseo.

El abordaje sobre los síntomas y el malestar que manifiestan los sujetos no es tan profundo. Generalmente las personas que acuden a estos grupos no presentan sintomatología aguda, tal que si así fuera serían derivadas a centros especializados en salud mental. El grupo infunde la idea alentadora de la percepción de ayuda mutua. Se logra un espacio que sea escenario de la subjetividad de cada participante, pudiendo ocupar un lugar de protagonista de su propia historia.

Hace 4 años, comencé un grupo en el centro de salud, con la idea de trabajar sobre el malestar a nivel psicosocial que se aprecia tras los síntomas corporales que manifiestan los pacientes con los que trabajo. Se observa una estrecha relación entre los conflictos a nivel psíquico y la queja corporal que presentan los pacientes. En una consulta de enfermería no hay tiempo para hacer una escucha de calidad, 5 o 10 minutos por paciente.

En la intimidad que se crea en la consulta, las personas aprovechan para hablar de sí mismas, generalmente de aquello que les ocasiona sufrimiento, lo que les preocupa o conflictúa. Es frecuente encontrar en las historias clínicas episodios de ansiedad, depresión, problemas de insomnio, duelos patológicos, etc, tan frecuente que no se percibe como un problema, donde la forma de tratamiento fundamental continua siendo la psicofarmacología, que si bien contribuye a calmar los síntomas indeseables, no trata la causa del malestar. Freud sitúa la palabra como un puente que une el trauma psíquico y los síntomas.

En numerosas ocasiones al escuchar lo que cuentan los pacientes, les pregunto con quién comparten lo que les pasa, y generalmente son asuntos que causan en mayor o menor medida sufrimiento y no es compartido. ¿Qué demanda quien tengo frente a mí?, una demanda que se repite continuamente... La escucha analítica va más allá de lo evidente y cuestiona cuál es la demanda del otro.

Decidí aprovechar lo que la experiencia grupal puede aportar, el grupo nos ayuda a constituirnos como sujetos, siempre hay un grupo detrás de lo humano, donde la mirada de los otros nos desmonta para volver a construirnos, como una sala de espejos donde los ejes transferenciales sirven para re-encontrarnos como seres subjetivos.

En los grandes sistemas o instituciones, la persona pasa a ser objeto, vapuleado sin tener en cuenta su especificidad que la hace única.

Victoria venía a la consulta para curarse una quemadura y hacer controles de su tensión arterial que estaba por encima de los niveles normales. Su apariencia era de una señora apacible, risueña, algo distraída...la herida curó y su tensión se reguló, el último día que manteníamos cita, ella expresó: "sé perfectamente por qué mi tensión estaba alta", y se echó a llorar.

No podía parar. Cuando pudo calmar su llanto, me contó que vivía con dos hijos mayores de cincuenta años, uno de ellos con dependencia del alcohol y otro con una patología psiquiátrica sin tratamiento. No sentía apoyo, era una mujer de edad avanzada y su vida la describía como un infierno.

No podría haber imaginado lo que esta mujer me describía si ella no me lo cuenta...así, tantas y tantas personas, puedo decir que la mayoría de las personas a las que atiendo...detrás de cada una hay una historia.

Un hombre de unos cincuenta años acude a controles de su tensión arterial, tras varias sesiones, al preguntarle cómo le va, se echa a llorar, vive una situación complicada económicamente, no se lleva bien con su mujer, sufre grandes dolores de huesos...lo único que le alegra la vida es su hija de siete años con una deficiencia.

Una mujer de cincuenta y un años, acude a consulta para curar una herida tras extirparle su útero.

La herida de su piel cerraba bien, pero ella estaba inquieta, preocupada, seria...al preguntar cómo se encontraba, habla de su preocupación de que pueda acarrearle una enfermedad grave, de la tristeza que siente al perder el útero y todo lo que asocia a su órgano, lágrimas recogidas por palabras que van simbolizando lo que en su vida interior está ocurriendo, que no era contado, hablado. Normalmente los pacientes sienten alivio al poder investir en palabras sus emociones.

Desde la consulta de enfermería, varios compañeros, fuimos ofreciendo la posibilidad de trabajar en grupo a mujeres donde podíamos observar conflictos a nivel emocional. La mayoría de las personas a las que se les ofreció deseaban participar, no fue costoso crear el grupo.

A partir de la segunda experiencia, el equipo médico, la trabajadora social y la matrona del centro comenzaron a derivar pacientes, que son valorados a través de una entrevista individual.

El grupo se ha convertido en una posibilidad para mujeres (de momento) que presentan una sintomatología que no es susceptible de derivarse a Salud Mental, pero en las que se observa una afectación en distintos ámbitos de sus vidas. La mayoría de las mujeres que se han incluido en el grupo nunca habían participado en experiencias parecidas.

La mayoría tomaba o había tomado psicofármacos y algunas seguían tratamiento psiquiátrico y psicológico en el Centro de Salud Mental, con una media de sesiones cada 3 meses. Desde 2013 se han realizado 4 grupos, uno cada año que se ha abierto con una duración limitada, ajustándose al período vacacional y dependiendo de la carga de trabajo, con una media de 6 meses, realizando una sesión semanal de dos horas de duración.

Han participado 35 mujeres diferentes, no hay un límite establecido de sesiones y si lo desean pueden participar en grupos sucesivos, se valora en cada entrevista al inicio del curso.

Es un grupo heterogéneo, no hay un límite tajante en cuanto a edad. La mujer más joven que ha participado tenía 20 años y la mayor 76. En estos grupos, queda demostrado que en cuestiones del alma no existe una edad en la que no se pueda establecer comunicación.

La coordinación también resulta diferente en los grupos clínicos y los operativos. No obstante es imprescindible que los terapeutas estén formados en psicodrama y con un proceso personal. Decíamos que un grupo clínico ha de ser conducido por especialistas clínicos, puesto que así mismo se marcará el propósito de "cura", atendiendo a la peculiaridad de estos grupos, donde se da primacía al sujeto, no tanto al grupo.

El sujeto se analiza en grupo, aprovechando todo lo que éste es capaz de aportarle, la mirada, la identificación, la transferencia, la interacción entre los integrantes...

Fuera del contexto clínico se aprovecha más el aquí y ahora, se cuestionan las formaciones del inconsciente, lapsus, sueños, chistes, silencios, equívocos, se pregunta para aclarar sin llevar al sujeto a incursiones bruscas en su pasado.

Puede parecer que hay una línea delgada entre coordinar un grupo clínico y uno operativo, quizá lo que marca una posición y otra es tener conciencia de esta posición. El grupo operativo no tiene la exigencia de hacer una psicoterapia, es más, no es su propósito.

Entonces ¿qué responsabilidad tenemos? En ocasiones los pacientes devuelven que les sirve más que cuando van al psicólogo...nada más lejos que vanagloriarnos de estos comentarios...me pregunto ¿por qué? ¿Qué puede aportar un grupo operativo con base psicoanalítica en un contexto no clínico?

Mi reflexión me lleva a responder que ni más ni menos que una escucha con intención analítica, con una frecuencia capaz de drenar los pensamientos y afectos que se acumulan, dejar expresar libremente y recibir puntuaciones que permitan seguir cuestionándose. Si a eso le sumamos la práctica de las escenas a través de las cuáles se acota el discurso intelectualizado para actuar aquello que señala una demanda que se repite, tenemos una gran herramienta que ayuda, bajo mi punto de vista no solo de una manera curativa, también de forma preventiva, actuar en un foco que puede causar graves perjuicios para la persona.

El Psicodrama Freudiano permite dotar de un nuevo significado aquello que se cuenta y que deja entrever a través del discurso algo del inconsciente que se repite. El psicodrama ayuda a romper con la repetición.

A lo largo del proceso del grupo que coordino, me continua sorprendiendo a día de hoy, la frescura y la naturalidad con la que las participantes se abren y hablan de sí mismas, no hace falta demasiado para que comiencen a asociar, simplemente preguntando a dónde les remite eso de lo que hablan. La cadena significante comienza a circular, sin preguntar en qué clase de grupo está...y como si lo estuvieran haciendo siempre, las participantes logran, más allá de la conciencia, agarrar como con cazamariposas, aquellos significantes que les toca en diana, que les remite a sus historias, donde se identifican con el otro y al mismo tiempo establecen sus diferencias, logrando soltar mas significantes al vuelo.

Hay que tener en cuenta que la mayor parte de las personas que acuden nunca han participado en un grupo parecido y no sostienen una psicoterapia individual, por lo que se realizan más intervenciones generalmente que en un grupo clínico, y se intenta crear situaciones que no favorezcan regresiones muy profundas, trabajando sobre escenas cotidianas, nimias, sencillas. El abordaje tiende a contener, para no dejar abiertos asuntos que luego no pueden elaborar.

Comienza una sesión grupal y el coordinador pregunta ¿cómo estáis? Julia comienza diciendo que se encuentra más fuerte, se siente capaz de afrontar las cosas sin derrumbarse como antes. No se engancha en las discusiones con su marido por ejemplo de la manera que lo hacía, ahora pasa de enfadarse.

Recuerda a su padre, fallecido hace unos diez años, como la persona que más la ha querido, pero está aceptando que se fue, que se murió y que ella hizo lo que pudo.

Recuerda y juega una escena en la que siendo pequeña su padre le propone ir al parque. Julia recuerda como era su casa, su madre ocupada y su abuela con demencia que la hacía ponerse agresiva, su padre entonces sacaba a los niños al parque. Beatriz habla de los problemas con su hija mayor…ésta se queja de que Beatriz, su madre, no pasa todo el tiempo que desearía con ella y con su hijo, el nieto de Beatriz, le gustaría llevarlo al parque de vez en cuando. Rafaela, habla de un sentimiento de soledad, que la lleva a recordar cuando era niña y siempre iba con sus tres hermanas, "mis padres nunca venían al parque con nosotras", enlaza con una escena en la que su abuela le reprocha.

Cuando acudimos como pacientes a grupos clínicos, esperamos una técnica rigurosa y fiel a sus preceptos. El Psicodrama Freudiano se puede utilizar aplicado, sin perder precisión pero adaptándolo al grupo.

Aunque la herramienta fundamental que utilizo en el grupo es el Psicodrama Freudiano, no se realiza de una forma tan ortodoxa como en los grupos de corte clínica, por ejemplo, comenzamos en numerosas ocasiones con un caldeamiento. Al principio suelo plantear unos minutos donde realizamos ejercicios de respiración consciente, meditación, estiramientos sencillos…otras veces comienzan a hablar casi antes de haber colocado el círculo de sillas.

En las primeras sesiones planteo dinámicas grupales para favorecer la confianza y el conocimiento mutuo, pues es un espacio que al principio crea recelos, pues aunque es un grupo imaginario, de no ser así no podría darse el grupo, lo real hace incursión por los vínculos que pueden mantener fuera del grupo (algunas son vecinas, pueden coincidir en distintos servicios del barrio…) Se establecen normas básicas de un grupo de Psicodrama Freudiano, además de la confidencialidad, el compromiso en la asistencia, observo que de una forma natural, a pesar de que algunas de las participantes se conocen, no se crea un grupo fuera del contexto que las reúne, se respeta la norma básica de no crear un grupo real.

Se respeta el ritmo de cada sujeto, sin pretender que llegue a ninguna parte, lo que ve está bien, y si no logra ver nada nuevo también. A la hora de jugar escenas, "el teatro", como lo llaman, hay que utilizar la técnica de una manera flexible, ya que la rigidez puede quebrar la espontaneidad.

En ocasiones hay que señalar que no relaten mientras actúan, que no repliquen durante la elección de los yo auxiliares, con paciencia hay que preguntar por la dificultad para adoptar un papel en una escena...siempre habrá producción, como mínimo, que no es poco, cuestionamientos que abren a continuar preguntándose por una escena que, de no ser así, pasaría desapercibida.

A veces la escena no sale, ¿o sí?, la persona no es capaz de hacer un cambio de rol, de meterse en el papel de su madre por ejemplo...pero al cuestionar esto ya se abre una nueva puerta por la que continuar mirando.

Al igual que el Psicodrama nos abre paso a desarrollar la espontaneidad y la creatividad, así podemos adaptarlo a diferentes grupos, ya que todos son diferentes, y a distintos contextos, allá donde trabajemos con personas, sobre todo donde acuden manifestando síntomas, esto ya merece pararse a escuchar.

Paula dice sentir rechazo hacia su madre, en la actualidad vive con ella, refiere que siempre le ha pasado. Siente que la ha apoyado en lo material pero se queja de que emocionalmente nunca ha estado ahí. Pregunto por momentos donde sintiera a su madre con cariño...parecía que no encontraba momentos...pero recuerda cuando su madre preparaba churros los fines de semana para desayunar.

Jugamos una escena en la que Paula tenía unos 8 años, recuerda a su madre como inalcanzable, dura y estricta, elige a una mujer del grupo que le parece seria, callada, estricta (curiosamente en muchas ocasiones ha verbalizado sentir gran ternura hacia esta mujer). Elige a sus tres hermanas con las que se sitúa en el salón con dos de ellas viendo la tele, otra dormía. La madre elaboraba churros en la cocina.

Paula jalea, está contenta, parece controlar a sus hermanas, no deja levantarse a la que dormía. Hago un cambio de rol con su madre, le cuesta meterse en el papel...al contar la escena recuerda a una madre estricta y dura y ella encarna un papel donde deja entrever cariño. Al preguntarle desde ese lugar, dice que hace churros porque sabe que les gusta a sus hijas, sobre todo a Paula.

Paula desde su lugar dice, "es la forma que tiene de demostrar cariño", refiriéndose a la madre. En la siguiente sesión, Paula cuenta que había hablado con su madre, y entendía mejor su dificultad para demostrar su afectividad, pues su madre había tenido una infancia difícil, donde estaba ausente la demostración afectuosa.

Isa, que hacía de hermana mayor en la escena de Paula, que la sitúa durmiendo, la cual fue elegida por ser una persona fuerte y "echada para adelante", describe un sentimiento de impotencia, pues deseaba levantarse y Paula le dice que no. "Siento que me atan las manos", quiero participar y mis hermanos no me dejan.

Cuenta que vive una situación en la que ella tiene que cuidar a sus padres enfermos, sus hermanos se desentienden cada uno por sus circunstancias y quien lleva casi toda la carga es ella.

Grupos dentro de ámbitos y espacios "no clínicos", públicos o no, instituciones, asociaciones... donde se plantee una escucha analítica del sujeto, donde lo prioritario sea que sirva de escenario para que acontezca la subjetividad de cada participante, en el que se respeten los diferentes ritmos y la coordinación adquiera un lugar de puntuación, de abrir marcas, sin ejercer una directividad excesiva que conduzca a que se haga u ocurra lo que la coordinación quiere que ocurra, sino que acompañe al grupo, permitiendo la espontaneidad de lo que surja... en los que es posible, y añado necesario, hacer un hueco al interrogante, a escuchar y a mirar desde otro lado.

La voz la ponen ellas, las mujeres que se atreven valientes a mirar hacia dentro, que cuentan y esto las saca de un imaginario infinito, que actúan sacando del trasfondo lo que atrapa su inconsciente, con gracia, con humor, porque lloran y ríen, no suelen faltar, aunque a veces miedosas, porque a nadie le gusta desnudar el alma y encontrar a veces una imagen de sí mismo que no le gusta, pero alivia, porque la verdad alivia, poder hacer duelo de lo que a uno le falta pone las cosas en su sitio y permite poder avanzar...las mujeres devuelven que les sirve, se observa mejoría en sus procesos de salud, en la resolución de sus conflictos, en un mejor manejo de síntomas como la ansiedad o la tristeza, manifiestan que les ayuda poder hablar, que "el teatro" les hace poder ver las cosas "desde el otro", pudiendo entender que a veces nos cerramos y hay más puntos de vista...

INDICE

TEORIA

LA SUBJETIVIZACION

LOS PILARES DEL PSICODRAMA

LA REPRESENTACION

LA MIRADA

2.- PRÁCTICA U OPERATIVIDAD DEL PSICODRAMA

Un grupo va más allá de la individualidad y esto mismo lo imposibilita para algunos. (A. Bauleo)

Alicante a 1 de Julio de 2016

www.ingramcontent.com/pod-product-compliance
Lightning Source LLC
Chambersburg PA
CBHW060333290526
45793CB00003B/610